CITOYENNE BONAPARTE

LA
CITOYENNE BONAPARTE

PAR

IMBERT DE SAINT-AMAND

PARIS

E. DENTU, ÉDITEUR

LIBRAIRE DE LA SOCIÉTÉ DES GENS DE LETTRES

PALAIS-ROYAL, 15-17-19, GALERIE D'ORLÉANS

1883

Droits de traduction et de reproduction réservés

CITOYENNE BONAPARTE

I

LE LENDEMAIN DU MARIAGE

La vicomtesse de Beauharnais se nommait, depuis deux jours, la citoyenne Bonaparte. Elle avait épousé, le 9 mars 1796 (19 ventôse an IV), le vainqueur du 13 Vendémiaire, le sauveur de la Convention, et deux régicides, Barras et Tallien, figuraient comme témoins de son mariage. Son mari n'était resté que deux jours auprès d'elle, et, pendant ces quarante-huit heures, obligé plus d'une fois de s'enfermer sous clef, avec ses cartes géographiques, il s'était excusé par l'urgence d'un travail indispensable, en criant, à travers la porte close, qu'il fallait ajourner l'amour après la victoire. Et pourtant, bien que plus jeune que sa femme — elle avait près de trente-trois ans, il n'en avait que vingt-six — Bonaparte en était profondément épris. Gracieuse et séduisante, quoique ayant perdu beaucoup de sa fraîcheur, elle avait trouvé le moyen de plaire à son jeune époux, et l'on sait bien, comme dit le duc de Raguse dans ses *Mémoires*. « qu'en amour le pourquoi est superflu : on aime parce qu'on aime, et rien n'est moins susceptible d'explication et d'analyse que ce sentiment... Bonaparte était donc amoureux dans toute l'étendue du mot, dans toute la force de sa plus grande acception. C'était, selon l'apparence, sa première passion, et il la ressentit avec toute l'énergie de son caractère. » Mais il venait d'être nommé commandant en chef de l'armée d'Italie. Il devait laisser là l'amour pour courir au danger et à la gloire. Le 11 mars, il écrivait cette lettre à Letourneur, président du Directoire, pour lui notifier son mariage, contracté l'avant-veille : « J'avais chargé le citoyen Barras d'instruire le Directoire exécutif de mon mariage avec la citoyenne Tascher Beauharnais. La confiance que m'a montrée le Directoire dans toutes les circonstances me fait un devoir de l'instruire de toutes mes actions. C'est un nouveau lien qui m'attache à la patrie ; c'est un gage de plus de ma ferme résolution de ne trouver de salut que dans la République. — Salut et respect. »

Le même jour, il quittait Paris, disant adieu à sa bien-aimée et à ce petit hôtel de la rue Chantereine (la future rue de la Victoire), où son bonheur avait été rapide comme l'éclair. Accompagné de son aide de camp Junot et de l'ordonnateur en chef Chauvet, il emportait avec lui 48,000 francs en or et 100,000 francs en traites, qui furent en partie protestées. C'est avec ce faible secours que le général en chef d'une armée manquant de tout depuis longtemps devait la conduire dans les plaines fertiles de la Lombardie. Il s'arrêta chez le père de Marmont, à Châtillon-sur-Seine, d'où il adressa à Joséphine une procuration pour toucher quelques sommes. Le 14 mars, à six heures du soir, il était au relais de Chanceaux, d'où il lui écrivit une seconde lettre ainsi conçue : « Je t'ai écrit de Châtillon, et je t'ai envoyé une procuration pour que tu touches différentes sommes qui me reviennent. Chaque instant m'éloigne de toi, adorable amie, et, à chaque instant, je trouve moins de force pour supporter d'être éloigné de toi. Tu es l'objet perpétuel de ma pensée; mon imagination s'épuise à chercher ce que tu fais. Si je te vois triste, mon cœur se déchire, et ma douleur s'accroît. Si tu es gaie, folâtre avec tes amis, je te reproche d'avoir bientôt oublié la douloureuse séparation de trois jours; tu es alors légère, et, dès lors, tu n'es affectée par aucun sentiment profond. Comme tu vois, je ne suis pas facile à contenter; mais, ma bonne amie, c'est bien autre chose, si je crains que ta santé ne soit altérée, ou que tu aies des raisons d'être chagrine ; alors, je regrette la vitesse avec laquelle on m'éloigne de mon cœur. Je sens vraiment que ta bonté naturelle n'existe plus pour moi, et que ce n'est que tout assuré qu'il ne t'arrive rien de fâcheux que je puis être content. Si l'on me fait la question si j'ai bien dormi, je sens qu'avant de répondre, j'aurais besoin de recevoir un courrier qui m'annonçât que tu as bien reposé. Les maladies, les fureurs des hommes ne m'affectent que par l'idée qu'elles peuvent te frapper, ma bonne amie. Que mon génie, qui m'a toujours garanti au milieu des grands dangers, t'environne, te couvre, et je me livre au découvert. Ah ! ne sois pas gaie, mais un peu mélancolique, et surtout que ton âme soit exempte de chagrin, comme ton corps de maladie: tu sais ce que dit là-dessus notre bon Ossian. Ecris-moi, ma tendre amie, et bien longuement, et reçois les mille et un baisers de l'ami le plus tendre et le plus vrai. »

A ce moment, Bonaparte était beaucoup plus amoureux de sa femme que sa femme n'était amoureuse de lui. Il l'adorait, tandis qu'elle n'était que médiocrement touchée des transports fougueux d'un époux exalté, qui avait pour elle une sorte d'idolâtrie frénétique. Elle restait à Paris, un peu troublée, se demandant à elle-même si l'homme au sort duquel sa destinée s'était unie serait un insensé ou un héros. A certains moments, elle avait foi en lui; à d'autres, elle doutait. La femme de l'ancien régime se disait : « Ai-je

bien fait d'épouser un ami de Robespierre le
jeune, un général républicain ? » Bonaparte avait
fasciné Joséphine. Il ne l'avait pas encore atten-
drie. Ce caractère violent, étrange, lui inspirait,
en réalité, plus d'étonnement que de sympathie.
Il ne ressemblait en rien aux anciens courtisans
de Versailles, types favoris de la noblesse. Ce qui
en lui devait s'appeler plus tard du génie, n'était
encore que de la singularité. Joséphine ne se
souciait pas beaucoup d'aller le rejoindre en Italie.
Elle aimait le ruisseau de la rue Chantereine,
comme Mme de Staël aima le ruisseau de la rue
du Bac. A Paris, elle était près de sa fille, de son
fils, de ses parents, de ses amis. Elle se plaisait
dans cette société bigarrée, mais brillante, du
Directoire, qui avait repris quelque chose de l'é-
légance d'autrefois, et où sa grâce, sa distinction,
son amabilité faisaient l'admiration générale. Elle
voyait avec plaisir cette résurrection de quelques
salons, qui semblaient renaître de leurs cendres,
ce mouvement des théâtres, cette vie mondaine,
où toute femme tant soit peu coquette trouve des
charmes.

Cependant Bonaparte, arrivé à Nice, y avait
pris, le 29 mars, le commandement en chef de
l'armée d'Italie. « On voyait, a dit le général de
Ségur, 52,000 Austro-Sardes et 200 canons bien
pourvus de tout, contre 32,000 Français, sans
solde, sans distributions, sans chaussures, manquant de la moitié de leurs effets qu'ils avaient

vendus pour acheter ou du tabac ou quelque chétive nourriture. La plupart étaient même sans baïonnettes. Ils n'étaient suivis que de 60 canons mal approvisionnés, attelés de mulets estropiés et rongés de gale, escortés de canonniers tous à pied et d'une cavalerie inutile, les cavaliers traînant leur monture plus qu'ils n'étaient traînés par elle. » C'est à ces hommes que le jeune général adressa la fameuse proclamation : « Soldats, vous êtes mal nourris et presque nus. Le gouvernement vous doit beaucoup, mais ne peut rien pour vous. Votre patience, votre courage vous honorent, mais ne vous procurent ni avantages, ni gloire. Je vais vous conduire dans les plus fertiles plaines du monde ; vous y trouverez de grandes villes, de riches provinces ; vous y trouverez honneur, gloire et richesse. Soldats d'Italie, manqueriez-vous de courage ? »

Au moment de commencer cette merveilleuse campagne, où le succès paraissait impossible, tant la supériorité numérique des armées ennemies était grande, Bonaparte, si ardente que fût son ambition, n'était pas distrait de son amour. Avant le premier combat, il écrivait à Joséphine cette lettre datée de Port-Maurice, le 14 germinal (3 avril 1796) : « J'ai reçu toutes tes lettres, mais aucune n'a fait sur moi l'impression de ta dernière. Y penses-tu, mon adorable amie, de m'écrire en ces termes ? Crois-tu donc que ma position n'est pas déjà assez cruelle, sans encore

accroître mes regrets, et bouleverser mon âme ?
Quel style ! quels sentiments que ceux que tu
peins ! Ils sont de feu, ils brûlent mon pauvre
cœur. Mon unique Joséphine, loin de toi il n'est
pas de gaieté ; loin de toi, le monde est un désert
où je reste isolé, et sans éprouver la douceur de
m'épancher. Tu m'as ôté plus que mon âme ; tu
es l'unique pensée de ma vie. Si je suis ennuyé
du tracas des affaires, si j'en crains l'issue, si les
hommes me dégoûtent, si je suis prêt à maudire
la vie, je mets la main sur mon cœur ; ton portrait y bat, je le regarde, et l'amour est pour moi
le bonheur absolu, et tout est riant hors le temps
que je me vois absent de mon amie. »

Bonaparte, qui, bientôt, sera si soupçonneux,
si jaloux, est tout entier à la confiance, au ravis-
sement. Tracées par la main adorée, quelques
lignes de tendresse ont suffi pour plonger son âme
dans une espèce d'extase : « Par quel art, ajoute-
t-il, as-tu su captiver toutes mes facultés, concentrer en toi mon existence morale ? Vivre pour
Joséphine ! voilà l'histoire de ma vie. J'agis pour
arriver près de toi ; je me meurs pour t'approcher.
Insensé ! je ne m'aperçois pas que je m'en éloigne. Que de pays, que de contrées nous séparent !
que de temps avant que tu lises ces caractères,
faibles expressions d'une âme émue où tu règnes ! »
Hélas ! le soleil de l'amour n'est jamais longtemps
sans nuages, et aux murmures d'allégresse se joignent bientôt les gémissements. Ce jour-là, il ne

doute ni de la fidélité, ni de l'amour de sa femme, et pourtant il se sent envahi par la mélancolie, cette compagne inséparable des grandes passions. « Ah ! mon adorable femme ! écrit-il, je ne sais quel sort m'attend : mais s'il m'éloigne plus long-temps de toi, il me sera insupportable : mon courage ne va pas jusque-là. Il fut un temps où je m'enorgueillissais de mon courage, et quelquefois, en jetant les yeux sur le mal que pourraient me faire les hommes, sur le sort que pourrait me réserver le destin, je fixais les malheurs les plus inouïs sans froncer le sourcil, sans me sentir étonné. Mais aujourd'hui, l'idée que ma Joséphine peut être mal, l'idée qu'elle pourrait être malade, et surtout la cruelle, la funeste pensée qu'elle pourrait m'aimer moins, flétrit mon âme, arrête mon sang, me rend triste, abattu, ne me laisse pas même le courage de la fureur et du désespoir. Je me disais souvent jadis : les hommes ne peuvent rien à celui qui meurt sans regret; mais aujourd'hui, mourir sans être aimé de toi, mourir sans cette certitude, c'est le tourment de l'enfer, c'est l'image vive et frappante de l'anéantissement absolu. Il me semble que je me sens étouffer. Mon unique compagne, toi que le sort a destinée pour faire avec moi le voyage pénible de la vie, le jour où je n'aurai plus ton cœur sera celui où la nature sera pour moi sans chaleur et sans végétation... Je m'arrête, ma douce amie; mon âme est triste, mon corps est fatigué, mon esprit est alourdi, les hommes m'ennuient. Je devrais bien les détester, ils m'éloignent de mon cœur. »

Chez un homme du caractère de Bonaparte, la mélancolie n'est pas de grande durée. Le guerrier reparaît tout de suite. Il est soudain tiré de son rêve comme par les accents du clairon, et il termine ainsi sa lettre : « Je suis à Port-Maurice, près Oneille; demain, je suis à Albenga. Les deux armées se remuent; nous cherchons à nous tromper. Au plus habile la victoire. Je suis assez content de Beaulieu; il manœuvre bien; il est plus fort que son prédécesseur. Je le battrai, j'espère, de la belle manière. Sois sans inquiétude; aime-moi comme tes yeux; mais ce n'est pas assez, comme toi; plus que toi, que ta pensée, ton esprit, ta vie, ton tout. Donc, amie, pardonne-moi, je délire; la nature est faible pour qui sent vivement, pour celui que tu aimes. A Barras, Sucy, Mme Tallien, amitié sincère ; à Mme Château-Renard, civilités d'usage; à Eugène, à Hortense, amour vrai. »

Le 3 avril, Bonaparte avait une confiance absolue dans sa femme; le 7, il la soupçonne; le 3, il lui reprochait un style trop brûlant; le 7, il lui reproche un style trop froid. Il lui écrit d'Albenga, le 18 germinal (7 avril 1796) : « Je reçois une lettre que tu interromps pour aller, dis-tu, à la campagne; et, après cela, tu te donnes le ton d'être jalouse de moi, qui suis ici accablé d'affaires et de fatigues. Ah! ma bonne amie!... Il est vrai que j'ai tort. Dans les premiers temps, la campagne est belle; et puis, l'amant de dix-neuf ans s'y trouvait sans doute. Le moyen de perdre un instant de plus à écrire à celui qui, éloigné de trois cents lieues de toi, ne vit, ne jouit, n'existe que pour ton souvenir, qui lit tes lettres comme on dévore, après six heures de chasse, les mets que l'on aime. Je ne suis pas content. Ta dernière lettre est froide comme l'amitié. Je n'y ai pas trouvé ce feu qui allume tes regards, ce que j'ai cru quelquefois y voir. Mais quelle est ma bizarrerie! J'ai trouvé que tes lettres précédentes oppressaient trop mon âme; la révolution qu'elles y produisaient attaquait mon repos, et asservissait mes sens. Je désirais des lettres plus froides, mais elles me donnent le glacé de la mort. La crainte de ne pas être aimé de Joséphine, l'idée de la voir inconstante, de la... Mais je me forge des peines. Il en est tant de réelles! Faut-il encore s'en fabriquer? Tu ne peux m'avoir inspiré un amour sans bornes sans le partager, et avec ton âme, ta pensée et ta raison, l'on ne peut pas, en retour de l'abandon, du dévouement, donner en échange le coup de mort... Un souvenir de mon unique femme et une victoire du destin, voilà mes souhaits : un souvenir unique, entier, digne de celui qui pense à toi à tous les instants. »

Les victoires du destin, elles vont se succéder, rapides, merveilleuses. Le 12 avril, c'est Montenotte; le 14, Millesimo. Sur les hauteurs de Monte-Zemolo, l'armée aperçoit tout à coup à ses pieds la terre promise, les riches et fertiles plaines de l'Italie, avec leurs villes splendides, leurs fleuves nourriciers, leur culture magnifique. Les feux de l'aurore éclairent cette perspective incomparable. A l'horizon, les Alpes et leurs neiges éternelles apparaissent. Un cri de joie s'élance de tous les rangs. Le jeune général s'écrie, montrant du doigt ses futures conquêtes : « Annibal a franchi les Alpes, et, nous, nous les avons tournées. » Le 22 avril, victoire de Mondovi; le 28, armistice de Cherasco avec le Piémont. Bonaparte adresse cette proclamation à ses troupes : « Soldats, vous avez en quinze jours remporté six victoires, pris vingt et un drapeaux, cinquante pièces de canon, plusieurs places fortes, conquis la plus riche partie du Piémont; vous avez fait quinze mille prisonniers, tué ou blessé dix mille hommes. Dénués de tout, vous avez suppléé à tout; vous avez gagné des batailles sans canons, passé des rivières sans ponts, fait des marches forcées sans souliers, bivouaqué plusieurs fois sans pain; les phalanges républicaines étaient seules capables d'actions aussi extraordinaires. Grâces vous en soient rendues, soldats! »

Bonaparte envoie son frère Joseph et son aide de camp Junot à Paris. Le 5 floréal, 24 avril 1796, il écrit à sa femme : « Mon frère te remettra cette lettre; j'ai pour lui la plus vive amitié. Il obtiendra, j'espère, la tienne : il la mérite. La nature l'a doué d'un caractère doux et inaltérablement bon ; il est tout plein de bonnes qualités. J'écris à Barras pour qu'on le nomme consul dans quelque port d'Italie. Il désire vivre éloigné avec sa petite femme du grand tourbillon et des grandes affaires ; je te le recommande. J'ai reçu tes lettres du 16 et du 21. Tu as été bien des jours sans m'écrire. Que fais-tu donc ? Oui, ma bonne amie, je suis non pas jaloux, mais quelquefois inquiet. Viens vite : je te préviens, si tu tardes, tu me trouveras malade. Les fatigues et ton absence, c'est trop à la fois. » Désormais le plus ardent désir de Bonaparte, c'est de voir arriver sa femme en Italie. Il la supplie, il l'adjure de ne pas perdre un instant. « Tes lettres, ajoute-t-il, font le plaisir de mes journées, et mes journées heureuses ne sont pas fréquentes. Junot porte à Paris vingt-deux drapeaux. Tu dois revenir avec lui, entends-tu ?... Malheur sans remède, douleur sans consolation, peines continues si j'avais le malheur de le voir revenir seul, mon adorable amie. Il te verra, il respirera dans ton temple ; peut-être même lui accorderas-tu la faveur unique et inappréciable de baiser ta joue, et moi je serai seul et bien, bien loin. Mais tu vas revenir, n'est-ce pas ? Tu vas être ici à côté de moi, sur mon cœur, dans mes bras ? Prends des ailes, viens, viens ! Mais voyage doucement. La route est longue, mauvaise, fatigante. Si tu allais verser ou prendre mal ; si la fatigue... Viens vivement, mon adorable amie, mais lentement. »

Le roi Joseph a parlé ainsi, dans ses Mémoires, de son départ et de celui de Junot pour Paris : « Ce fut à Cherasco, le 5 floréal, que mon frère me donna la commission de faire prévaloir auprès des directeurs ses raisons pour la paix la plus rapprochée avec le roi de Sardaigne, afin d'isoler les Autrichiens en Italie. Il chargea son aide de camp Junot de présenter les drapeaux. Nous partîmes dans la même chaise de poste et arrivâmes à Paris cent vingt heures après notre départ de Nice. On se formerait difficilement une idée juste de l'enthousiasme qui animait les populations. Les membres du Directoire s'empressèrent à l'envi de nous témoigner leur satisfaction pour l'armée et pour son chef. Le directeur Carnot, à la fin d'un dîner auquel j'assistais chez lui, indigné des sentiments peu bienveillants pour le général Bonaparte que lui prêtaient ses ennemis, déclara devant vingt convives qu'ils le calomniaient, et, ouvrant son gilet, il montra le portrait du général qu'il portait sur son cœur, en s'écriant : « Dites à votre frère qu'il est là, parce que je prévois qu'il sera le sauveur de la France, et qu'il faut qu'il sache bien qu'il n'a au Directoire que des admirateurs et des amis. » Murat, qui avait été expédié de Cherasco, en traversant le Piémont, pour porter le traité d'armistice à Paris, y était arrivé avant Joseph et Junot. Joséphine leur

demanda à tous les trois les détails les plus cir-
constanciés sur les succès de son mari. En quelques jours, il était passé de l'obscurité à la gloire.
La citoyenne Bonaparte ne se repentait pas d'avoir
cru à l'étoile de l'homme de Vendémiaire, et
déjà elle avait, en République, la situation d'une
princesse.

II

LA FÊTE DES VICTOIRES

La gloire de Bonaparte avait été, pour ains dire, instantanée. Le sentiment de Paris fut celu d'une profonde surprise. Joséphine elle-mème s'é tonnait de succès si rapides et si imprévus. On demandait partout des détails sur ce jeune homme dont on ne connaissait que le rôle dans la journée de Vendémiaire, et dont les origines étaient entourées de mystère ; c'est tout au plus si l'on savait comment se prononçait et comment s'écrivait son nom. De sa famille, de ses débuts, de sa fortune, de son caractère, le public ne savait absolument rien. Mais aucun homme n'eut jamais à un égal degré que Napoléon l'art de faire parler de lui. Dès ses premières proclamations à son armée, dès ses premières dépèches au Directoire, on put s'apercevoir de cette merveilleuse science de l'effet, qui faisait que le héros était un artiste. Le Directoire allait de ses propres mains lui élever un piédestal.

D'abord le *Moniteur* constata sans grand apparat les succès de l'armée d'Italie. C'est à la dernière page du numéro du 10 mai 1796 que figure le rendu-compte de la réception des drapeaux, cérémonie à laquelle assistait Joséphine. Le *Moniteur* s'exprimait ainsi : « Le Directoire a reçu aujourd'hui, dans une séance publique, vingt-et-un drapeaux enlevés par les républicains français aux Autrichiens et aux Sardes, à Millesimo, Dego et Mondovi. Le ministre de la guerre, qui présentait l'officier général porteur de ces trophées, a prononcé un discours dans lequel il a rendu hommage à la valeur de cette armée d'Italie qui, à la gloire d'avoir fini la campagne par des victoires, joint celle de l'ouvrir encore par des triomphes, précurseurs d'une paix digne de la République Française. L'officier général a parlé ensuite avec cet accent mâle et ce ton modeste qui caractérisent les héros de la liberté. Il a juré, au nom de ses compagnons d'armes, qu'ils verseraient jusqu'à la dernière goutte de leur sang pour la défense de la République, pour l'exécution des lois et le maintien de la Constitution de 1795. Le président du Directoire a répondu avec une émotion qui rendait la dignité de ses paroles plus touchantes. Il a offert une épée au brave militaire, et lui a donné l'accolade fraternelle. Cette séance, qui n'a duré qu'une demi-heure, présentait un spectacle imposant et tout à la fois attendrissant. Les sons d'une musique guerrière ajoutaient encore à cet enthousiasme général, qui s'est souvent manifesté par des cris de : Vive la République. »

Dans ses intéressants Mémoires, la duchesse d'Abrantès parle de l'effet que produisirent ce jour-là Mme Bonaparte et Mme Tallien, dont la présence fut l'un des ornements principaux de cette fête patriotique. « Mme Bonaparte, dit-elle, était encore charmante dans ce temps-là... Quant à Mme Tallien, elle était alors dans la fleur de son admirable beauté. Toutes deux étaient mises avec cette recherche antique qui constituait l'élégance du temps, et avec toute la richesse que pouvait comporter une toilette du milieu de la journée. On peut penser que Junot ne fut pas médiocrement fier de donner le bras à ces deux charmantes femmes, lorsque, la réception terminée, ils quittèrent le Directoire. Junot avait alors vingt-cinq ans : il était beau garçon, et avait surtout une tournure militaire fort remarquable : il portait ce jour-là un magnifique uniforme de colonel de hussards (l'uniforme de Berchini), et tout ce que la richesse d'un tel costume peut ajouter à sa bonne grâce avait été employé pour que le jeune et brave messager, encore pâle des blessures dont le sang avait taché ces drapeaux, fût digne de l'armée qu'il représentait. En sortant, il offrit son bras à Mme Bonaparte, qui, étant femme de son général, avait droit au premier pas, surtout dans cette solennelle journée ; il donna l'autre à Mme Tallien, et descendit ainsi avec elles l'escalier du Luxembourg. » Junot, en colonel de hussards, ayant à un bras Joséphine, à l'autre Mme Tallien, et apparaissant ainsi sur l'escalier du palais de Marie de Médicis, ne serait-ce pas un joli sujet de tableau de genre ? La duchesse d'Abrantès décrit le mouvement de la foule, avide de contempler le jeune héros et les deux beautés à la mode. « La foule, dit-elle, était immense. On se pressait, on se heurtait pour mieux voir. Tiens, c'est sa femme !... C'est son aide de camp ! Comme il est jeune !... Et elle donc, comme elle est jolie ! Vive le général Bonaparte ! s'écriait le peuple. Vive la citoyenne Bonaparte ! elle est bonne pour le pauvre monde ! Oui, oui, disait une grosse femme de la Halle, c'est bien Notre-Dame-des-Victoires, celle-là. »

Le poète Arnault, dans ses *Souvenirs d'un sexagénaire*, rappelle également l'effet que produisit la beauté de Joséphine dans cette solennité. Mme Bonaparte, alors très admirée, partageait le sceptre de la vogue avec Mme Tallien et Mme Récamier. « Entre ses deux rivales, dit Arnault, quoiqu'elle eût moins d'éclat et de fraîcheur qu'elles, grâce à la régularité de ses traits, à l'élégante souplesse de sa taille, à la douce expression de sa physionomie, elle était belle aussi. Je les vois encore toutes les trois, dans la toilette la plus propre à faire valoir leurs divers avantages et la tête couronnée des plus belles fleurs, par un des plus beaux jours de mai, entrer dans le salon où le Directoire devait recevoir les drapeaux ; on eût dit les trois mois de printemps réunis pour fêter la victoire. » Le jeune poète, qui eut plus d'une fois l'honneur de servir de cavalier à Joséphine, fut tout fier d'assister avec elle et Mme Tallien à la première représentation du *Télémaque* de Lesueur, au théâtre Feydeau. « J'en conviens, dit-il, ce n'était pas sans quelque orgueil que je me voyais entre les deux femmes les plus remarquables de l'époque ; ce n'est même pas sans quelque plaisir que je me le rappelle ; sentiments naturels dans un jeune homme passionné pour la beauté et pour la gloire. Ce n'est pas Tallien que j'aurais aimé dans sa femme, mais c'était bien sûrement Bonaparte que j'admirais dans la sienne. »

Bonaparte passait alors pour un parfait républicain. Il avait écrit au Directoire, le 6 mai : « Rien depuis longtemps ne peut ajouter à l'estime et au dévouement que je montrerai dans toutes les occasions pour la Constitution et le gouvernement. Je l'ai vu s'établir au milieu des passions les plus dégoûtantes, toutes tendant également à la destruction de la République et de l'empire français ; j'ai même été de quelque utilité, par mon zèle et les circonstances, à ses premiers pas. Ma devise sera toujours celle de mourir pour le soutenir. »

Les directeurs pensèrent qu'un général qui témoignait pour les idées républicaines un enthousiasme si ardent devait recevoir tous les encouragements, tous les éloges. Ne soupçonnant pas encore la conduite future du vainqueur, ils voulurent, pour ainsi dire, se parer de ses victoires et les faire tourner à la gloire de leur gouvernement. Aussi la cérémonie du 10 Mai leur sembla-t-elle insuffisante : ils décidèrent que les solennités nouvelles auraient bien plus d'éclat et de retentissement. Ce fut précisément le 10 mai, jour où le Directoire reçut officiellement les drapeaux des premières victoires, que Bonaparte gagna la bataille de Lodi, cette héroïque journée qui devait produire une impression si vive sur l'imagination populaire. On ne pensa plus qu'au pont où, malgré tous les feux ennemis qui éclataient, convergeaient et se rencontraient sur ce long et étroit passage, le jeune héros avait conduit ses grenadiers au pas de course. On le disait déjà infaillible et irrésistible. Le 15 mai, il faisait son entrée triomphale à Milan.

Le Directoire était enthousiasmé. Son commissaire à l'armée d'Italie, Salicetti, lui avait écrit le 11 mai : « Citoyens directeurs, gloire immortelle à la brave armée d'Italie ! Reconnaissance au chef sagement audacieux qui la dirige ! La journée d'hier sera célébrée dans les fastes de l'histoire et de la guerre... La colonne de républicains formée, le général Bonaparte parcourut les rangs. Sa présence enthousiasma le soldat. Il fut accueilli aux cris mille fois répétés de : Vive la République! Il fit battre la charge, et la troupe, avec la rapidité de l'éclair, s'élança sur le pont! »

Pour célébrer les triomphes nouveaux, le Directoire organisa une fête moitié patriotique, moitié mythologique, fête plus païenne que chrétienne, où les réminiscences de Plutarque se joignaient à celles de Jean-Jacques Rousseau, et où se retrouvait, avec le sentiment héroïque de l'époque, son goût pour la déclamation et sa passion de l'hyperbole. La *Fête de la Reconnaissance et des Victoires* (tel était son nom officiel) fut célébrée au Champ-de-Mars le 10 prairial an IV, 29 mai 1796. Au centre du Champ-de-Mars, dit aussi Champ-de-la-Réunion, une plate-forme de douze pieds de hauteur avait été élevée. On y arrivait par quatre rampes de soixante pieds de largeur chacune. Au bas des rampes étaient des lions, « symbole de la force, du courage et de la générosité, » comme dit le *Moniteur*. La ligne circulaire qui traçait les limites de l'emplacement destiné à la cérémonie était formée par des canons servant de barrières. Des enseignes militaires comblaient les vides entre les canons. Des guirlandes en forme de festons liaient ensemble ces enseignes. Sur un piédestal, au centre du tertre, apparaissait, assise sur divers trophées d'armes, la statue de la Liberté, d'une main s'appuyant sur la Constitution, de l'autre tenant une baguette surmontée du bonnet de Guillaume Tell.

On brûlait des parfums dans quatre trépieds antiques placés autour de la statue. A côté, s'élevait un grand arbre où étaient suspendus, en forme de trophées, les drapeaux pris à l'ennemi. Tout près, se dressaient, sur des piédestaux, les Victoires, sous la figure de Renommées. Chacune d'elles, debout, tenait d'une main une palme et de l'autre une trompette guerrière qu'elle embouchait. Enfin, il y avait sur un autel, des couronnes de chêne et de laurier que les directeurs allaient distribuer au nom de la patrie reconnaissante.

A dix heures du matin, une salve d'artillerie annonça le commencement de la fête. Les talus du Champ-de-Mars étaient garnis de tentes. La garde nationale parisienne, en armes et avec ses drapeaux, se présenta, divisée en quatorze sections, qui représentaient les quatorze armées de la République. A chacune de ces quatorze sections étaient joints un certain nombre de vétérans invalides ou soldats blessés, qu'on avait pris soin de placer dans la section représentant l'armée où ils avaient reçu leurs blessures. Carnot prit la parole comme président du Directoire. Son discours fut, pour ainsi dire, une églogue guerrière. L'ancien membre du Comité de salut public célébra la gloire des combats sur un mode pastoral. Il embouchait tour à tour les pipeaux et la trompette. La sensibilité s'unissait à l'ardeur belliqueuse. C'était l'homélie d'un Tyrtée. Peu de

documents réflètent aussi bien les idées et les
goûts de la société d'alors que ce discours à la
fois humanitaire et militaire, qui commence
ainsi : « C'est au moment où la nature semble
renaître, où la terre, se parant de fleurs et de ver-
dure, nous promet de belles moissons, où tous
les êtres publient dans leur langage l'intelligence
bienfaisante qui renouvelle l'univers, que le peuple français vient, dans cette fête solennelle,
rendre un éclatant hommage aux talents et aux
vertus aimées de la patrie et de l'humanité. Eh !
quel jour peut mieux réunir tous les cœurs ? Quel
citoyen, quel homme peut être étranger au sentiment de la reconnaissance? Nous n'existons que
par une longue suite de bienfaits, et notre vie
n'est qu'un échange continuel de services. Faibles, sans appui, l'amour de nos parents veille sur
notre enfance. Ils guident nos premiers pas; leur
patiente sollicitude aide au développement de nos
organes ; nous en recevons les premières notions
de ce qui est en nous-mêmes et de ce qui est hors
de nous. » Après cet exorde vient un éloge en
règle de la sensibilité, la sensibilité, ce mot à la
mode, que les plus cruels terroristes, et Robespierre lui-même, avaient prononcé avec tant d'em-
phase. « La sensibilité, disait Carnot, ne se resserre pas dans le cercle d'une famille : elle va
chercher l'indigent sous le chaume ; elle verse
dans son sein les secours et la consolation, et,
déjà payée du bienfait par le sentiment du bien-

fait même, elle l'est encore par la reconnaissance. Humanité ! que ta pratique est délicieuse, et qu'elle est à plaindre l'âme avide qui ne te connait pas ! »

Après ce dithyrambe en l'honneur de la nature, de la famille, de la sensibilité, venaient les descriptions martiales, comme après la harpe le clairon : « Une République naissante arme ses enfants pour défendre son indépendance : rien ne peut retenir leur impétuosité : ils traversent les fleuves, forcent les retranchements, gravissent les rochers. Ici, après une foule de victoires, ils reculent nos limites jusqu'aux barrières que la nature nous a données, et poursuivent sur les glaces les débris de trois armées : là, ils vont exterminer des hordes de traîtres et les brigands vomis par l'Angleterre, punissent les chefs coupables et rendent à la République des frères trop longtemps égarés ; ici, franchissant les Pyrénées, ils se précipitent de leur sommet, renversent tout ce qui s'oppose à leur élan, et ne sont arrêtés que par une paix honorable ; là, escaladant les Alpes et l'Apennin, ils s'élancent à travers le Pô et l'Adda ; l'ardeur du soldat est secondée par le génie et l'audace des chefs ; ils conçoivent avec profondeur, ils exécutent avec énergie, tantôt disposant de leurs forces avec calme, tantôt se précipitant au milieu des dangers à la tête de leurs frères d'armes. »

Carnot terminait son discours par un hommage

rendu aux soldats de la République : « Recevez, s'écriait-il, recevez le témoignage solennel de la reconnaissance nationale, armées républicaines!... Pourquoi ne reste-t-il plus que votre souvenir. héros morts pour la liberté ? Vous vivrez du moins à jamais dans nos cœurs; vos enfants nous seront chers. La République acquittera sur eux ses dettes envers vous; et nous venons ici payer la première, en proclamant votre gloire et sa reconnaissance. Armées républicaines, figurées dans cette enceinte par une portion de vous-mêmes, phalanges invincibles, dont j'aperçois de tous côtés les trophées, dont j'entrevois dans l'avenir les nouveaux succès, avancez et recevez les couronnes triomphales que le peuple français nous ordonne d'attacher à vos drapeaux. »

Après la fête, on dansa au Champ-de-Mars jusqu'à la chute du jour. Le soir, il y eut un grand banquet républicain, où l'on chanta cet hymne mi-patriotique, mi-bachique, composé pour la circonstance par le poète Lebrun, Lebrun-Pindare, comme on l'appelait alors :

> O jour d'éternelle mémoire,
> Embellis-toi de nos lauriers !
> Siècles, vous aurez peine à croire
> Les prodiges de nos guerriers.
> L'ennemi disparu fuit ou boit l'onde noire.
>
> Sous des lauriers, que Bacchus a d'attraits !
> Enivrons, mes amis, la coupe de la gloire
> D'un nectar pétillant et frais.

Buvons, buvons à la Victoire,
Fidèle amante des Français !

Liberté, préside à nos fêtes ;
Jouis de nos brillants exploits.
Les Alpes ont courbé leurs têtes,
Et n'ont pu défendre les rois.
L'Eridan conte aux mers nos rapides conquêtes.

L'Adda, sur ses gouffres avides,
Offre un pont de foudres armé.
Mars s'étonne ; mais nos Alcides
Dévorent l'obstacle enflammé.
La Victoire a pâli pour ces cœurs intrépides.

Tout cède au bras d'un peuple libre,
Les rochers, les torrents, le sort.
De ces coups dont gémit le Tibre
Le Sud épouvante le Nord.
Des balances de Pitt nous rompons l'équilibre.
Sa gaieté, fille du courage,
Par un sourire belliqueux
Déconcerte la sombre rage
De l'Anglais morne et ténébreux.

Le Français chante encore en volant au **carnage.**
Rival de la flamme et d'Éole,
Le Français triomphe en courant ;
Pareil à la foudre qui vole,
Il renverse l'aigle expirant.
Le despote sacré tombe du Capitole.

Vils tyrans qu'un flatteur caresse,
Pâles d'un stérile courroux,
Frémissez de notre allégresse.
Mais vous, peuples, rassurez-vous,
Partagez des Français la triomphante ivresse.

> Sous la main de nos Praxitèles,
> Respirez, marbres de Paros !
> Muses, vos lyres immortelles
> Nous doivent l'hymne des héros.
> Il faut de nouveaux chants pour des palmes nouvelles.
>
> Sous des lauriers que Bacchus a d'attraits !
> Enivrons, mes amis, la coupe de la gloire
> D'un nectar pétillant et frais.
> Buvons, buvons à la Victoire,
> Fidèle amante des Français !

Nous venons de voir ce qui se passait à Paris.
Que s'était-il passé à Milan ?

III

Quelle fougue, quelle ardeur, quel entrain dans cette jeune et vaillante armée, qui vient de faire son entrée triomphale à Milan ! Tout est jeune, le général en chef, les officiers, les soldats, les idées, les sentiments, les espérances. Quelle fière et libre allure dans ces petits méridionaux, au teint bruni par le soleil, à la physionomie pétillante d'esprit et de malice, à l'œil de feu ! Ils ont les qualités de la Révolution française, sans avoir ses défauts. Ils sont braves et bons, terribles et généreux, superbes dans le combat, aimables, gais, spirituels, le lendemain de la victoire. Pleins d'imagination, un peu hâbleurs, un peu vantards, mais si admirables d'héroïsme, d'abnégation, de désintéressement, ils n'ont pas d'ambition pour eux-mêmes, ils n'en ont que pour leur patrie. Ils ne sont pas jaloux les uns des autres. Ils ne se soucient ni des grades ni de l'argent. La carrière des armes n'est pas chez eux un métier, c'est une vocation, une passion. Au faste d'un millionnaire ils préfèrent leurs uniformes en lambeaux. Ils ont le dédain de tout ce qui n'est point militaire. Non seulement ils ne craignent pas le danger, mais ils l'aiment, ils y vivent comme dans leur élément. Bonaparte s'est écrié, dans la redoute de Dego : « Avec vingt mille hommes pareils, on traverserait l'Europe entière. » Un grenadier gascon a repris à haute voix : « Que le petit caporal nous mène toujours de ce train-là, et je lui promets qu'il ne nous verra jamais en arrière. » Depuis les légionnaires de César, on n'avait rien vu de comparable aux soldats de Bonaparte. Comme ils sont heureux à Milan ! Eux qui, depuis si longtemps, n'avaient pas de souliers,

> Pieds nus, sans pain, sourds aux lâches alarmes,
> Tous à la gloire allaient du même pas,

les voilà maintenant bien nourris, bien vêtus, avec de bonnes chaussures. De bonnes chaussures ! c'est un si grand bonheur pour le pauvre soldat ! Les voilà dans cette ville qui est un paradis terrestre, avec son magnifique dôme de marbre, ses femmes resplendissantes, et ses horizons enchanteurs. Autour de la ville, c'est une campagne d'une étonnante fertilité : des prairies, des forêts, des champs dorés par le soleil; dans le lointain, c'est l'immense chaîne des Alpes, dont les sommets, depuis le mont Viso et le mont Rose jusqu'aux montagnes de Bassano, restent toute l'année couverts de neige. L'air est si pur, si limpide, que les parties les plus rapprochées de cette merveilleuse chaîne des Alpes, quoique distantes de douze ou quinze lieues, semblent à trois lieues à peine. Les soldats contemplent avec ivresse ce radieux panorama, ces riches campagnes de Lombardie, cette terre promise, ce gigantesque mont Viso, qu'ils ont eu si longtemps au-dessus de leur tête, et derrière lequel désormais ils verront se coucher le soleil.

Bonaparte est entré à Milan le dimanche 15 mai 1796. Il y a trouvé une garde nationale nombreuse, habillée aux couleurs lombardes, vert, blanc et rouge. Commandée par un grand seigneur de la ville, le duc de Serbelloni, elle formait la haie sur son passage. Les vivats faisaient retentir les airs. Les jolies femmes étaient à toutes les fenêtres. Quand Bonaparte arriva à la porte Romaine, la garde nationale baissa les armes devant lui. Précédé d'un gros détachement d'infanterie, et entouré de sa garde de hussards, il s'avança jusqu'à la place du palais archiducal, où il logea, et où l'on servit un dîner de deux cents couverts. Un arbre de la liberté fut planté sur la place, aux cris de : « Vive la liberté ! vive la République ! » Et la journée se termina par un bal très brillant, où plusieurs dames de la ville parurent avec les couleurs nationales françaises.

Le même jour, un des aides de camp de Bonaparte, Marmont, le futur duc de Raguse, écrivait à son père : « Mon tendre père, nous sommes aujourd'hui à Milan. Notre entrée triomphale m'a donné l'idée de l'entrée à Rome des anciens généraux romains, lorsqu'ils avaient bien mérité de la patrie. Je doute que l'ensemble de l'action offrît un coup d'œil plus beau et plus ravissant. Milan est une très belle ville, très grande et très peuplée. Ses habitants aiment les Français à la folie, et il est impossible d'exprimer toutes les marques d'attachement qu'ils nous ont données... On oublie toutes les fatigues d'une guerre aussi active que celle-ci, quand la victoire en est le prix. Nos succès sont vraiment incroyables. Ils éternisent à jamais le nom du général Bonaparte, et l'on ne peut pas se faire illusion, nous les lui devons. Tout autre, à sa place, aurait été battu et il n'a couru que de triomphes en triomphes... Cette campagne est la plus belle et la plus brillante qui ait jamais été faite. Elle doit être écrite et lue. Elle est savante, et ceux qui pourront la comprendre en tireront bien parti. Voilà, mon tendre père, le tableau fidèle de notre situation. »

Le soir, Bonaparte disait à son aide de camp : « Eh bien ! Marmont, que croyez-vous qu'on dise de nous à Paris ? Est-on content ? — L'admiration pour vous, doit être à son comble. — Ils n'ont encore rien vu, répliqua Bonaparte, et l'avenir nous réserve des succès bien supérieurs à ce que nous avons déjà fait. La fortune ne m'a pas souri aujourd'hui pour que je dédaigne ses faveurs; elle est femme, et plus elle fait pour moi, plus j'exigerai d'elle... De nos jours, personne n'a rien conçu de grand; c'est à moi d'en donner l'exemple. »

Bonaparte avait au plus haut degré l'art de frapper les imaginations. On eût dit qu'en lui, revivait l'âme des grands hommes de Plutarque. Son génie, nourri de la moelle des anciens, faisait passer l'antiquité dans le monde moderne. Toutes ses paroles, toutes ses démarches, alors même qu'elles paraissaient le plus simples, étaient calculées pour l'effet. Il pensait sans cesse à Paris, comme Alexandre pensait à Athènes. Le sentiment qu'il voulait inspirer, c'était un mélange d'admiration et de surprise. A une audace incomparable, à l'esprit d'aventure du joueur qui joue le tout pour le tout, il joignait une expérience précoce et une connaissance du cœur humain véritablement surprenante chez un homme de son âge. Rien de plus rare que cette union d'une imagination sans bornes avec un esprit positif et calculateur. Il y avait dans Bonaparte deux personnages différents qui se complétaient l'un l'autre : le poëte et l'homme pratique. Il rêvait et il agissait, il aimait à la fois Ossian et les mathématiques, il passait des chimères les plus éblouissantes aux plus strictes réalités, des généralités les plus sublimes aux plus humbles, aux plus minimes détails. C'est l'accord entre des qualités ordinairement incompatibles qui fit ce type original entre tous.

Le mérite du général fut de comprendre sur-le-champ ce qu'il pouvait faire avec des soldats aussi admirables que les siens. Les sociétés terre à terre comme la nôtre ne se rendent pas facilement compte de ces époques héroïques où le plus riche banquier était moins qu'un simple sous-lieutenant, où la bravoure était prisée plus haut que la richesse, où le sentiment militaire engendrait tous les jours des exploits fabuleux. Les soldats de Bonaparte crurent en lui, et lui, il crut en ses soldats. C'est ce qui fit la force de cette armée incomparable : elle avait la foi. Les Français sont nés chevaliers. La République, loin de changer leur caractère, ne fit que le rendre encore plus exalté. Dès qu'ils eurent reçu le baptème du feu, les Jacobins se transformèrent en paladins; les sans-culottes se trouvèrent avoir les mêmes aspirations que les croisés. Les compagnons de Charlemagne ou de Godefroy de Bouillon n'avaient été ni plus braves, ni plus amoureux. Quel invincible élan dans cette chevalerie révolutionnaire, noblesse d'un jour, qui effaçait déjà les antiques blasons, et qui, applaudie avec enthousiasme par l'aristocratie milanaise, pouvait s'écrier fièrement, ainsi que Bonaparte lui-même : « On vieillit vite sur les champs de bataille ! »

Comme Stendhal sut bien la décrire, la glorieuse pauvreté des héros de l'armée d'Italie, et comme elle est caractéristique l'anecdote qu'il raconte au sujet d'un des plus beaux officiers de cette armée, qui se nommait M. Robert! Arrivé à Milan, le 15 mai au matin, M. Robert fut engagé à dîner par une marquise, pour le palais de laquelle il avait reçu un billet de logement. Il fit une toilette très soignée : mais ce qui lui manquait, c'était une bonne paire de chaussures; les empeignes seules lui restaient : il attacha soigneusement avec de petites cordes ces empeignes, bien cirées par son ordonnance : mais, je le répète, les semelles faisaient absolument défaut. Reçu à merveille par la marquise, le jeune officier la trouva si belle, et eut tant de crainte que sa pauvreté n'eût été aperçue par les laquais en magnifique livrée qui servaient à table, qu'en se levant il leur donna adroitement un écu de 6 francs; c'est tout ce qu'il possédait au monde.

A cette époque, la vénalité des femmes, signe distinctif des sociétés vieilles et corrompues, n'avait pas produit tous ses ravages. Il y avait de grandes dames qui aimaient l'amour pour l'amour, et des courtisanes qui accordaient leurs faveurs, non seulement à des hommes qui les payaient et qu'elles n'aimaient pas, mais aussi à des hommes qui ne les payaient pas, et qu'elles aimaient. Les *prime donne* des opéras-bouffes alors à la mode extorquaient de grosses sommes aux fournisseurs, mais adoraient quelque jeune officier n'ayant que la cape et l'épée. On se hâtait d'autant plus de s'amuser qu'on avait moins de jours à vivre. Plus les batailles étaient meurtrières, plus on avait d'entrain et de gaieté. Plus on bravait la mort, plus on se passionnait pour ce qui rend la vie agréable. Les biens qui s'achètent, on ne les considérait guère ; mais ceux qui ne s'achètent pas, la gloire, l'amour, on les aimait avec rage, avec frénésie.

D'ailleurs, depuis l'entrée à Milan, il y avait dans l'armée un bien-être inconnu. Les soldats engraissaient ; ils mangeaient de bon pain, de bonne viande, buvaient d'excellents vins, changeaient leurs guenilles contre des habits neufs fournis par la ville. Le lundi 16 mai, Bonaparte recevait le serment de la municipalité ; le soir, il y avait concert au théâtre de la Scala, éclairé à *giorno*. Le 18, plantation d'un nouvel arbre de la liberté, fête nationale annoncée au nom de la Société populaire par un avis daté de l'an Ier de la République lombarde. Le 19, illumination et affichage de cette proclamation signée par Bonaparte et par Salicetti : « La République française, qui a juré la haine aux tyrans, a juré en même temps la fraternité aux peuples... Le despote qui depuis si longtemps tenait la Lombardie sous le joug, a fait de grands maux à la France, mais les Français savent que la cause des rois n'est pas celle des peuples. Il est hors de doute que l'armée victorieuse d'un monarque insolent répandrait la terreur sur la nation soumise par ses victoires; mais une armée républicaine, forcée de faire une guerre à mort aux rois qu'elle combat, promet amitié aux peuples que ses victoires délivrent de la tyrannie. »

Bonaparte paraissait heureux, et cependant, au milieu même de sa victoire, il souffrait. Stenhdal l'a dit : « A voir ce jeune général passer sous le bel arc de triomphe de la *Porta Romana*, il eût été difficile, même pour le philosophe le plus expérimenté, de deviner les deux passions qui agitaient son cœur. » C'était l'amour le plus vif, exalté jusqu'à la folie par la jalousie, et la colère causée par les résolutions du Directoire. La veille même du jour où il était entré victorieux à Milan, Bonaparte, et personne ne le savait autour de lui, avait envoyé à Paris sa démission. Il venait d'être prévenu par le Directoire que désormais l'armée d'Italie serait divisée en deux armées, dont l'une, celle du Sud, lui serait confiée et irait conquérir la partie méridionale de la Péninsule, et dont l'autre, celle du Nord, aurait pour chef le général Kellermann. Bonaparte comprit que cette combinaison lui enlèverait son prestige, et serait la destruction de tout son échafaudage de puissance et de gloire. Il écrivit au Directoire, le 14 mai, une lettre dans laquelle se trouvait ce passage : « Je crois très impolitique de diviser en deux l'armée d'Italie ; il est également contraire aux intérêts de la République d'y mettre deux généraux différents. J'ai fait la campagne sans consulter personne; je n'eusse rien fait de bon, s'il eût fallu me concilier avec la manière de voir d'un autre. J'ai remporté quelques avantages sur des forces très supérieures, et dans un denûment absolu de tout, parce que, persuadé que votre confiance se reposait sur moi, ma marche a été aussi prompte que ma pensée... Je sens qu'il faut beaucoup de courage pour vous écrire cette lettre; il serait si facile de m'accuser d'ambition et d'orgueil. Mais je vous dois l'expression de mes sentiments. » Le même jour, il écrivait à Carnot une lettre particulière qui se terminait ainsi : « J'ai fort à cœur de ne pas perdre dans huit jours deux mois de fatigues, de peines et de dangers, et de ne pas me trouver entravé. J'ai commencé avec quelque gloire, et je désire continuer d'être digne de vous. Croyez, du reste, que rien n'altérera l'estime que vous inspirez à ceux qui vous connaissent. »

Ainsi le vainqueur, au début même de sa carrière, était menacé de se voir privé du commandement qu'il avait exercé avec tant d'éclat. Cette préoccupation n'était peut-être pas celle qui agitait le plus son esprit, si prodigieusement passionné. Il avait supplié sa femme de le rejoindre. Et Joséphine ne venait pas. Les jours, les semaines se passaient sans qu'il reçût l'avis de ce départ tant désiré. — Peut-être, se disait-il au fond du cœur, peut-être n'arrive-t-elle pas parce qu'elle en aime un autre, qui la retient à Paris. Cette pensée, véritable torture, troublait la joie de son triomphe.

IV

L'ARRIVÉE DE Mme BONAPARTE EN ITALIE

Mme de Rémusat a dit, dans ses curieux Mémoires : « Je devrais parler du cœur de Bonaparte. Mais s'il était possible de croire qu'un être, sur tout autre point semblable à nous, fût cependant privé de cette partie de notre organisation qui nous donne le besoin d'aimer et d'être aimé, je dirais qu'à l'instant de sa création, son cœur pourrait fort bien avoir été oublié ; ou bien peut-être est-il venu à le comprimer complètement. Il s'est toujours fait trop de bruit à lui-même pour être arrêté par un sentiment affectueux, quel qu'il fût. Il ignore à peu près les liens du sang, les droits de la nature. » Ce jugement nous paraît singulièrement exagéré. Sans doute l'ambition et la soif de la gloire finirent par l'emporter dans l'âme de cet homme sur tous les autres instincts. Mais on n'est pas en droit de lui dire, avec Lamartine :

Rien d'humain ne battait sous ton épaisse armure.
Sans haine et sans amour, tu vivais pour penser.
Comme un aigle, régnant dans un ciel solitaire,
Tu n'avais qu'un regard pour mesurer la terre,
    Et des serres pour l'embrasser.

Quoi qu'en dise le poète, Napoléon eut des haines, et il eut des amours. Si haut qu'un homme s'élève dans les régions de la toute-puissance, il ne peut se placer en dehors de l'humanité. Ne trouvant pas dans les prestiges du succès et dans l'orgueil de l'ambition satisfaite de quoi remplir cet abîme, qui s'appelle le cœur, les héros ou les souverains ont besoin, comme les simples particuliers, de se retremper aux sources des joies intimes, et souvent une parole, un regard, un sourire, leur cause plus de bonheur que tout l'éclat des grandeurs et tous les enivrements de la victoire. Nier l'amour passionné de Bonaparte pour Joséphine en 1796, ce serait nier l'évidence. Tous ceux qui vécurent alors auprès de lui sont d'accord pour constater ce sentiment. Son secrétaire Bourrienne, ses aides-de-camp, Marmont et Lavalette, son ami, le poète Arnault, en furent tous également frappés. Marmont a dit dans la partie de ses Mémoires, consacrée à la première campagne d'Italie : « Bonaparte, quelque occupé qu'il fut de sa grandeur, des intérêts qui lui étaient confiés et de son avenir, avait encore du temps pour se livrer à des sentiments d'une autre nature ; il pensait sans cesse à sa femme. Il la désirait, il l'attendait avec impatience... Il me parlait souvent d'elle et de son amour avec l'épanchement, la fougue et l'illusion d'un très jeune homme. Les retards continus qu'elle mettait à son départ le tourmentaient péniblement, et il se laissait aller à des mouvements de jalousie et à une sorte de superstition qui était fort dans sa nature. Pendant un voyage fait avec lui à cette époque, et dont l'objet était d'inspecter les places du Piémont remises entre nos mains, un matin, à Tortone, la glace du portrait de sa femme, qu'il portait toujours, se cassa. Il pâlit d'une manière effrayante, et l'impression qu'il ressentit fut des plus douloureuses. « Marmont, me dit-il, ma femme est bien malade ou « infidèle. »

Les émotions de la guerre, loin de distraire Bonaparte de son amour, ne faisaient que le rendre plus ardent, plus vif, plus exalté. Son impétueuse nature pouvait très bien mener de front deux passions également profondes : l'amour d'une femme et l'amour de la gloire. L'agitation perpétuelle, la fièvre belliqueuse dans laquelle il vivait le prédisposaient aux sentiments fougueux. Dans ses désirs il y avait toujours quelque chose d'impatient, d'impérieux, de despotique. Il ne comprenait pas plus la résistance d'une femme que celle de la victoire. Il appelait Joséphine, donc

Joséphine devait accourir. Plus amant qu'époux, il n'avait, depuis son mariage, passé que quarante-huit heures avec elle. Sa passion avait été excitée sans être assouvie. Les sens, l'imagination, le cœur, tout en lui tressaillait. La nonchalante créole, peu habituée à de pareils transports, en était peut-être plus étonnée que charmée.

M. Lanfrey a, croyons-nous, très exactement défini les sentiments mutuels de Joséphine et de son époux à cette époque, quand il a dit, en parlant de la passion de Bonaparte pour sa femme : « Il portait dans cette affection, la seule, dit-on, qui ait fait battre son cœur, toute la fougue et tout le feu de son impétueuse nature. Quant à Joséphine; elle ressentait en sa présence plus de trouble et d'étonnement que d'amour. Le génie même qu'elle voyait briller dans ce regard perçant et impérieux exerçait sur son âme aimable et indolente une sorte de fascination qu'elle ne subissait pas sans une terreur secrète, et, avant de s'y abandonner, elle se demanda plus d'une fois si l'assurance extraordinaire dont témoignaient les moindres paroles du général n'était pas l'effet d'une présomption de jeune homme destiné à d'amers mécomptes. »

Assurément, elle fut très flattée des premiers succès de Bonaparte, mais, comme Marmont en fait la remarque, « elle était plus occupée de jouir des triomphes de son mari au milieu de Paris que de venir le rejoindre. » Il lui en coûtait beaucoup

de quitter ses enfants, ses relations, et cette vie
de Paris, qui convenait si bien à son caractère
bon, aimable, affectueux, mais un peu frivole et
léger. Elle aimait cette ville amusante et brillante, qui, sans avoir encore repris tout son ancien éclat, était cependant pleine d'entrain et de
charmes. Les théâtres, alors très animés, les salons, qui commençaient à se rouvrir, l'élégance
et les mœurs de l'ancien régime, qui reparais-
saient peu à peu, le palais du Directoire, où elle
était traitée en reine, tout cela plaisait à Joséphine. Comme dit le poète Arnault, auteur des
Souvenirs d'un sexagénaire : « A la terreur à laquelle
Paris avait été si longtemps en proie avait succédé une insouciance presque absolue pour tout,
excepté le plaisir ; tout en jouissant du présent,
on anticipait sur l'avenir, et l'on se récupérait du
passé. Le Luxembourg, dont les cinq directeurs
avaient pris possession, était déjà devenu ce que
sera toujours le lieu où siège la puissance, une
cour ; et comme il n'était pas inaccessible aux
femmes, avec elles y avaient pénétré des manières plus douces. Dépouillant leur brutalité,
les républicains commençaient à concevoir que la
galanterie pouvait être compatible avec les fonctions politiques ; qu'il y avait même habileté à s'en
servir comme d'un moyen de gouvernement, et
des fêtes, où les dames reprenaient l'empire dont
elles avaient été dépossédées pendant le long règne
de la Convention, prouvaient que les hommes du

pouvoir songeaient moins à détruire les anciennes mœurs qu'à les imiter. »

D'ailleurs, les amis de Mme Bonaparte ne cessaient de lui répéter que sa place n'était pas en Italie, que la guerre n'était qu'à son début, qu'il fallait laisser le vainqueur tout entier à ses préoccupations belliqueuses, à ses plans de campagne, à sa stratégie, et qu'une jeune femme n'est faite ni pour les émotions des combats, ni pour le tumulte des camps. M. Aubenas a dit dans son excellente *Histoire de l'impératrice Joséphine* : « On a fort critiqué Mme Bonaparte de n'avoir pas accouru dès le mois d'avril en Italie au premier appel de son mari, avant sa victoire de Lodi et la soumission du Milanais. De bonne foi, il fallait être son glorieux époux, puisant dans son génie l'assurance de sa conquète, et dans son impatient amour les désirs les moins soucieux des obstacles, pour concevoir d'aussi hâtives exigences. Ce n'était certes pas la coutume, depuis le commencement des guerres de la République, de voir les femmes de nos généraux marcher à la suite des armées. La règle, fondée sur des motifs faciles à concevoir, ne le voulait point, et la prudence s'y opposait. Nous ne prétendons pas faire de Joséphine une femme taillée à l'antique, une Romaine, une héroïne. S'embarquer ainsi dès le début dans les fatigues et les incertitudes d'une grande guerre, bivouaquer même dans des villes italiennes, faire campagne, en un mot, c'était trop demander à cette nature créole chez laquelle, si la nonchalance était une grâce, elle était aussi un défaut. »

Bonaparte n'admettait point de pareilles hésitations. Pour décider sa femme à le rejoindre, il lui écrivait lettres sur lettres, plus brûlantes les unes que les autres. Les hommes d'ancien régime, qui avaient été les courtisans de Joséphine, auraient souri d'eux-mêmes, s'ils avaient eu pareil style et pareilles allures. Un amour conjugal d'une telle exaltation leur eût paru un peu bourgeois. Ils lisaient la *Nouvelle Héloïse*, mais ils n'adressaient pas à leurs femmes légitimes des tirades et des hyperboles dans le genre de Jean-Jacques. Alexandre de Beauharnais n'avait pas habitué Joséphine au ton de cet amour à outrance, qui, aux yeux des élégants de la cour de Versailles, pouvait à la rigueur convenir entre amants, mais était déplacé, ridicule, entre époux. Mme Bonaparte ne prenait donc pas au tragique les torrents de passion de son héroïque mari. Écoutons, à ce sujet, la curieuse confidence d'Arnault. « Murat, dit-il, remit à Mme Bonaparte une lettre par laquelle le jeune conquérant la pressait de venir le rejoindre. Cette lettre qu'elle me fît voir portait, ainsi que toutes celles qu'il lui avait adressées depuis son départ, le caractère de la passion la plus violente. Joséphine s'amusait de ce sentiment, qui n'était pas exempt de jalousie. Je l'entends encore lisant un passage dans lequel, sem-

blant repousser des inquiétudes, qui visiblement
le tourmentaient, son mari lui disait : « S'il était
vrai, pourtant ! Crains le poignard d'Othello ! »
Je l'entends dire avec son accent créole, en souriant : « Il est drôle, Bonaparte. »

Mme de Rémusat, si peu bienveillante pour Napoléon, et si disposée à nier en lui tout sentiment
de tendresse, est obligée de faire cet aveu dans
ses Mémoires : « Il a eu pour Joséphine quelque
affection, et s'il s'est ému quelquefois, nul doute
que ce n'ait été pour elle et par elle. On a beau
être Bonaparte, on ne peut échapper à toutes les
influences. » Oui, Bonaparte subit l'influence de
l'amour. Je n'en voudrais d'autre preuve que la
lettre vraiment éloquente, vraiment passionnée
qu'il écrivit de Tortone à Joséphine, le 15 juin
1796, et qui la décida enfin à rejoindre un époux
qui l'aimait avec frénésie. Le souffle déclamatoire
de Jean-Jacques Rousseau a peut-être un peu
passé par là, mais il n'y a pas moins dans ce style
volcanique quelque chose d'émouvant et de vrai,
des accents convaincus et sincères.

> « Tortone, midi, le 27 prairial an IV de la République
> (15 juin 1796).

« *A Joséphine.*

« Ma vie est un cauchemar perpétuel. Un pressentiment funeste m'empêche de respirer. Je ne
vis plus, j'ai perdu plus que la vie, plus que le

bonheur, plus que le repos; je suis presque sans espoir. Je t'expédie un courrier. Il ne restera que quatre heures à Paris et puis m'apportera ta réponse. Écris-moi dix pages; cela seul peut me consoler un peu. Tu es malade, tu m'aimes, je t'ai affligée, tu es grosse et je ne te vois pas. Cette idée me confond. » (Des apparences de grossesse qui, d'ailleurs, n'eurent pas de suite, avaient en effet retardé le départ de Joséphine pour l'Italie, et son mari se reprochait d'avoir été sévère pour elle.) « J'ai tant de torts envers toi, ajoutait-il, que je ne sais comment les expier. Je t'accuse de rester à Paris, et tu y étais malade. Pardonne-moi, ma bonne amie; l'amour que tu m'as inspiré m'a ôté la raison; je ne la retrouverai jamais. L'on ne guérit pas de ce mal-là. Mes pressentiments sont si funestes que je me bornerais à te voir, à te presser deux heures sur mon cœur et mourir ensemble. Qui est-ce qui a soin de toi? J'imagine que tu as fait appeler Hortense; j'aime mille fois plus cette aimable enfant depuis que je pense qu'elle peut te consoler un peu. Quant à moi, point de consolation, point de repos, point d'espoir, jusqu'à ce que j'aie reçu le courrier que je t'expédie, et que par une longue lettre tu m'expliques ce que c'est que ta maladie, et jusqu'à quel point elle doit être sérieuse. Si elle est dangereuse, je t'en préviens, je pars de suite pour Paris... J'ai été toujours heureux; jamais mon sort n'a résisté à ma volonté, et aujourd'hui je suis frappé dans ce qui me touche uniquement... Sans appétit, sans sommeil, sans intérêt pour l'amitié, pour la gloire, pour la patrie, toi, toi, et le reste du monde n'existe pas plus pour moi que s'il était anéanti. Je tiens à l'honneur puisque tu y tiens, à la victoire puisque cela te fait plaisir, sans quoi j'aurais tout quitté pour me rendre à tes pieds. »

Walter-Scott a dit, dans sa *Vie de Napoléon* : « L'on a conservé une partie de la correspondance de Bonaparte avec Joséphine. On y trouve le curieux caractère d'un homme aussi ardent en amour qu'à la guerre. Le langage du vainqueur qui disposait des États selon son bon plaisir, et battait les plus célèbres généraux du temps, est aussi enthousiaste que celui d'un berger arcadien. » Les dernières lignes de la lettre que nous venons de citer justifient certainement cette assertion du fameux romancier anglais : « Ma bonne amie, aie soin de me dire que tu es convaincue que je t'aime au delà de tout ce qu'il est possible d'imaginer ; que tu es persuadée que tous mes instants te sont consacrés, que jamais il ne se passe une heure sans penser à toi ; que jamais il ne m'est venu dans l'idée de penser à une autre femme ; qu'elles sont toutes à mes yeux sans grâce, sans beauté et sans esprit ; que toi, toi tout entière, telle que je te vois, que tu es, pouvais me plaire et absorber toutes les facultés de mon âme ; que tu en as touché toute l'étendue ;

que mon cœur n'a point de replis que tu ne voies, point de pensées qui ne te soient subordonnées; que mes forces, mes bras, mon esprit sont tout à toi; que mon âme est dans ton corps, et que le jour où tu aurais changé, ou le jour où tu cesserais de vivre, serait celui de ma mort: que la nature, la terre n'est belle à mes yeux que parce que tu l'habites. Si tu ne crois pas tout cela, si ton âme n'en est pas convaincue, pénétrée, tu m'affliges, tu ne m'aimes pas. Il est un fluide magnétique entre les personnes qui s'aiment. Tu sais que jamais je ne pourrais te voir un amant, encore moins t'en souffrir un : lui déchirer le cœur et le voir serait pour moi la même chose; et puis si je pouvais porter la main sur ta personne sacrée... Non, je ne l'oserais jamais, mais je sortirais d'une vie où ce qui existe de plus vertueux m'aurait trompé. » La lettre, où a percé la jalousie, se termine par un élan de confiance et d'enthousiasme : « Je suis sûr et fier de ton amour. Les malheurs sont des épreuves qui nous décèlent mutuellement la force de notre passion. Un enfant adorable comme sa maman va voir le jour dans tes bras. Infortuné, je me contenterais d'une journée. Mille baisers sur tes yeux, sur tes lèvres... Adorable femme, quel est ton ascendant! Je suis bien malade de ta maladie. J'ai encore une fièvre brûlante! Ne garde pas plus de six heures le courrier, et qu'il retourne de suite me porter la lettre chérie de ma souveraine. »

Joséphine ne put résister à cet appel. Elle était complètement rétablie, et une installation magnifique l'attendait à Milan. Mais, au dire d'un de ses familiers, le poète Arnault, elle ne s'éloigna de Paris qu'avec un vif regret.

Arnault s'exprime ainsi sur ce point délicat dans ses curieux et spirituels Mémoires : « L'amour que Joséphine inspirait à un homme aussi extraordinaire que Bonaparte, la flattait évidemment, quoiqu'elle prît la chose moins sérieusement que lui ; elle était fière de voir qu'il l'aimait presque autant que la gloire ; elle jouissait de cette gloire qui chaque jour s'accroissait ; mais c'est à Paris qu'elle aimait à en jouir, au milieu des acclamations qui retentissaient sur son passage, à chaque nouvelle de l'armée d'Italie. Son chagrin fut extrème quand elle vit qu'il n'y avait plus moyen de reculer. Pensant plus à ce qu'elle allait quitter qu'à ce qu'elle allait trouver, elle aurait donné le palais préparé à Milan pour la recevoir, elle aurait donné tous les palais du monde pour sa maison de la rue Chantereine, pour la petite maison qu'elle venait d'acheter à Talma... C'est du Luxembourg qu'elle partit pour l'Italie, après y avoir soupé avec quelques amis au nombre desquels je me trouvai... Pauvre femme ! elle fondait en larmes, elle sanglotait comme si elle allait au supplice ; elle allait régner. »

Le passeport délivré par le Directoire à Mme Bonaparte portait la date du 24 juin 1796. Quelques jours après, elle arrivait à Milan, où elle faisait son entrée dans une voiture où se trouvaient avec elle, son beau-frère Joseph, Junot, aide-de-camp de son mari, et un jeune officier nommé Hippolyte Charles, capitaine-adjoint à l'adjudant-général Leclerc. Le duc de Serbelloni, qui avait été à sa rencontre, à la porte de la ville, la suivait dans une seconde voiture. Malheureusement, quand elle arriva, Bonaparte était en expédition, et ce ne fut qu'au bout de quelques jours qu'ils eurent la joie de se revoir. Marmont, qui, envoyé au-devant de Joséphine, avait été témoin des égards qui lui furent prodigués, à son passage, par la cour de Sardaigne, dit, à propos de la réunion des deux époux : « Une fois à Milan, le général Bonaparte fut très heureux ; car alors il ne vivait que pour sa femme ; pendant longtemps, il en a été de même ; jamais amour plus pur, plus vrai, plus exclusif, n'a possédé le cœur d'un homme, et cet homme était d'un ordre si supérieur. »

V

JOSÉPHINE A LA GUERRE

La situation de Bonaparte était bien changée,
depuis qu'il avait quitté Joséphine. Elle dut être
elle-même étonnée du prestige qu'il exerçait autour de lui. Que de grands résultats obtenus !
Quelles allures victorieuses ! Quel ton de supériorité ! Peu de princes, peu de souverains avaient
une si fière attitude. L'archiduc, qui gouvernait
la Lombardie quelques semaines auparavant, était
bien loin d'avoir une telle autorité. Bonaparte
n'habitait pas le palais archiducal, afin de ne pas
éveiller les susceptibilités républicaines du Directoire. Mais il avait une résidence vraiment prin-
cière, le palais d'un grand seigneur milanais patriote, le duc de Serbelloni. Il venait de traiter
d'égal à égal avec le roi de Sardaigne, le pape, le
duc de Modène, le grand-duc de Toscane. Venise et Gênes comprimées par la force et la politique ; Rome et Naples arrachées à la coalition ;

la haute Italie affranchie du joug autrichien ; les plus célèbres chefs-d'œuvre de l'antiquité envoyés comme dépouilles opimes à Paris : que de merveilles accomplies en quelques jours !

Depuis les Alpes jusqu'à l'Adriatique, depuis les montagnes du Tyrol jusqu'au Vésuve, toute la péninsule retentissait du bruit du nom de Bonaparte. Mais il fallait soutenir ce rôle éclatant. Il fallait conserver cette gloire si rapidement acquise. L'Autriche levait des armées bien supérieures en nombre à celle qui lui était opposée. Le pape et la cour de Naples formaient les vœux les plus ardents pour le succès des Autrichiens. Au moindre revers du jeune vainqueur, tout cet échafaudage de puissance, si glorieusement construit, s'écroulerait comme un château de cartes.|Les idées libérales n'étaient encore qu'à la surface de l'Italie. Les profondeurs étaient réactionnaires. Il ne fallait pas compter ni sur Venise, dont la vieille aristocratie était au comble de l'inquiétude, ni sur le roi de Sardaigne, qui devait désirer une revanche, ni sur le roi de Naples, dont la femme était sœur de la reine Marie-Antoinette, ni sur le grand-duc de Toscane, qui était un archiduc d'Autriche, ni sur la République de Gênes, dont l'Angleterre soutenait l'oligarchie, ni sur le pape, qui ne voyait pas sans effroi une armée composée de jacobins. En résumé, tout était encore à faire, et à peine avait-il eu la joie de voir sa femme qu'il dut la quitter, et retourner à la guerre. Son amour était alors si impétueux qu'il eut la prétention de s'y faire suivre par Joséphine. C'était là une véritable innovation; mais Bonaparte ne consentait à imiter personne : il ne relevait que de lui-même.

Parti de Milan pour tâcher d'emporter Mantoue avant l'arrivée de l'armée commandée par Wurmser, il écrivait de Roverbella, le 6 juillet 1796, à Joséphine, qui était restée dans la capitale de la Lombardie : « J'ai battu l'ennemi. Kilmaine t'enverra la copie de la relation. Je suis mort de fatigue. Je te prie de partir tout de suite pour te rendre à Vérone : j'ai besoin de toi, car je crois que je vais être bien malade. Je te donne mille baisers. Je suis au lit. » Le 11 juillet, nouvelle lettre datée de Vérone : « A peine parti de Roverbella, j'ai su que l'ennemi se présentait à Vérone. Masséna faisait des dispositions qui ont été très heureuses. Nous avons fait six cents prisonniers, et nous avons pris trois pièces de canon. Le général Brune a eu sept balles dans ses habits, sans avoir été touché par aucune; c'est jouer de bonheur. Je te donne mille baisers. Je me porte très bien. Nous n'avons eu que dix hommes tués et cent blessés. » Le 17 juillet, Bonaparte adressait de Marmirolo à Joséphine une épître amoureuse digne de l'amant le plus épris : « Je reçois ta lettre, mon adorable amie; elle a rempli mon cœur de joie. Je te suis obligé de la peine que tu as prise de me donner de tes nouvelles, ta santé doit être meilleure aujourd'hui;

je suis sûr que tu es guérie. Je t'engage fort à monter à cheval, cela ne peut manquer de te faire du bien. Depuis que je t'ai quittée j'ai toujours été triste. Mon bonheur est d'être près de toi. Sans cesse je repasse dans ma mémoire tes baisers, tes larmes, ton aimable jalousie, et les charmes de l'incomparable Joséphine allument sans cesse une flamme vive et brûlante dans mon cœur et dans mes sens. Quand, libre de toute inquiétude, de toute affaire, pourrai-je passer tous mes instants près de toi, n'avoir qu'à t'aimer, et ne penser qu'au bonheur de te le dire et de te le prouver ? Je t'enverrai ton cheval, mais j'espère que tu pourras bientôt me rejoindre. »

Cette lettre se termine par un débordement de passion enthousiaste : « Je croyais t'aimer il y a quelques jours ; mais, depuis que je t'ai vue, je sens que je t'aime mille fois plus encore. Depuis que je te connais, je t'adore tous les jours davantage : cela prouve combien la maxime de La Bruyère, que l'amour vient tout d'un coup, est fausse. Tout, dans la nature, a un cours et différents degrés d'accroissement. Ah ! je t'en prie. laisse-moi voir quelques-uns de tes défauts ! Sois moins belle, moins gracieuse, moins tendre, moins bonne surtout ; ne sois jamais jalouse, ne pleure jamais ; tes larmes m'ôtent la raison, brûlent mon sang. Crois bien qu'il n'est plus en mon pouvoir d'avoir une pensée qui ne soit pas à toi et une idée qui ne te soit pas soumise. Repose-toi bien ; rétablis vite ta santé. Viens me rejoindre, et au moins, qu'avant de mourir, nous puissions dire : « Nous fûmes tant de jours heureux ! Millions de baisers, et même à Fortuné, en dépit de sa méchanceté. » Fortuné était le petit chien de Joséphine.

Le 18 juillet, nouvelle lettre, encore datée de Marmirolo : « J'ai passé toute la nuit sous les armes. J'aurais eu Mantoue par un coup hardi et heureux ; mais les eaux du lac ont promptement baissé, de sorte que ma colonne, qui était embarquée, n'a pas pu arriver. Ce soir, je recommence d'une autre manière... Je reçois une lettre d'Eugène que je t'envoie. Je te prie d'écrire de ma part à ces aimables enfants et de leur envoyer quelques bijoux. Assure-les bien que je les aime comme mes enfants. Ce qui est à toi ou à moi se confond tellement dans mon cœur, qu'il n'y a aucune différence. Je suis fort inquiet de savoir comment tu te portes, ce que tu fais. J'ai été dans le village de Virgile, sur les bords du lac, au clair argentin de la lune, et pas un instant sans songer à Joséphine ! »

Michelet, dans son volume intitulé : *Jusqu'au 18 Brumaire*, a fait, au sujet de cette phrase, la réflexion suivante : « Lors du siège de Mantoue, Bonaparte dit à Joséphine, dans une lettre sentimentale et calculée sur le goût de l'époque, qu'en pensant à elle, rêveur et mélancolique, il a été, au clair de lune, voir sur le lac le village de Virgile. Là, sans doute, il prit l'idée de la fête du grand poète, qu'il fit plus tard, et qui le recommanda fort à la société, élevée dans ce culte classique. On voit dans des gravures le héros d'Italie auprès du tombeau de Virgile, et ombragé de son laurier. »

Il y avait, quoi qu'en en puisse dire, dans le caractère de Napoléon un côté tendre et sentimental. « La nature, a dit le duc de Raguse dans ses Mémoires, lui avait donné un cœur reconnaissant et bienveillant, je pourrais même dire sensible. Cette assertion contrariera des opinions établies, mais injustes. Sa sensibilité s'est assurément bien émoussée avec le temps ; mais, dans le cours de mes récits, je raconterai des faits, je donnerai des preuves incontestables de la vérité de mon opinion. » Napoléon aimait la poésie. C'est lui qui a dit à Sainte-Hélène : « L'imagination gouverne le monde. » Rien, en fait de littérature, ne lui semblait assez élevé, assez idéal. Toute son enfance s'était passée dans des méditations ardentes sur les poètes et les grands hommes. Il s'était également occupé d'Homère et d'Alexandre, de Virgile et de César. Élève de Plutarque et de Jean-Jacques Rousseau, il appartenait à l'école spiritualiste, et il avait le goût de tout ce qui était grand, de tout ce qui était beau. Il aima l'amour comme il aima la gloire : éperdument. Le style de ses proclamations et de ses bulletins s'accorde avec celui de ses lettres amoureuses. Héros ou amant, c'est toujours le même homme.

Bonaparte écrivait encore, de Marmirolo, le 19 juillet : « Il y a deux jours que je suis sans lettres de toi. Voilà trente fois aujourd'hui que je me suis fait cette observation ; tu sens que cela est bien triste ; tu ne peux pas douter cependant de la tendre et unique sollicitude que tu m'inspires. Nous avons attaqué hier Mantoue. Nous l'avons chauffée, avec deux batteries à boulets rouges et des mortiers. Toute la nuit, cette misérable ville a brûlé. Ce spectacle était horrible et imposant. Nous nous-sommes emparés de plusieurs ouvrages extérieurs, nous ouvrons la tranchée cette nuit. Je vais partir pour Castiglione demain avec le quartier général, et je compte y coucher. J'ai reçu un courrier de Paris. Il y avait deux lettres pour toi ; je les ai lues. Cependant, bien que cette action me paraisse toute simple et que tu m'en aies donné la permission l'autre jour, je crains que cela ne te fâche, et cela m'afflige bien. J'aurais voulu les recacheter. Fi ! ce serait une horreur. Si je suis coupable, je te demande grâce ; je te jure que ce n'est pas par jalousie ; non, certes, j'ai de mon adorable amie une trop grande opinion pour cela. Je voudrais que tu me donnasses permission entière de lire tes lettres ; avec cela il n'y aurait plus de remords ni de crainte. Achille arrive en courrier de Milan ; pas de lettres de mon adorable amie! Adieu mon unique bien! Quand pourras-tu venir me rejoindre? Je viendrai te prendre moi-même à Milan. Mille baisers aussi brûlants que mon cœur, aussi purs que toi. Je fais appeler le courrier; il me dit qu'il est passé chez toi, et que tu lui as dit que tu n'avais rien à lui ordonner. Fi! méchante, laide, cruelle, tyranne, petit joli monstre! Tu te ris de mes menaces, de mes sottises; ah! si je pouvais, tu sais bien, t'enfermer dans mon cœur, je t'y mettrais en prison. Apprends-moi que tu es gaie, bien portante et bien tendre. »

De Castiglione, Bonaparte écrivait à Joséphine, le 21 juillet: « J'espère qu'en arrivant ce soir, je recevrai une de tes lettres. Tu sais, ma chère Joséphine, le plaisir qu'elles me font, et je suis sûr que tu te plais à les écrire. Je partirai cette nuit pour Peschiera, pour Vérone, et de là j'irai à Mantoue, et peut-être à Milan, recevoir un baiser, puisque tu m'assures qu'ils ne sont pas glacés; j'espère que tu seras parfaitement rétablie alors, et que tu pourras m'accompagner à mon quartier général pour ne plus me quitter. N'es-tu pas l'âme de ma vie et le sentiment de mon cœur?... Adieu, belle et bonne, toute non pareille, toute divine; mille baisers amoureux. »

Mais Wurmser approchait. Bonaparte ne pouvait aller chercher Joséphine à Milan. Il la décida à le rejoindre, par cette lettre datée de Castiglione, le 22 juillet: « Les besoins de l'armée exigent ma présence dans ces environs; il est impossible que je puisse m'éloigner jusqu'à venir à Milan; il me faudrait cinq ou six jours, et il peut arriver pendant ce temps-là des mouvements où ma présence pourrait être urgente ici. Tu m'assures que ta santé est bonne; je te prie, en conséquence, de venir à Brescia. J'envoie, à l'heure même, Murat pour t'y préparer un logement dans la ville, comme tu le désires. Je crois que tu feras bien d'aller coucher le 6 (thermidor), en partant fort tard de Milan, et de venir le 7 à Brescia, où le plus tendre des amants t'attend. Je suis désespéré que tu puisses croire, ma bonne amie, que mon cœur puisse s'ouvrir à d'autres qu'à toi; il t'appartient par droit de conquête, et cette conquête sera solide et éternelle. Je ne sais pourquoi tu parles de Mme T..., dont je me soucie fort peu, ainsi que des femmes de Brescia. Quant à tes lettres, qu'il te fâche que j'ouvre, celle-ci sera la dernière; ta lettre n'était pas arrivée. Adieu, ma tendre amie, donne-moi souvent de tes nouvelles, Viens promptement me joindre, et sois heureuse et sans inquiétude; tout va bien, et mon cœur est à toi pour la vie. Aie soin de rendre à l'adjudant-général Miollis la boîte de médailles qu'il m'écrit t'avoir remise. Les hommes sont si mauvaises langues et si méchants, qu'il faut se mettre en règle sur tout. Santé, amour et prompte arrivée à Brescia. J'ai à Milan une voiture à la fois de ville et de campagne, tu te serviras de celle-là pour venir. Porte avec toi ton argenterie et une partie des objets qui te sont nécessaires. Voyage à petites journées et pendant le frais, afin de ne pas te fatiguer. La troupe ne met que trois jours pour se rendre à Brescia. Il y a en poste pour quatorze heures de chemin. Je t'invite à coucher le 6 (thermidor) à Cassano : je viendrai à ta rencontre le 7, le plus loin possible. Adieu, ma Joséphine, mille tendres baisers. »

En appelant sa femme auprès de lui, en pleine guerre, entre deux batailles, Bonaparte semblait faire une chose insensée. Et pourtant, — tout lui réussissait alors, — il fut peut-être redevable de son salut à cette résolution en apparence injustifiable. Joséphine était comme son bon ange. On peut dire que, pendant toute sa carrière, quand elle était auprès de lui, il obtenait toujours des succès merveilleux. Un joueur, — et la politique est un jeu, comme presque toutes les choses humaines, — dirait qu'elle lui portait bonheur.

Joséphine fut fidèle au rendez-vous que son mari lui donnait à Brescia. Mais à peine les deux époux étaient-ils réunis dans cette ville, que le 28 juillet ils durent s'en éloigner. Wurmser, apprenant la situation critique de Mantoue, avait hâté son mouvement de huit à dix jours, ce qui força l'armée française de précipiter le sien. Le général de Ségur a dit dans ses Mémoires : « Pour mieux se figurer le désordre, le péril extrême où l'attaque double et simultanée de Wurmser jeta d'abord Bonaparte, écoutons Joséphine elle-même, se complaisant depuis à nous raconter comment, dans les premiers moments de cette irruption, tranquille encore avec lui dans Brescia, elle vit le provéditeur s'efforcer, par l'offre d'une fête, de les retenir dans cette ville une nuit de plus. Ce fut elle, m'a-t-elle dit, qui s'y refusa si obstinément qu'elle décida Bonaparte à partir à l'instant même. Cette heureuse inspiration les sauva. Ils n'étaient pas à quatre lieues de Brescia que les Autrichiens, de concert avec le provéditeur, y pénétraient de vive force. Bonaparte, surpris au milieu de la fête, y devait être ou tué ou enlevé prisonnier de guerre. »

Le lendemain Joséphine ne fut pas moins utile à son époux. Au point du jour, tous deux, n'ayant pas plus de vingt hommes d'escorte arrivèrent à un château situé tout près de Vérone. Ils y furent assaillis par d'autres ennemis descendant de l'Adige. Les yeux de Joséphine, plus perçants que ceux de Bonaparte, lui avaient montré ce nouveau danger que son mari, en la renvoyant sur le bord du lac de Garde, s'imagina lui faire éviter. Mais là, au contraire, d'autres coups de fusil l'accueillirent : ceux d'une flottille ennemie, maîtresse du lac. Alors, abandonnant sa voiture, elle monta à cheval et s'enfuit dans la direction de Peschiera, où Bonaparte, averti, l'envoya chercher. Elle le rejoignit à Castiglione.

A chaque instant elle rencontrait des soldats blessés dans les engagements qui préludaient aux grandes batailles.

Bonaparte, la voyant ainsi en danger, se décida à lui faire reprendre la route de Brescia. Mais Joséphine se trouva arrêtée par une division ennemie déjà parvenue à Ponte-Marco et se dirigeant vers Lonato. Elle fut obligée de revenir sur ses pas et de regagner Castiglione, où Bonaparte était encore. Alors, dit le *Mémorial de Sainte-Hélène*, « dans l'inquiétude, dans l'agitation du moment, la crainte la saisit, et elle pleura beaucoup. » Bonaparte apprenant que les Autrichiens étaient entrés à Brescia et que les communications avec Milan se trouvaient ainsi coupées, envoya sa femme dans l'Italie centrale, en la faisant passer devant Mantoue, dont les Français continuaient le siège. Ému de la douleur qu'elle témoignait en le quittant : « Wurmser ! s'écria-t-il, me paiera cher les pleurs qu'il te cause. »

Bonaparte, depuis son mariage, avait à peine passé quelques jours avec Joséphine. Son amour, plus surexcité que rassasié, lui donnait je ne sais quelle exaltation qui le prédisposait aux grandes choses. Les larmes de la bien-aimée produisirent sur son âme d'amant et de guerrier une impression profonde. « Je la consolerai, se disait-il au fond de son cœur. Elle aura toutes les joies, toutes les gloires. Ce visage qui est maintenant inondé de pleurs, je le ferai rayonner d'allégresse. » Le climat de l'Italie, la splendeur du ciel, l'éclat du soleil, la chaleur de l'été, l'enivrement de la guerre, l'odeur de la poudre, l'ardeur de la lutte, la fougue de la jeunesse, tout contribuait à enflammer l'imagination orientale du héros. Il était dans une de ces périodes de la vie des grands hommes où ils se sentent comme soulevés de terre par un souffle surnaturel, et où ils ont en eux une force mystérieuse, je ne sais quoi d'inspiré, de divin. Pour les hommes d'action, comme pour les artistes, il y a de ces heures privilégiées où ils deviennent capables de prodiges. Avec son caractère, Bonaparte n'aurait pas pu reparaître vaincu devant Joséphine. Il voulait l'éblouir, la fasciner, lui arracher des cris d'admiration, lui apporter une gloire si lumineuse, si éclatante que les rayons en rejaillissent sur elle. Vaincu, il aurait repoussé toute pitié, toute consolation. Son patriotisme et son amour lui suggéraient la même volonté, la volonté du triomphe. Sa nature, énergique entre toutes, redoublait de force et d'audace, il devenait irrésistible. C'est au moment où il vit pleurer Joséphine que la tendresse, l'ambition, l'orgueil, la soif de la victoire s'emparèrent de son âme, et donnèrent à son génie un élan, un essor, un développement inconcevables. Il se disait : « Je la reverrai, et je la reverrai triomphant. » Il devait donc vaincre à tout prix. Il voulait vaincre pour la France, il voulait vaincre pour Joséphine. Ce jour-là, il ne douta pas un instant de la fortune. Il crut plus que jamais à son étoile. Une voix secrète lui disait : « Va! » Joséphine elle-même dut se sentir rassurée par le regard d'aigle de son époux. La campagne des six jours allait commencer. L'amour d'une femme était un talisman, et, avec ce talisman-là, Bonaparte allait faire des miracles.

Cependant Joséphine fuyait, obligée de longer, en voiture et de très près, le siège de Mantoue. On tira sur elle de la place, et quelqu'un de sa suite fut atteint. Le général de Ségur raconte, d'après le récit qu'elle lui en fit elle-même, qu'en passant à portée de cette ville, les feux de la place la forcèrent de se réfugier dans une chapelle. Un soldat courut l'en arracher, lui montrant les canons autrichiens pointés sur ce dangereux abri. En effet, à peine était-elle dehors, que les boulets firent écrouler cette masure. Elle traversa le Pô, Bologne, Ferrare et gagna Lucques, « poursuivie, » dit le *Mémorial de Saint-Hélène,* « par la crainte et les mauvais bruits qui volaient d'ordinaire autour de nos armées patriotes, mais contenue intérieurement par son extrême confiance en l'étoile de son mari. Telle était pourtant déjà l'opinion de l'Italie, et tels étaient les sentiments inspirés par le général français, qu'en dépit de la crise du moment et de tous les faux bruits qui l'accompagnaient, sa femme fut reçue à Lucques par le Sénat et traitée

par lui comme l'eût été une très grande princesse ;
il vint la complimenter et lui présenta les huiles
d'honneur ; il eut lieu de s'en applaudir. Peu de
temps après, les courriers annoncèrent les prodiges de son mari et l'anéantissement de Wurmser. » Au moment même où elle avait traversé le
Pô, mettant ce fleuve entre elle et les hulans de
Wurmser, Joséphine avait reçu de Bonaparte
une lettre, datée du 4 août, dans laquelle, escomp-
tant l'avenir, il lui annonçait, comme un fait
déjà accompli, la mémorable victoire du lendemain.

VI

ENTRE CASTIGLIONE ET ARCOLE

A l'approche de Wurmser, Bonaparte s'était
écrié : « Nous sommes en observation; malheur à
qui calculera mal ! » Bonaparte calcula bien.
Son armée ne comptait qu'environ quarante-deux
mille hommes, et son adversaire arrivait avec
soixante mille. Les ennemis de la France pous-
saient des cris de joie. A Venise, les soldats escla-
vons couraient les places publiques, et, tendant la
main aux passants, demandaient le prix du sang
français qu'ils allaient répandre. A Rome, les
agents de la France étaient insultés. La cour de
Naples rompait l'armistice. On disait que l'Italie
était le tombeau des Français. Apprenant que les
Autrichiens allaient sur tous les points passer
l'Adige, que la retraite sur Milan était fermée,
que la position de Rivoli était forcée comme celle
de la Corona, Bonaparte avait assemblé, le 3o
juillet, un conseil de guerre. Les généraux opi-

nèrent pour la retraite. Augereau seul insista pour tenter la fortune des armes. Telle fut aussi l'opinion de Bonaparte.

La ville de Castiglione, située à dix lieues au nord-ouest de Mantoue, et à trois lieues au sud de Lonato, se trouve à portée des deux débouchés du Tyrol, celui de l'Adige, à l'est du lac de Garde, et celui de la rive occidentale de ce même lac. Bien que l'ennemi eût forcé la ligne de l'Adige, et bien qu'il eût tourné celles du Mincio et du lac de Garde, le terrain était si heureux qu'il présentait encore des ressources à un homme de génie aussi audacieux que Bonaparte. Renonçant au siège de Mantoue, parce qu'il savait que, dans les positions critiques, vouloir tout conserver mène à tout perdre, il concentra ses troupes à la pointe du lac. Puis, suivant sa tactique habituelle, il sut, par sa rapidité, se multiplier, si bien que, partout où il combattit, il se trouva soit en force égale, soit en force supérieure. Vainqueur à Lonato, le 3 août, et le 5 à Castiglione, il écrivait, le 8, au Directoire, que l'armée autrichienne avait disparu comme un songe et que l'Italie était tranquille. Wurmser venait de l'évacuer, y laissant quatre-vingt-dix canons et vingt-cinq mille hommes d'élite tués ou pris. Le 9 août, Bonaparte, à Vérone, adressait une lettre de remerciements à la ville de Milan, qui lui était restée fidèle : « Le zèle, le caractère qu'elle vient de montrer, disait-il, et son amour pour la liberté lui ont

acquis l'estime et l'amour de la France ; son
peuple, de plus en plus énergique, devient chaque
jour plus digne d'être libre ; un jour sans doute,
il paraîtra avec gloire sur la scène du monde. »
Marmont écrivait à son père : « Depuis huit
jours, je n'ai pas dormi quatre heures. Nous
n'avons plus d'ennemis à combattre, et nous
allons bien, je l'espère, profiter de nos triomphes. »

Bonaparte, revenu à Brescia le 10 août, y
écrivit le soir même à Joséphine, qui, après la
victoire de Castiglione, avait pu facilement retourner à Milan : « J'arrive, mon adorable amie,
ma première pensée est de t'écrire. Ta santé et
ton image ne sont pas sortis un instant de ma
mémoire pendant toute la route. Je ne serai tranquille que lorsque j'aurai reçu des lettres de toi.
J'en attends avec impatience. Il n'est pas possible
que tu te peignes mon inquiétude. Je t'ai laissée
triste, chagrine et demi-malade. Si l'amour le
plus profond et le plus tendre pouvait te rendre
heureuse tu devrais l'être... Je suis accablé
d'affaires. Adieu, ma douce Joséphine ; aime-moi
bien, porte-toi bien, et pense souvent à moi. »

Après avoir remis le siège devant Mantoue,
Bonaparte se rendit à Milan, où il passa une
quinzaine auprès de sa femme. Wurmser, réfu-
gié dans le Tyrol, voulait reprendre l'offensive,
et l'Autriche allait lever une nouvelle armée, celle
d'Alvinzy. Bonaparte dut recommencer la campagne. Il laissa Joséphine à Milan, et repartit

pour la guerre avec cette ardeur infatigable qui
faisait l'étonnement et le désespoir de ses ennemis. Tant de préoccupations, tant de dangers,
tant de combats ne pouvaient le distraire de son
amour, chaque jour plus vif et plus brûlant.
C'était comme une fièvre perpétuelle. Arrivé à
Brescia, il écrivait le 31 août à Joséphine : « Je
pars à l'instant pour Vérone. J'avais espéré recevoir une lettre de toi ; cela me met dans une inquiétude affreuse. Tu étais un peu malade lors de
mon départ, je t'en prie, ne me laisse pas dans une
pareille inquiétude. Tu m'avais promis plus
d'exactitude ; ta langue était cependant bien
d'accord alors avec ton cœur... Toi, à qui la nature a donné douceur, aménité et tout ce qui
plaît, comment peux-tu oublier celui qui t'aime
avec tant de chaleur ? Trois jours sans lettre de
toi ; je t'ai cependant écrit plusieurs fois. L'absence
est horrible, les nuits sont longues, ennuyeuses
et fades ; la journée est monotone. Aujourd'hui,
seul avec les pensées, les travaux, les écritures,
les hommes et leurs fastueux projets, je n'ai pas
même un billet de toi que je puisse presser contre
mon cœur. Le quartier général est parti ; je pars
dans une heure. J'ai reçu cette nuit un exprès de
Paris ; il n'y avait pour toi que la lettre ci-jointe,
qui te fera plaisir. Pense à moi, vis pour moi,
sois souvent avec ton bien-aimé, et crois qu'il
n'est pour lui qu'un seul malheur qui l'effraie, ce
serait de n'être plus aimé de Joséphine. Mille

baisers bien doux, bien tendres, bien exclusifs. »

Autre épître, datée d'Ala, le 3 septembre 1796 : « Nous sommes en pleine campagne, mon adorable amie; nous avons culbuté les postes ennemis; nous leur avons pris huit ou dix chevaux avec un pareil nombre de cavaliers. J'espère que nous ferons de bonnes affaires, et que nous entrerons dans Trente le 19 (fructidor). Point de lettres de toi, cela m'inquiète vraiment; l'on m'assure cependant que tu te portes bien, et que même tu as été te promener au lac de Côme. J'attends tous les jours, et avec impatience le courrier où tu m'apprendras de tes nouvelles; tu sais combien elles me sont chères. Je ne vis pas, loin de toi; le bonheur de la vie est près de ma douce Joséphine. Pense à moi ! écris-moi souvent, bien souvent; c'est le seul remède à l'absence; elle est cruelle, mais sera j'espère momentanée. »

Les soldats de Bonaparte égalent la hardiesse et l'agilité des chasseurs des Alpes. Ils gravissent de rochers en rochers le sommet des montagnes, d'où ils font un feu plongeant sur l'ennemi. Quelle rapidité ! Que d'exploits ! Le 4 septembre, victoire de Roveredo; le 5, entrée à Trente; poursuite de Wurmser dans les gorges de la Brenta; enlèvement du défilé de Primolano; victoire de Bassano, le 8 septembre. Deux heures après, le vainqueur écrit au Directoire : « En six jours, nous avons livré deux batailles et quatre combats ; nous avons pris à l'ennemi vingt-et-un drapeaux ; nous lui avons fait seize mille prisonniers, parmi lesquels plusieurs généraux ; le reste a été tué, blessé et éparpillé. Nous avons dans ces six jours, nous battant toujours dans des gorges inexpugnables, fait quarante-cinq lieues, pris soixante-dix pièces de canon avec leurs caissons, leurs attelages, une grande partie du parc de l'armée et des magasins considérables. »

Le 10 septembre, Bonaparte écrit de Montebello à sa femme : « L'ennemi a perdu, ma chère amie, dix-huit mille hommes prisonniers ; le reste est tué ou blessé. Wurmser, avec une colonne de cinq cents chevaux et cinq mille hommes d'infanterie, n'a plus d'autre ressource qu'à se jeter dans Mantoue. Jamais nous n'avons eu de succès aussi constants et aussi grands. L'Italie, le Frioul, le Tyrol, sont assurés à la République. Il faut que l'empereur crée une seconde armée : artillerie, équipages de pont, bagages, tout est pris. Sous peu de jours, nous nous verrons ; c'est la plus douce récompense de mes fatigues et de mes peines. Mille baisers ardents et bien amoureux. »

Pendant que Bonaparte remportait ces victoires surprenantes, quelle était, à Milan, la disposition d'esprit de Joséphine ? Il faut bien le dire, Joséphine s'ennuyait. M. Aubenas a publié une lettre qu'elle adressait en ce moment à sa tante, Mme de Renaudin, qui venait d'épouser le marquis de Beauharnais. Cette lettre, conservée dans les archives de la famille Tascher de la Pagerie, fait voir le sentiment de tristesse qui envahissait l'âme de Joséphine, éloignée de ses enfants et de ses amitiés parisiennes. C'est le duc de Serbelloni, qui, se rendant à Paris, s'était chargé de porter cette lettre ainsi conçue : « M. Serbelloni vous fera part, ma chère tante, de la manière dont j'ai été reçue en Italie, fêtée partout où j'ai passé, tous les princes d'Italie me donnant des fêtes, même le grand-duc de Toscane, frère de l'empereur. Eh bien ! je préfère être simple particulière en France. Je n'aime point les honneurs de ce pays-ci. Je m'ennuie beaucoup. Il est vrai que ma santé contribue beaucoup à me rendre triste ; je suis souvent incommodée. Si le bonheur devait procurer la santé, je devrais me bien porter. J'ai le mari le plus aimable qu'il soit possible de rencontrer. Je n'ai pas le temps de rien désirer. Mes volontés sont les siennes. Il est toute la journée en adoration devant moi, comme si j'étais une divinité ; il est impossible d'être meilleur mari. M. Serbelloni vous dira combien je suis aimée. Il écrit souvent à mes enfants ; il les aime beaucoup. Il envoie à Hortense, par M. Serbelloni, une belle montre à répétition émaillée et entourée de perles fines ; à Eugène, une belle montre d'or... Adieu, ma chère tante, ma chère maman ; croyez à mes tendres sentiments. Je tâcherai de vous faire passer un peu d'argent, pour ce que vous m'avez demandé, par la première occasion. »

En même temps, Joséphine écrivait à sa fille, Hortense, cette lettre datée de Milan, le 6 septembre 1796 : « M. le duc de Serbelloni part dans l'instant pour Paris, et m'a promis, ma chère Hortense, d'aller le lendemain de son arrivée à Saint-Germain. Il te dira combien je parle de toi, combien je pense à toi et combien je t'aime ! Eugène partage avec toi ces sentiments, ma chère fille ; je vous aime tous les deux à l'adoration. M. Serbelloni te remettra de la part de Bonaparte et de la mienne, de petits souvenirs pour toi, Emilie, Eugène et Jérôme. Fais mille amitiés à Mme Campan ; je compte lui envoyer une collection de belles gravures et de beaux dessins d'Italie. Embrasse pour moi mon cher Eugène, Emilie et Jérôme. Adieu, ma chère Hortense, ma chère fille ; pense souvent à ta maman, écris-lui souvent ; tes lettres et celles de ton frère la consolent d'être éloignée de ses chers enfants. Adieu encore ; je t'embrasse bien tendrement. »

L'infatigable Bonaparte continuait le cours de ses succès. Le 15 septembre, il obligeait Wurmser à se réfugier dans Mantoue. Mais, au milieu de ses victoires, il était triste, parce qu'il trouvait que les lettres de Joséphine étaient trop rares. Il lui adressait de Vérone, le 17 septembre, cette épître mélancolique : « Je t'écris, ma bonne amie, bien souvent et toi peu. Tu es une méchante et une laide, bien laide autant que tu es légère. Cela est perfidie, tromper un pauvre mari, un tendre amant ! Doit-il perdre ses droits parce qu'il est loin, chargé de besogne, de fatigue et de peine ? Qu'y ferait-il ? Nous avons eu hier une affaire très sanglante ; l'ennemi a perdu beaucoup de monde et a été complètement battu. Nous lui avons pris le faubourg de Mantoue. Adieu, adorable Joséphine. Une de ces nuits, les portes s'ouvriront avec fracas, comme un jaloux, et me voilà dans tes bras. Mille baisers amoureux. »

La lettre datée de Modène, le 17 octobre, était également empreinte de tristesse : « J'ai été avant-hier toute la journée en campagne. J'ai gardé hier le lit. La fièvre et un violent mal de tête, tout cela m'a empêché d'écrire à mon adorable amie ; mais j'ai reçu ses lettres, je les ai pressées contre mon cœur et mes lèvres, et la douleur de l'absence, cent milles d'éloignement, ont disparu. Dans ce moment, je t'ai vue près de moi, non capricieuse et fâchée, mais douce, tendre, avec cette onction de bonté qui est exclusivement le partage de ma Joséphine. C'était un rêve ; juge si cela m'a guéri de la fièvre. Tes lettres sont froides comme cinquante ans ; elles ressemblent à quinze ans de mariage. On y voit l'amitié et les sentiments de cet hiver de la vie. Fi ! Joséphine !... C'est bien méchant, bien mauvais, bien traître à vous. Que vous reste-t-il pour me rendre bien à plaindre ? Ne plus m'aimer ? Eh ! c'est déjà fait. Me haïr ? Eh bien, je le souhaite ; tout avilit, hors la haine ; mais l'indifférence au pouls de marbre, à l'œil fixe, à la démarche monotone !... Mille baisers bien tendres, comme mon cœur. Je me porte un peu mieux, je pars demain. Les Anglais évacuent la Méditerranée. La Corse est à nous. Bonne nouvelle pour la France et pour l'armée ! »

Entre la rentrée de Wurmser dans Mantoue, le 18 septembre, et l'arrivée d'Alvinzy sur la Brenta et sur l'Adige, dans les premiers jours de novembre, il y a, au point de vue militaire, un répit de cinq ou six semaines. Pendant ce temps, Bonaparte se débat contre la politique du Directoire, qui le contrarie dans ses vues, et qui ne lui envoie point les renforts nécessaires. Les secours d'hommes tant promis n'arrivent point. L'argent manque pour la solde des troupes. L'armée d'Italie est réduite à trente-trois mille hommes, et c'est avec un si faible effectif qu'il faut reprendre la Corse, contenir toute la Péninsule, assiéger vingt-deux mille Autrichiens réfugiés dans Mantoue, intimider les cours de Rome et de Naples poussées à bout par les exigences intempestives du Directoire, et enfin tenir tête au nouvel et formidable effort de l'Autriche, à l'armée d'Alvinzy.

Bonaparte s'irrite. Il écrit aux directeurs le 6 octobre : « On gâte tout en Italie. Le prestige de nos forces se dissipe. On nous compte. L'influence de Rome est incalculable. On a très mal fait de rompre avec cette puissance. Si j'eusse été consulté sur tout cela, j'eusse continué les négociations avec Rome, comme avec Gênes et avec Venise. Toutes les fois que votre général en Italie ne sera pas le centre de tout, vous courrez de grands risques. On n'attribuera pas ce langage à l'ambition ; je n'ai que trop d'honneurs, et ma santé est tellement délabrée que je crois être obligé de demander un successeur ». Une telle demande était-elle sincère ? Ou bien n'était-ce qu'une feinte ? Et Bonaparte eût-il été fâché, si le Directoire l'eût pris au mot ? Quoi qu'il en soit, il avait déjà écrit, dès le 9 août, à Carnot : « S'il est en France un seul homme pur et de bonne foi qui puisse suspecter mes intentions politiques et mettre du doute sur ma marche, je renonce à cet instant même au bonheur de servir ma patrie. Trois ou quatre mois d'obscurité calmeront l'envie, rétabliront ma santé et me mettront à même d'occuper avec plus d'avantage les postes que la confiance du gouvernement pourrait me confier. Quand le moment sera venu, ce ne sera qu'en sortant à temps de l'armée d'Italie que je pourrai consacrer le reste de ma vie à la défense de la République. Ne pas laisser vieillir les hommes doit être le grand art du gouvernement. J'ai adopté, en entrant dans la carrière publique, pour principe : Tout à la patrie ! Je vous prie de croire aux sentiments d'estime et d'amitié que je vous ai voués ».

Au moment où Alvinzy s'approchait avec une

armée dont la supériorité numérique paraissait écrasante, et où, à moins de miracles, les troupes françaises devaient succomber, le jeune général en chef, qui, pour la première fois peut-être, doutait de son étoile, regrettait peut-être aussi que sa démission n'eût pas été acceptée par le Directoire. Mais le sort en était jeté : il fallait tenter l'impossible. Bonaparte était l'homme de toutes les audaces. Il ne se troubla pas. Son génie augmentait avec le péril.

VII

ARCOLE

Quand une guerre a réussi, il semble que, pour le vainqueur, tout ait été joie, élan et confiance. Le nom de la première campagne d'Italie n'éveille d'abord que des idées d'enthousiasme et de triomphe. Et pourtant que d'incertitudes, que d'angoisses ! Combien de fois la partie semblat-elle perdue ! Combien de fois Bonaparte fut-il sauvé comme par miracle ! Ces armées ennemies qui renaissaient d'elles-mêmes, ces vides que la mort ne cessait de faire dans les demi-brigades héroïques, la maladie qui minait la santé du jeune général en chef et lui inspirait souvent une tristesse profonde, tout cela disparaît devant l'éclat des résultats obtenus, devant la lumineuse magie de la victoire. Mais que d'orages dans l'âme de Bonaparte ! Quelle réputation aurait-il dans l'histoire ? Celle d'un présomptueux, d'un insensé ou d'un héros ? Cela dépendait du succès.

Et à quoi le succès tient-il ? Que Bonaparte soit battu, et les habiles, les tacticiens le tourneront en ridicule, et prouveront, par des raisonnements mathématiques, que toutes ses conceptions étaient des chimères, qu'il devait infailliblement être défait, qu'il ne connaissait rien aux règles de la stratégie. Pour justifier sa confiance en lui-même, sa foi dans son étoile, il devait absolument vaincre. Tout son avenir était subordonné à tel ou tel de ces innombrables hasards qui changent du tout au tout la fortune des combats. A chaque instant, dans cette mémorable campagne, Bonaparte se trouve sur le bord de l'abîme. Un rien, et il y serait précipité. C'est en étudiant la vie des plus grands hommes, des César, des Alexandre, des Napoléon qu'on est le plus frappé de la petitesse des choses humaines et de l'importance extrême que les plus insignifiants détails, les incidents les plus minimes, les plus vulgaires, prennent dans les destinées des républiques et des empires. Il existe une force inconnue qui se joue de toutes les combinaisons humaines. Les gens de foi l'appellent la Providence, les sceptiques, le Hasard. Mais, quel que soit son nom, elle se retrouve partout. Presque tous les grands génies sont fatalistes, parce que, lorsqu'ils examinent leurs propres triomphes, ils s'aperçoivent qu'ils y sont eux-mêmes pour une faible part, et que, bien souvent par suite des caprices du sort, ils ont échoué là où, selon toutes les prévisions raisonnables, ils auraient dû réussir, et réussi là où ils auraient dû échouer. Mais l'opinion publique ne tient pas compte de tout cela. Elle n'a qu'une préoccupation, qu'une adoration : le succès, et les hommes qu'elle prend pour favoris sont toujours ceux qui, ayant joué le tout pour le tout, ont gagné.

Au moment où l'armée d'Alvinzy s'avançait sur la Piave, Bonaparte, pour résister à soixante mille hommes, n'en avait que trente-six mille, fatigués par une triple campagne et diminués tous les jours par les fièvres qu'ils gagnaient dans les rizières de la Lombardie. Pour tout autre qu'un pareil général en chef, la partie eût paru absolument désespérée. Le 5 novembre, il écrivait au Directoire : « Tout souffre, et nous sommes en présence de l'ennemi ! Le moindre retard peut nous être funeste. Nous sommes ici à la veille des plus grands événements. Ces retards sont pour nous un terrible malheur. Toutes les troupes de l'empire sont arrivées en poste avec une célérité surprenante ; et nous, on nous a livrés à nous-mêmes. De belles promesses et quelques petits corps sont tout ce qu'on nous a donné. »

Après quelques succès d'avant-garde suivis de plusieurs échecs sérieux, Bonaparte vient d'être obligé à une double retraite. Son aile gauche, commandée par Vaubois, occupait Trente ; elle en a été rejetée jusque sur Corona et Rivoli. Lui-même, avec dix-sept mille hommes, s'était placé en avant de Vérone sur la Brenta ; il en a été repoussé jusque dans Vérone, d'où il a écrit, le 9 novembre, cette lettre laconique à Joséphine : « Je suis arrivé depuis avant-hier à Vérone, ma bonne amie. Quoique fatigué, je suis bien portant, bien affairé, et je t'aime toujours à la passion. Je monte à cheval. Je t'embrasse mille fois. » Le 11 novembre, il tente un second retour offensif sur Alvinzy ; cette nouvelle attaque échoue, comme la première. Les deux divisions d'Augereau et Masséna essaient, le 12 novembre, d'enlever les hauteurs de Caldiero. Le mauvais temps, la supériorité numérique de l'ennemi, la force de ces positions, tout contribue à l'insuccès de ces deux divisions, malgré leur héroïsme. Elles sont repoussées, et rentrent dans Vérone. Alors, pour la première fois peut-être, la vaillante armée d'Italie se sent envahie par le découragement. Vaubois n'a plus que six mille hommes. Les deux divisions réunies de Masséna et d'Augereau n'en comptent plus que treize mille.

Les soldats disent avec tristesse : « Nous ne pouvons pas seuls remplir la tâche de tous ; l'armée d'Alvinzy, qui se trouve ici, est celle devant laquelle les armées du Rhin et de Sambre-et-Meuse se sont retirées, et elles sont oisives en ce moment ; pourquoi est-ce à nous à remplir leur tâche ? On ne nous envoie aucun secours ; si nous sommes battus, nous regagnerons les Alpes en fuyards et sans honneur. Si, au contraire, nous sommes vainqueurs, à quoi aboutira cette nouvelle victoire ? On nous opposera une autre armée semblable à celle d'Alvinzy, comme Alvinzy lui-même a succédé à Wurmser, et dans cette lutte constante et inégale, il faudra bien que nous finissions par être écrasés. »

L'ennemi avait pu compter à son aise le petit nombre des Français. Il se croyait sûr du triomphe, et préparait déjà les échelles avec lesquelles il se proposait d'escalader les murs de Vérone. La situation de Bonaparte semblait désespérée. Eh bien, c'est à ce moment critique, c'est le lendemain même de son échec de Caldiero, c'est le 13 novembre, qu'il trouvait le temps d'écrire, de Vérone, à Josephine, une lettre d'amour et de doux reproches : « Je ne t'aime plus du tout ; au contraire je te déteste. Tu es une vilaine, bien gauche, bien bête, bien cendrillon. Tu ne m'écris pas du tout, tu n'aimes pas ton mari ; tu sais le plaisir que tes lettres lui font, et tu ne lui écris pas six lignes jetées au hasard ! Que faites-vous donc toute la journée, madame ? Quelle affaire si importante vous ôte le temps d'écrire à votre bien bon amant ? Quelle affection étouffe et met de côté l'amour, le tendre et constant amour que vous lui avez promis ? Quel peut être ce merveilleux, ce nouvel amant

qui absorbe tous vos instants, tyrannise vos journées et vous empêche de vous occuper de votre
mari ? Joséphine, prenez-y garde, une belle nuit
les portes enfoncées, et me voilà. En vérité, je
suis inquiet, ma bonne amie, de ne pas recevoir
de tes nouvelles ; écris-moi vite quatre pages, et
de ces aimables choses qui remplissent mon cœur
de sentiment et de plaisir. J'espère qu'avant peu
je te serrerai dans mes bras, et je te couvrirai
d'un million de baisers brûlants comme sous
l'Équateur. »

Mme de Rémusat, toujours portée à nier dans
Bonaparte les sentiments du cœur et à soutenir
qu'il ne vivait que par la tête, a cependant été
frappée de la passion qui déborde de cette correspondance. « J'ai vu, dit-elle, dans ses Mémoires,
des lettres de Napoléon à Mme Bonaparte, lors de
la première campagne d'Italie... Ces lettres sont
très singulières : une écriture presque indéchif-
frable, une orthographe fautive, un style bizarre
et confus. Mais il y règne un ton si passionné, on y
trouve des sentiments si forts, des expressions si
animées et en même temps si poétiques, un amour
si à part de tous les amours, qu'il n'y a point de
femme qui ne mît du prix à avoir reçu de pareilles lettres. Elles formaient un contraste piquant
avec la bonne grâce élégante et mesurée de celles
de M. de Beauharnais. D'ailleurs, quelle circonstance pour une femme que de se trouver (dans
un temps où la politique décidait des actions des

hommes) comme un des mobiles de la marche triomphante de toute une armée ! A la veille d'une de ses plus grandes batailles, Bonaparte écrivait : « Me voici loin de toi ! Il semble que je sois tombé dans les plus épaisses ténèbres; j'ai besoin des funestes clartés de ces foudres que nous allons lancer sur nos ennemis pour sortir de l'obscurité où m'a jeté ton absence. »

Cependant, le péril devenait extrême. Quelques années plus tard, Joséphine, à Saint-Cloud, racontait au général de Ségur qu'un peu avant la bataille d'Arcole, elle avait reçu de Bonaparte une lettre dans laquelle il lui avouait qu'il n'avait plus d'espoir, que tout était perdu, que partout l'ennemi montrait une force triple de la sienne, qu'il ne lui restait à lui, Bonaparte, que son courage, que probablement il allait perdre l'Adige, qu'ensuite il disputerait le Mincio, et que, cette dernière position perdue, s'il existait encore, il irait rejoindre Joséphine à Gênes, où il lui conseillait de se retirer.

Prévoyant les désordres, les massacres même auxquels son départ de Milan aurait pu servir de signal, Joséphine se détermina à y demeurer, et, ne changeant rien à ses manières, elle y continua sa vie habituelle, allant au spectacle la mort dans l'âme, mais faisant bonne contenance en dépit des dispositions menaçantes d'une partie de la population milanaise. Pendant trois nuits, des Italiens vinrent, à plusieurs reprises, jusqu'auprès de son lit, la réveiller en sursaut, sous prétexte de lui demander des nouvelles, mais évidemment dans l'attente de son départ, pour s'en assurer, et pour ne point retarder d'un seul moment le commencement de leur révolte.

Bonaparte, devant ses troupes, affectait une confiance absolue. Au moment même où son âme était déchirée par l'inquiétude et les angoisses les plus cruelles, son visage était impassible. Et au moment où il promettait à ses soldats une prompte victoire, il écrivait au Directoire, le 14 novembre, cette lettre presque désespérée : « Citoyens directeurs, je vous dois compte des opérations qui ont eu lieu. S'il n'est pas satisfaisant, vous n'en attribuerez pas la faute à l'armée ; son infériorité et l'épuisement où elle est des hommes les plus braves me font tout craindre pour elle. Peut-être sommes-nous à la veille de perdre l'Italie ! Aucun des secours attendus n'est arrivé... Je fais mon devoir, l'armée fait le sien. Mon âme est déchirée, mais ma conscience est en repos... Aujourd'hui, 24 brumaire, repos aux troupes. Demain, selon les mouvements de l'ennemi, nous agirons. Je désespère d'empêcher la levée du blocus de Mantoue, qui dans huit jours était à nous. Si ce malheur arrive, nous serons bientôt derrière l'Adda, et plus loin s'il n'arrive pas de troupes... L'armée d'Italie, réduite à une poignée de monde, est épuisée. Les héros de Lodi, de Millesimo, de Castiglione et de Bassano sont morts pour leur patrie ou sont à l'hôpital. Il ne reste plus aux corps que leur réputation ou leur orgueil. Joubert, Lannes, Lannusse, Murat, Dupuis, Rambon, Chabran sont blessés... Ce qui me reste de braves voit la mort infaillible, au milieu de chances si continuelles et avec des forces si inférieures ! Peut-être l'heure du brave Augereau, de l'intrépide Masséna, de Berthier est près de sonner ! Alors, alors, que deviendront ces braves gens ? Cette idée me rend réservé. Je n'ose plus affronter la mort, qui serait un sujet de découragement et de malheur pour ceux qui sont l'objet de mes sollicitudes. » Le ton du commencement de cette lettre est presque le désespoir. Le ton de la fin est l'espérance : « Sous peu de jours, nous tenterons un dernier effort ! Si la fortune nous sourit, Mantoue sera prise, et avec elle l'Italie ! Renforcé par mon armée de siège, il n'y a rien que je ne puisse tenter ! »

Tout semble dire à Bonaparte qu'il sera perdu. Une voix secrète lui crie : Tu seras sauvé ! Il y a des hommes que les difficultés stimulent, que le danger enhardit. L'abîme, loin de leur donner le vertige, les rassure et les encourage. Avant de commencer la lutte, le jeune général croit apercevoir l'image de Joséphine. Comme ces paladins qui évoquaient le souvenir de leur dame, avant d'accomplir leurs exploits, il puise une force irrésistible dans l'amour noble et chevaleresque dont son âme de héros et de poète est remplie. Curieux spectacle ! Cet homme qui, au milieu des plus grandes préoccupations, a soif de tendresse, au milieu des épreuves les plus périlleuses, est consolé par l'attente d'un baiser, d'un sourire ! Ce génie impétueux, dans les crises les plus terribles de sa destinée, trouve encore du temps pour être jaloux, et pour avoir des peines de cœur ! Lui qui avait ouvert à sa bien-aimée d'immenses horizons de puissance et de gloire, que ne souffrirait-il pas, si sa carrière s'arrêtait brusquement au début, si tant d'espérances aboutissaient à une déception, si le prétendu grand homme ne passait plus que pour un jeune présomptueux, indigne de la confiance d'un Barras ? Que diraient alors de lui ses trois amantes, Joséphine, la France, l'Italie ? Pour éviter un tel désastre, il se sent capable de prodiges. Son génie, comme son amour, arrive à un degré d'intensité extraordinaire. Ne voulant revoir Joséphine qu'après un triomphe éclatant, il se souvient du vers du Cid :

Sors vainqueur d'un combat dont Chimène est le prix !

Le 17 novembre, à la nuit tombante, le camp de Vérone prend les armes. A la nouvelle des derniers échecs, les malades, les blessés, ont voulu sortir de l'hôpital, quoique mal guéris, et sont venus se ranger dans les rangs, leurs blessures encore toutes sanglantes. Ils sont là, leur présence héroïque remplit l'armée des plus vives émotions. Voici les colonnes qui se mettent en marche, traversent rapidement Vérone, sortent avec mystère par la porte désignée sous le nom de porte de Milan, et vont se former sur la rive droite de l'Adige. Moment solennel, plein d'angoisses! Où vont les guerriers de Bonaparte ? Ils n'en savent rien. L'heure à laquelle ils sont partis, la position qu'ils viennent de prendre sur la rive droite, et non sur la rive gauche du fleuve, le silence qu'on garde, contre l'habitude constante d'apprendre, par l'ordre du jour, qu'on va se battre, la situation des affaires, tout enfin donne à croire qu'on est en pleine retraite. Vont-ils donc, ces soldats intrépides, vont-ils abandonner l'Italie, terre promise, où ils avaient acquis tant de gloire ? Vont-ils perdre le fruit de tants d'efforts, de tant de courage ? Les héros de tant de combats seraient-ils des fugitifs ? Ces hommes qui ne vivent que pour et par la gloire sont dans une anxiété indescriptible. Eux qui aiment le danger pour le danger, qui s'enivrent de l'odeur de la poudre, ils ne peuvent se résigner à l'idée qu'ils ne livreraient pas bataille, quand il y a encore des cartouches au fond de leurs gibernes, des baïonnettes au bout de leurs fusils. Ces hommes qui ont effacé du dictionnaire le mot *impossible*, qui n'admettent ni obstacles, ni supériorité numérique, veulent à tout prix combattre, fût-ce même dans les plus mauvaises conditions. Le hasard les tente. Ils aiment la guerre, comme les joueurs aiment le jeu. Aussi, quand, au lieu de suivre la route de Peschiera, l'armée prend tout à coup la gauche, longe l'Adige, arrive, avant le jour, à Ronco; quand elle y trouve Andréassy achevant d'y jeter un pont, quand, aux premiers rayons du soleil, elle se voit avec étonnement, par un simple à gauche, sur l'autre rive de l'Adige, elle tressaille de joie. « Non, s'écrient les soldats, nous ne battrons pas en retraite. Ne pouvant enlever Caldiero, nous le tournons. Avec douze mille hommes, nous ne pourrions rien, en plaine, contre quarante-cinq mille. Notre général nous mène sur des chaussées, dans de vastes marais où le nombre ne sera plus rien, mais où le courage des têtes de colonne sera tout. En avant ! » Alors, comme il est dit dans le *Mémorial de Sainte-Hélène*, « l'espoir de la victoire ranime tous les cœurs; chacun promet de se surpasser, pour seconder un plan si beau et si hardi. » Bonaparte, en regardant les éclairs qui brillaient dans les yeux de ses soldats, à l'approche d'une bataille de géants, se dit qu'avec de tels hommes on peut tout espérer. Alors va commencer cette grande lutte de trois jours, un des plus prodigieux efforts de courage qu'une armée ait jamais pu faire.

Trois chaussées partent de Ronco, et toutes les trois sont environnées de marais. La première se dirige sur Vérone, en remontant l'Adige ; la deuxième conduit à Villa-Nova et passe devant Arcole, qui a un pont à une lieue et demie de l'Adige, sur la petite rivière de l'Alpon. La troisième descend l'Adige et va sur Albaredo. Trois colonnes s'avancent à la fois sur les trois chaussées. Celle du centre se porte sur Arcole, où les tirailleurs parviennent jusqu'au pont sans être aperçus par l'ennemi, qui a eu l'imprudence de ne pas pousser des postes jusqu'à l'Adige, parce qu'il regardait comme des marais impraticables l'espace compris entre ce fleuve et l'Alpon. La chaussée de Ronco à Arcole rencontre ce dernier cours d'eau à deux milles, et de là en remonte pendant un mille la rive droite jusqu'au pont qui tourne perpendiculairement à droite, et entre dans le village d'Arcole. Bonaparte arrive près de ce pont, qui va devenir si célèbre. Il essaie de s'y avancer, mais un feu terrible arrête ses soldats. Devant cette pluie de mitraille, cette avalanche de balles, d'obus et de bombes, les plus intrépides hésiteraient. Bonaparte s'élance au galop ; près du pont, il descend de cheval. Les soldats d'Augereau se sont réfugiés dans le marais, où, courbés, ils s'abritent, le long de la chaussée, contre les feux qui les empêchent de s'y tenir. Et voilà le général qui leur crie : « N'êtes-vous donc plus les vainqueurs de Lodi ? », et qui, saisissant un drapeau, les appelle et les enflamme de son audace. On le suit, on brave la mitraille, on arrive à deux cents pas du pont ; on est sur le point de le franchir, lorsqu'un chef de bataillon, saisissant Bonaparte par le corps, s'écrie : « Mon général, vous allez vous faire tuer, et si vous êtes tué, nous sommes perdus ; vous n'irez pas plus loin. » Alors on recule. Les soldats, qui ne veulent point se dessaisir de leur général, le prennent par les bras, les cheveux, les habits, et l'entraînent dans leur fuite au milieu des morts, des mourants, de la fumée. Dans ce tumulte, et sans s'en apercevoir, ils le jettent à droite, dans le marais, et le perdent de vue. Les Autrichiens sont là. Heureusement, ils ne le reconnaissent pas. Un cri se fait entendre : « Soldats, en avant pour sauver le général ! » Marmont, Louis Bonaparte et quelques braves accourent. Ils arrachent le général en chef de la vase épaisse où il était plongé ; ils le font remonter à cheval et se précipitent sur l'ennemi, qui finit, à la nuit tombante, par évacuer Arcole et se retirer sur San-Bonifacio.

« Cette journée, est-il dit dans le *Mémorial de Sainte-Hélène*, fut celle du dévouement militaire. Le général Lannes était accouru de Milan ; il avait été blessé à Governolo ; il était encore souffrant dans ce moment. Il se plaça entre l'ennemi et Napoléon, le couvrit de son corps et reçut trois blessures, ne voulant jamais le quitter. Muiron, aide de camp du général en chef, fut tué, couvrant de son corps son général. Mort héroïque et touchante ! »

La lutte recommença le lendemain 16 novembre et le surlendemain 17. Le 16, les Autrichiens furent battus, sur les digues de l'Adige et d'Arcole. Le 17, après midi, Bonaparte, récapitulant les pertes de l'armée ennemie depuis trois jours, conclut qu'elle s'était affaiblie de plus de vingt mille hommes, et qu'ainsi ses forces ne seraient pas beaucoup plus d'un tiers au-dessus des forces françaises. Alors il donna ordre à ses troupes de sortir des marais et d'aller attaquer les Autrichiens en plaine. L'armée passa le pont jeté à l'embouchure de l'Alpon. Là fut tué l'un des aides de camp de Bonaparte, le jeune Elliot. A deux heures de l'après-midi, les Français étaient en bataille, leur gauche à Arcole, leur droite dans la direction de Porto-Lignano. L'ennemi fut culbuté partout. Épuisé par une lutte sanglante de soixante et douze heures, il battit en retraite dans la direction de Vicence.

Le 18 novembre, Bonaparte, qui, le 14 était sorti mystérieusement de Vérone par la porte de Milan, y rentra en triomphateur par la rive gauche de l'Adige et par la porte de Venise, cette porte par laquelle les Véronais s'attendaient à voir arriver victorieusement l'armée autrichienne. Dès ce moment, personne ne crut plus à la possibilité d'un revers durable des Français. « On se peindrait difficilement, a dit Napoléon lui-même, l'étonnement et l'enthousiasme des habitants ; nos ennemis même les plus déclarés ne purent rester froids, et joignirent leurs hommages à ceux de nos amis. » Stupéfaction des uns et allégresse des autres, tout se confondit en un transport unanime, comme à la vue d'un événement miraculeux.

6

VIII

Bonaparte a fait des prodiges. Il est lui-même surpris de sa fortune. Il sent que désormais il possède cette puissance impossible à définir qui est plus forte que toutes les autres, et qui s'appelle le prestige. Edgar Quinet fait cette remarque dans son livre : *la Révolution :* « Napoléon a écrit que la grande ambition lui vint à Arcole ; mais il n'en a pas dit la raison. Je crois l'entrevoir. D'autres victoires ont été plus complètes : Montenotte, Lodi, Lonato, Castiglione. Pourquoi donc est-ce à Arcole seulement que lui apparaît pour la première fois son étoile ? C'est que jamais il n'avait été dans une situation aussi désespérée. Cette invincible armée d'Italie allait donc céder ses victoires ! Et que deviendrait ce prodige éblouissant de renommée, qui avait tout éclipsé ? Fausse gloire éphémère, sans solidité, sans lendemain ! Se retirer, c'était perdre, avec l'Italie, bien plus que le résultat de tant de merveilles, c'était perdre Bonaparte lui-même. Il n'avait été montré un moment au monde que pour retomber dans l'oubli ! La fortune ne l'avait caressé que pour l'anéantir. Voilà ce qu'on pouvait se dire le 14 novembre 1796. Tout était perdu ce jour-là : prestige, confiance, gloire, consulat, empire. Tout est regagné le lendemain. Cette prétendue retraite se change en triomphe. C'est à ce moment que Napoléon dut se croire prédestiné ; il dut se dire, après avoir repassé l'Adige à Ronco, qu'il n'y avait plus rien d'impossible pour qui changeait ainsi et domptait d'un regard la force des choses, qu'il était l'homme nécessaire, le maître du destin. Dès lors, où arrêter son ambition ? Où mettre la borne à ses projets ? Le sentiment de la fatalité de sa puissance naquit, grandit, au même moment que celui de sa ruine, et la monarchie universelle lui apparut dans les roseaux d'Arcole. »

Bonaparte triomphe, et pourtant il est triste. Sa physionomie est morose, sa conversation remplie de pensées sombres. C'est qu'il est dans la nature des grands ambitieux d'éprouver, une fois leur ambition satisfaite, une sorte de mélancolie. L'inanité des choses humaines est telle que le breuvage qui remplit la coupe de la gloire paraît fade à ceux-là même qui s'en enivrent. Le sentiment de la brièveté de la vie, de la fragilité des espérances, contribue à inspirer cette tristesse aux victorieux de la terre. L'ombre de la mort est toujours là qui plane sur leurs exploits. D'ailleurs, après les grands efforts, après les luttes gigantesques, il y a toujours des heures de lassitude morale et physique. Un triomphateur, quel qu'il soit, est tenté de dire comme le poète :

> Toutes les choses de la terre,
> Gloire, fortune militaire,
> Couronne éclatante des rois,
> Victoire aux ailes embrasées,
> Ambitions réalisées,
> Ne sont jamais sur nous posées
> Que comme l'oiseau sur nos toits.

Quelque radieux que puisse être l'éclat de la victoire, la gloire militaire a toujours ses tristesses, et le spectacle des champs de bataille fait faire des réflexions sinistres, même aux hommes les plus énergiques. Le cri des blessés et des mourants a des échos funèbres que, longtemps après le combat, les vainqueurs, tout autant que les vaincus, entendent dans le silence de la nuit. Napoléon, stoïque et impassible pendant la bataille, avait ensuite des moments de sensibilité.

Un jour, il dit, à Sainte-Hélène, qu'à la suite d'une des grandes affaires d'Italie, il traversa lui, troisième ou quatrième, le champ de bataille dont on n'avait pu encore relever les morts. « Par un clair de lune et dans la solitude profonde de la nuit, disait-il, un chien sortant tout à coup de dessous les vêtements d'un cadavre, s'élança sur nous et retourna presque aussitôt à son gîte en poussant des cris douloureux ; il léchait tour à tour le visage de son maître, et se lançait de nouveau sur nous. C'était tout à la fois demander des secours et rechercher la vengeance... » L'empereur continuait : « Soit disposition du moment, soit le lieu, l'heure, le temps, l'acte en lui-même, ou je ne sais quoi, toujours est-il vrai que jamais rien, rien, sur aucun champ de bataille, ne me causa une impression pareille. Je m'arrêtai involontairement à contempler ce spectacle. Cet homme, me disais-je, a peut-être des amis, il en a peut-être dans le camp, dans sa compagnie, et il gît ici, abandonné de tous, excepté de son chien. Quelle leçon la nature nous donnait par l'intermédiaire de cet animal !..... Ce qu'est l'homme ! Et quel est le mystère de ses impressions ! J'avais, sans émotion, ordonné des batailles qui devaient décider du sort de l'armée ; j'avais vu d'un œil sec exécuter des mouvements qui amenaient la perte d'un grand nombre d'entre nous ; et ici, je me sentais ému, j'étais remué par les cris de douleur d'un chien... Ce qu'il y a de bien certain, c'est qu'en ce moment j'eusse été plus traitable pour un ennemi suppliant ; je concevais mieux Achille rendant le corps d'Hector aux larmes de Priam. »

Jamais peut-être plus qu'après Arcole cette disposition de Bonaparte à la rêverie, à la tristesse, ne se manifesta. Il écrivait, de Vérone, à

Carnot, le 19 novembre 1796 : « Jamais champ de bataille n'a été autant disputé que celui d'Arcole. Je n'ai presque plus de généraux. Leur dévouement, leur courage sont sans exemple. Le général Lannes est venu au champ de bataille n'étant pas encore guéri de sa blessure. Il fut encore blessé deux fois après la première journée. Il était, à trois heures après midi, étendu souffrant, lorsqu'il apprend que je me porte moi-même à la tête de la colonne. Il se jette à bas de son lit, revient me trouver au pont d'Arcole, où un nouveau coup l'étend sans connaissance ! Je vous assure qu'il fallait tout cela pour vaincre. »

Le même jour, Bonaparte écrivait à Clarke : « Votre neveu Elliot a été tué sur le champ de bataille d'Arcole ! Ce jeune homme s'était familiarisé avec les armes. Il a plusieurs fois marché à la tête des colonnes... Il est mort avec gloire et en face de l'ennemi ; il n'a pas souffert un instant. Quel est l'homme raisonnable qui n'envierait une telle mort ? Quel est celui qui, dans les vicissitudes de la vie, ne s'estimerait point heureux de sortir de cette manière d'un monde si souvent méprisable ? Quel est celui d'entre nous qui n'a point regretté cent fois de ne point être ainsi soustrait aux effets puissants de la calomnie, de l'envie et de toutes les passions haineuses qui semblent presque exclusivement diriger la conduite des hommes ? »

Les souffrances physiques ajoutaient alors à la

mélancolie dont le pâle visage de Bonaparte portait l'empreinte. Il n'était pas encore remis des suites d'une maladie cutanée qu'il avait gagnée au siège de Toulon, en prenant le refouloir des mains d'un artilleur atteint de la gale, et en chargeant lui-même dix à douze coups de canon. Le poison rentré agissait sur son organisation nerveuse et donnait à son sang je ne sais quoi de brûlant et d'âcre. Du temps d'Arcole, il éprouvait aussi les premières atteintes d'une autre maladie qui devait, seize ans plus tard, ralentir parfois son activité et lui inspirer de sérieuses inquiétudes. Yvan, qui fut son chirurgien jusqu'en 1814, disait au général de Ségur qu'en 1796 et en 1797 il n'avait pu maintes fois hâter la fin de ces crises de Napoléon qu'en le plongeant, à défaut de baignoire, dans le premier tonneau rempli d'eau qu'il pouvait se procurer.

Malgré son prodigieux triomphe, le vainqueur d'Arcole souffrait de corps et d'âme. Il doutait, à certains moments, de l'amour de Joséphine, et ce doute était une angoisse. Le 24 novembre 1796, il avait écrit de Vérone à sa femme bien-aimée : « J'espère bientôt, ma douce amie, être dans tes bras. Je t'aime à la fureur. J'écris à Paris par ce courrier. Tout va bien. Wurmser a été battu hier sous Mantoue. Il ne manque à ton mari que l'amour de Joséphine pour être heureux. » Puis il était parti de Vérone, sans la prévenir, pour aller passer auprès d'elle quarante-huit heures à Milan. O surprise, ô douleur ! il ne l'y trouva pas. Alors il lui écrivit, se voyant privé de cette réunion tant désirée qui était dans son espérance le meilleur prix de sa victoire : « J'arrive à Milan, je me précipite dans ton appartement, j'ai tout quitté pour te voir, te presser dans mes bras..., tu n'y étais pas ; tu cours les villes avec des fêtes, tu t'éloignes de moi lorsque j'arrive, tu ne te soucies plus de ton cher Napoléon. Un caprice te l'a fait aimer, l'inconstance te le rend indifférent. Accoutumé aux dangers, je sais le remède aux ennuis et aux maux de la vie. Le malheur que j'éprouve est incalculable ; j'avais droit de n'y pas compter. Je serai ici jusqu'au 9 (frimaire) dans la journée. Ne te dérange pas, cours les plaisirs, le bonheur est fait pour toi. Le monde entier est trop heureux s'il peut te plaire, et ton mari seul est bien, bien malheureux. »

Joséphine, à l'heure où Bonaparte se lamentait ainsi, était à Gênes, où elle avait cru devoir accepter une invitation de la part de la ville. « Elle y fut reçue, a dit Walter Scott, avec une magnificence recherchée par les citoyens de cette ancienne république qui étaient du parti français, et où, au grand scandale des catholiques rigides, dans le bal donné par M. de Serva, la compagnie resta assemblée jusqu'au matin du jour suivant qui était un vendredi, malgré la présence d'un sénateur, ayant dans sa poche, mais n'osant pas l'invoquer, un décret sur l'observation religieuse de ce jour. »

Le 28 novembre, nouvelle lettre de Bonaparte à Joséphine : « Je reçois le courrier que Berthier avait expédié à Gênes. Tu n'as pas eu le temps de m'écrire, je le sens facilement. Environnée de plaisirs et de jeux, tu aurais tort de me faire le moindre sacrifice. Berthier a bien voulu me montrer la lettre que tu lui as écrite. Mon intention n'est pas que tu déranges rien à tes calculs, ni aux parties de plaisir qui te sont offertes ; je n'en vaux pas la peine, et le bonheur ou le malheur d'un homme que tu n'aimes pas, n'a pas le droit d'intéresser. Pour moi, t'aimer seule, te rendre heureuse, ne rien faire qui puisse te contrarier, voilà le destin et le but de ma vie. Sois heureuse, ne me reproche rien, ne t'intéresse pas à la félicité d'un homme qui ne vit que de ta vie, ne jouit que de tes plaisirs et de ton bonheur. Quand j'exige de toi un amour pareil au mien, j'ai tort. Pourquoi vouloir que la dentelle pèse autant que l'or ? Quand je te sacrifie tous mes désirs, toutes mes pensées, tous les instants de ma vie, j'obéis à l'ascendant que tes charmes, ton caractère et toute ta personne ont su prendre sur mon malheureux cœur. J'ai tort, si la nature ne m'a pas donné les attraits pour te captiver ; mais ce que je mérite de la part de Joséphine, ce sont des égards, de l'estime, car je l'aime à la fureur et uniquement. »

Cette lettre, d'une éloquence si passionnée, finit par un véritable débordement de tendresse : « Adieu, femme adorable, adieu, ma Joséphine. Puisse le sort concentrer dans mon cœur tous les chagrins et toutes les peines ; mais qu'il donne à ma Joséphine des jours prospères et heureux. Qui le mérite plus qu'elle ? Quand il sera constaté qu'elle ne peut plus aimer, je renfermerai ma douleur profonde, et je me contenterai de pouvoir lui être utile et bon à quelque chose. Je rouvre ma lettre pour te donner un baiser... Ah ! Joséphine ! Joséphine ! »

Peu de jours après, les deux époux se retrouvèrent à Milan. Il y eut alors quelques moments de repos relatif dans l'âme toujours agitée de Bonaparte. Lavalette, qui prit à ce moment son service d'aide de camp auprès de lui, nous le montre après Arcole, au quartier général de Milan. « Je me présentai, dit-il, chez le général en chef qui habitait le palais Serbelloni. Il donnait audience ; le salon était rempli d'officiers de tout grade et de hauts fonctionnaires du pays. Son air était affable ; mais son regard était si ferme et si fier que je me sentis pâlir, quand il m'adressa la parole. Je balbutiai mon nom et quelques mots de remercîments, qu'il écouta en silence, et les yeux attachés sur moi avec une expression sévère qui acheva de me déconcerter. Enfin, il me dit : « — Revenez à six heures, et « prenez l'écharpe. » Cette écharpe qui distin-

guait les aides de camp du général en chef était
de soie blanche et rouge, et se portait au bras
gauche. »

Les aides de camp de Bonaparte étaient alors
au nombre de huit. Murat, qui venait d'être
nommé général, ne comptait plus parmi eux. Le
premier était le colonel Junot, aussi remarquable
par sa vaillance et son entrain que par son esprit
naturel. « Lors de la construction d'une des premières batteries que Napoléon, à son arrivée à
Toulon, ordonna contre les Anglais, il demanda
sur le terrain un sergent ou un caporal qui sût
écrire. Quelqu'un sortit des rangs et écrivit sous
sa dictée sur l'épaulement même. La lettre à peine
finie, un boulet la couvre de terre. « — Bien, dit
l'écrivain, je n'aurai pas besoin de sable. » Cette
plaisanterie, le calme avec lequel elle fut dite fixa
l'attention de Napoléon, et fit la fortune du sergent. C'était Junot, depuis duc d'Abrantès, colonel général des hussards, commandant en Portugal, gouverneur général en Illyrie [1]. »

Le deuxième aide de camp était le futur duc de
Raguse, Marmont, colonel d'artillerie, né en
Bourgogne d'une famille ancienne et considérée ;
Marmont, qui joignait à une éducation très soignée, à une passion effrénée de la gloire, à une
ambition sans bornes, un attachement enthousiaste pour son général en chef. Plus tard, le duc

[1]. *Mémorial de Sainte-Hélène.*

de Raguse, écrivant ses Mémoires, se complaira dans la description de cette époque de sa vie : « Nous étions tous très jeunes, dira-t-il, depuis le chef suprême jusqu'au dernier des officiers ; notre ambition était noble et pure ; aucun sentiment d'envie, aucune passion basse ne trouvait accès dans nos cœurs ; une amitié véritable nous unissait tous, et il y avait des exemples d'attachement allant jusqu'au dévouement. Une entière sécurité sur notre avenir, une confiance sans bornes dans nos destinées, nous donnaient cette philosophie qui contribue si fort au bonheur, et une harmonie constante, jamais troublée, formait une véritable famille. Enfin, cette variété dans nos occupations et nos plaisirs, cet emploi successif de nos facultés du corps et de l'esprit, donnaient à la vie un intérêt et une rapidité extraordinaires. »

Moins brillant que Junot et Marmont, mais d'un caractère plus solide, le troisième aide de camp était Duroc, le futur grand-maréchal du palais ; Duroc, le véritable ami de Napoléon. Tué d'un boulet de canon à Wurtschen, en 1813, il laissera dans l'âme de son souverain un si profond souvenir qu'en 1815, au moment de s'embarquer à bord du *Bellérophon*, l'empereur demandera qu'il lui soit permis de vivre en Angleterre comme un simple particulier sous le nom de colonel Duroc.

Le quatrième aide de camp était le jeune Lemarrois, à peine âgé de dix-sept ans et déjà couvert de blessures. Le cinquième était un Polonais, Sulkowski, nature aventureuse, chevaleresque et romanesque. Il parlait toutes les langues de l'Europe. Après avoir combattu pour la liberté de la Pologne, et s'être fait blesser au siège de Varsovie, il était venu se ranger sous les drapeaux de la France, et les soldats de Bonaparte le traitaient comme un compatriote. Le sixième aide de camp était le frère du général en chef, le jeune Louis Bonaparte, âgé de dix-sept ans à peine, et que son frère n'épargnait pas pour les missions les plus périlleuses. Il les remplissait, d'ailleurs, avec un zèle, un plaisir qui annonçaient qu'il savait supporter noblement le poids d'un nom célèbre. Le futur roi de Hollande avait un esprit doux, des mœurs simples, un caractère grave et rêveur, un rare sang-froid dans le danger. A la bataille d'Arcole, il avait contribué, par son dévouement et par son courage, à sauver la vie de son général en chef, de son frère. « Louis aimait la gloire, dira Napoléon à Sainte-Hélène ; peut-être m'aimait-il plus encore. » Le septième aide de camp était Croissier, brave et habile officier de cavalerie, qui venait de remplacer le jeune Elliot, tué glorieusement à Arcole. Le huitième, enfin, était Lavalette, le futur directeur général des postes qui, condamné à mort et enfermé à la Conciergerie, lors de la seconde Restauration, ne sera sauvé du supplice que par le dévouement de sa femme, sa femme qui, pour le faire évader de prison, y pénétrera elle-même, et changera de vêtements avec lui.

L'état-major de Bonaparte était déjà une sorte de cour militaire, dont la physionomie jeune et martiale avait un charme exceptionnel. « Le général en chef, dit encore Lavalette, était alors dans toute l'ivresse de son mariage. Mme Bonaparte était charmante, et tous les soucis du commandement, tous les soins du gouvernement de l'Italie n'empêchaient pas son mari de se livrer avec abandon à tout son bonheur intérieur. C'est pendant ce court séjour à Milan que le jeune peintre Gros fit le premier portrait qu'on ait eu du général. Il le représenta sur le pont de Lodi, au moment où, armé d'un drapeau, il s'élança en avant pour décider les troupes. L'artiste ne pouvait obtenir un moment d'audience. Mme Bonaparte prenait son mari sur ses genoux, après déjeuner, et le fixait pendant quelques minutes. J'ai assisté à trois de ces séances ; l'âge des époux, la modestie du peintre et son enthousiasme pour le héros excusaient cette privauté. » Gros faisant ainsi le portrait de Bonaparte, à Milan, après la bataille d'Arcole, ne serait-ce pas, pour nos peintres d'aujourd'hui, un bon sujet de tableau de genre ?

IX

LA FIN DE LA CAMPAGNE

Le comte de Las Cases raconte, dans le *Mémorial*, cette conversation qu'il eut avec Napoléon, à Sainte-Hélène : « Nous disions à l'empereur, au sujet de sa campagne d'Italie, des victoires rapides et journalières dont elle avait occupé la renommée, qu'il avait dû avoir bien des jouissances. — Aucune, répliquait-il. — Mais, au moins, Votre Majesté en a bien procuré au loin. — Cela se peut ; au loin on ne lisait que le succès, on ignorait la position. Si j'avais eu des jouissances, je me serais reposé ; mais j'avais toujours le péril devant moi, et la victoire du jour était aussitôt oubliée, pour s'occuper de l'obligation d'en remporter une nouvelle le lendemain. »

Dès le commencement de l'année 1797, il fallut recommencer la guerre. Et Bonaparte, qui avait pris la fièvre en bivouaquant dans un marais aux environs de Mantoue, se trouvait dans un état

de souffrance et d'épuisement qui faisait le désespoir de son armée. Stendhal nous le représente,
tel qu'il était à ce moment, les joues si caves et
si livides, que les émigrés disaient en parlant de
lui : « Il est jaune à faire plaisir ! » et buvaient à
sa mort prochaine. « Ses yeux seuls et leur regard
fixe et pénétrant annonçaient le grand homme. Ce
regard lui avait conquis une armée ; elle lui avait
pardonné son aspect chétif, elle ne l'en aimait
que mieux. Il faut se rappeler que cette armée
était toute composée de jeunes méridionaux faciles
à passionner. Ils comparaient souvent leur petit
caporal avec le superbe Murat, et la préférence
était pour l'homme si maigre, déjà en possession
d'une si grande gloire [1]. »

L'Autriche allait faire un suprême effort. Les
grandes villes de la monarchie fournissaient des
bataillons de volontaires. Ceux de Vienne avaient
reçu de l'impératrice des drapeaux brodés de ses
propres mains.

Bonaparte était à Bologne, le 10 janvier 1797,
quand il apprit que les Autrichiens, au nombre
de soixante mille hommes, débouchaient par le
Montebaldo et par les plaines du Padouan. Dans
la nuit du 13 au 14 janvier, il était sur le plateau
de Rivoli. Après des pluies torrentielles, le
temps s'était éclairci. Par un superbe clair de
lune, le général en chef, observa les lignes des

---

1. Stendhal, *Histoire de Napoléon*. Fragments.

feux ennemis; elles remplissaient le pays entre l'Adige et le lac de Garde; l'atmosphère en était embrasée. Les feux de bivouac annonçaient quarante ou cinquante mille Autrichiens. Les Français devaient être à Rivoli, le lendemain matin, à six heures, avec vingt-deux mille hommes seulement. Jamais Bonaparte ne montra plus foudroyante rapidité de conception, de décision, d'exécution. Le 14 janvier, il gagnait la bataille de Rivoli; il marchait toute la nuit du 14 au 15 avec la division Masséna, qui venait de vaincre; le 15 au soir, il était devant Mantoue; le 16, il gagnait la bataille de la Favorite. En trois jours, l'armée autrichienne, réduite de moitié, entièrement désorganisée, affaiblie d'une foule de tués et de blessés, avait perdu vingt-deux mille prisonniers, son artillerie, ses bagages. La division Masséna avait marché et combattu sans relâche depuis quatre jours, marchant la nuit, combattant le jour. Bonaparte pouvait se vanter que ses soldats avaient surpassé la rapidité si fameuse des légions de César. « Les légions romaines, écrivait-il alors, faisaient, dit-on, vingt-quatre milles par jour; nos demi-brigades en font trente et se battent dans l'intervalle. » Et il écrivait, en même temps, à Carnot: « L'estime d'un petit nombre de personnes comme vous, celle de mes camarades et du soldat, quelquefois aussi l'opinion de la postérité et, par-dessus tout, le sentiment de ma conscience et de la prospérité de ma patrie

m'intéressent uniquement. » Le 3 février, Wurmser capitulait à Mantoue. Bonaparte, qui avait
accordé au vieux général autrichien des conditions
honorables, ne voulut pas assister à son humiliation, et il était déjà dans la Romagne quand le
vaincu et son état-major défilèrent devant les
troupes françaises. L'indifférence calculée avec
laquelle Bonaparte se dérobait ainsi au spectacle
si flatteur d'un maréchal de grande réputation,
généralissime des forces autrichiennes, à la
tête de tout son état-major, lui remettant
son épée, fut un sujet d'étonnement dans toute
l'Europe. Peu de jours après, il écrivait au
Directoire : « Je me suis attaché à montrer la
générosité française à Wurmser, général âgé de
soixante-dix ans, envers qui la fortune a été très
cruelle, mais qui n'a cessé de montrer une
constance et un courage que l'histoire remar-
quera. »

La guerre contre l'Autriche était suspendue ;
la guerre contre le Saint-Siège continuait. Bonaparte adressait, le 10 février, cette lettre à Joséphine : « Nous sommes à Ancône depuis deux
jours. Nous avons pris la citadelle après une
petite fusillade, et par un coup de main. Nous
avons fait douze cents prisonniers ; j'ai renvoyé
les cinquante officiers chez eux. Je suis toujours à
Ancône. Je ne te fais pas venir, parce que tout
n'est pas encore terminé ; mais sous peu de jours
j'espère que cela sera terminé. D'ailleurs, ce

pays-ci est très maussade, et tout le monde a peur. Je pars demain pour les montagnes. Tu ne m'écris point ; tu devais cependant me donner de tes nouvelles tous les jours. Je te prie d'aller te promener tous les jours, cela te fera du bien. Je te donne un million de baisers. Je ne me suis jamais autant ennuyé qu'à cette vilaine guerre-ci. Adieu, ma douce amie, pense à moi. » Le 13 février, autre lettre, également datée d'Ancône : « Je ne reçois pas de tes nouvelles, et je ne doute pas que tu ne m'aimes plus. Je t'ai envoyé des journaux et différentes lettres. Je pars à l'instant pour passer les montagnes. Du moment que je saurai à quoi m'en tenir, je te ferai venir avec moi ; c'est le vœu le plus cher de mon cœur. Mille et mille baisers. » Le 16 février, trois jours avant la signature du traité de Tolentino, lettre datée de Bologne : « Tu es triste, tu es malade, tu ne m'écris plus, tu veux t'en aller à Paris. N'aimerais-tu plus ton ami ? Cette idée me rend malheureux. Ma douce amie, la vie est pour moi insupportable, depuis que je suis instruit de ta tristesse. Je m'empresse de t'envoyer Mascati, afin qu'il puisse te soigner. Ma santé est un peu faible, mon rhume dure toujours. Je te prie de te ménager, de m'aimer autant que je t'aime, et de m'écrire tous les jours. Mon inquiétude est sans égale. J'ai dit à Mascati de t'accompagner à Ancône, si tu veux y venir. Je t'écrirai là pour te faire savoir où je suis. Peut-être ferai-je la paix avec le Pape, et serai-je bientôt près de toi ; c'est le vœu le plus ardent de mon âme. Je te donne cent baisers. Crois que rien n'égale mon amour, si ce n'est mon inquiétude. Écris-moi tous les jours toi-même. Adieu, très chère amie. »

Le 19 février, Bonaparte signait avec le pape le traité de Tolentino. Il n'était plus qu'à trois journées du Capitole, et rien ne lui aurait été plus facile que d'entrer en triomphe dans la Ville Éternelle. Il eut la sagesse de ne point le vouloir.

Dès cette époque, il se croyait obligé de ménager la religion. Le prince de Metternich en a fait la remarque dans ses Mémoires : « Napoléon n'était pas irréligieux dans le sens ordinaire de ce terme. Il n'admettait pas qu'il eût jamais existé un athée de bonne foi ; il condamnait le déisme comme fruit d'une spéculation téméraire. Chrétien et catholique, ce n'est qu'à la religion positive qu'il reconnaissait le droit de gouverner les sociétés humaines. Il regardait le christianisme comme la base de toute civilisation véritable, le catholicisme comme le culte le plus favorable au maintien de l'ordre et de la tranquillité du monde moral, le protestantisme comme une source de troubles et de déchirements. » Il fit céder par le pape le Comtat Venaissin, Bologne, Ferrare, la Romagne et un subside de trente millions. Mais en même temps, il lui adressa cette lettre respec-tueuse, tout à fait en dehors du langage de la

France révolutionnaire : « Je dois remercier Votre Sainteté des choses obligeantes contenues dans la lettre qu'elle s'est donné la peine de m'écrire. La paix entre la République française et Votre Sainteté vient d'être signée. Je me félicite d'avoir pu contribuer à son repos particulier. Toute l'Europe connaît les inclinations pacifiques et conciliatrices de Votre Sainteté! La République française sera, je l'espère, une des amies les plus vraies de Rome. J'envoie mon aide-de-camp pour exprimer à Votre Sainteté l'estime et la vénération parfaites que j'ai pour sa personne. »

Le jour même où il concluait le traité de Tolentino, le 19 février 1797, Bonaparte adressait cette lettre à Joséphine, qui était alors à Bologne : « La paix avec Rome vient d'être signée. Bologne, Ferrare, la Romagne sont cédées à la République. Le pape nous donne trente millions dans peu de temps, et des objets d'art. Je pars demain matin pour Ancône, et de là pour Rimini, Ravenne et Bologne. Si ta santé te le permet, viens à Rimini ou Ravenne, mais ménage-toi, je t'en conjure.

« Pas un mot de ta main, bon Dieu! qu'ai-je donc fait ? Ne penser qu'à toi, n'aimer que Joséphine, ne vivre que pour ma femme, ne jouir que du bonheur de mon amie, cela doit-il me mériter de sa part un traitement si rigoureux ? Mon amie, je t'en conjure, pense souvent à moi, et écris-moi tous les jours; tu es malade, ou tu ne m'aimes pas ! Crois-tu donc que mon cœur soit de marbre ? Et mes peines t'intéressent-elles si peu ? Tu me connaîtrais bien mal ! Je ne puis le croire.

« Toi, à qui la nature a donné l'esprit, la douceur et la beauté, toi qui seule pouvais régner dans mon cœur, toi qui sais trop, sans doute, l'empire absolu que tu as sur moi. Ecris-moi, pense à moi, et aime-moi. Pour la vie à toi. »

Cette lettre, datée de Tolentino, le 19 février 1797, figure dans le recueil publié par la reine Hortense [1] comme la dernière de celles que Napoléon écrivit à Joséphine pendant la première campagne d'Italie. Il est regrettable que les lettres de Joséphine à son mari, pendant la même période, n'aient pas été conservées ; mais il est à présumer, si l'on en juge par les reproches réitérés de Napoléon, que sa femme répondait très médiocrement aux effusions sentimentales d'un mari si impétueusement passionné. Elle était fière de lui, elle admirait sa gloire, elle se sentait éblouie et fascinée par son prestige. Mais nous doutons beaucoup qu'elle en fût alors amoureuse, et l'amour, même dans le mariage, ne se commande pas. Si Napoléon devint plus tard moins sensible, c'est peut-être parce qu'il n'avait pas rencontré toute la réciprocité de tendresse à laquelle il se serait attendu. Nous serions tenté de penser que Mme de Résumat n'a point

[1]. *Lettres de Napoléon à Joséphine.* 2 vol. chez Firmin Didot, 1823.

tout à fait tort quand elle fait sur ce sujet délicat les réflexions suivantes : « Les lettres de Bonaparte décèlent les agitations d'une jalousie tantôt sombre, tantôt menaçante. Alors on y trouve des réflexions mélancoliques, une sorte de dégoût des illusions passagères de la vie. Peut-être que ces mécomptes qui froissèrent les premiers sentiments un peu vifs que Bonaparte se fût encore avisé d'éprouver, eurent sur lui quelque influence et parvinrent à le détacher peu à peu. Peut-être qu'il eût valu davantage, s'il eût été plus et surtout mieux aimé. » Au surplus, il n'est pas impossible que la froideur de Joséphine ait été calculée. Il y a, en effet, des hommes qui s'attachent par la résistance plus que par l'abandon, et qui au ciel d'azur d'un amour sans nuages préfèrent, à leur insu, un ciel variable, tantôt splendide, tantôt sombre et rempli d'éclairs. Ne l'oublions pas, Joséphine avait affaire à un conquérant, et l'amour ressemble à la guerre. Elle ne se livrait pas, elle se laissait conquérir ; plus tendre, plus empressée, plus amoureuse, Bonaparte l'eût peut-être moins aimée.

La guerre n'était pas encore terminée. L'Autriche, inépuisable en ressources, recommençait sans cesse la lutte. Ses armées renaissaient d'elles-mêmes. Après Beaulieu, Wurmser ; après Wurmser, Alvinzy ; après Alvinzy, l'archiduc Charles. Le prince allemand, grand tacticien, qui venait de s'illustrer en Allemagne, marchait vers l'Italie. Bonaparte, avec trente mille hommes, courut à sa rencontre, par un froid rigoureux, à travers des montagnes remplies de neige. Le 13 mars 1797, il franchissait la Piave; le 16, il gagnait contre l'archiduc la bataille du Tagliamento. Le 16, il arrivait à Gradisca. Quelques jours après, il prenait Laybach et Trieste. Le 26, il entrait en Allemagne. Le 29, il s'emparait de Klagenfurt. Soit par suite de fatigues et de souffrances physiques, soit par prudence et par habileté, il sentit que l'heure de la paix avait sonné. Le guerrier était déjà assez célèbre. C'est le pacificateur qui devait maintenant apparaître.

Ce metteur en scène incomparable sut préparer la paix avec autant d'art qu'il en avait mis à préparer la guerre. Après les coups d'épée, la branche d'olivier ; après la fougue, la modération, après la gloire, le repos et le bien-être. La France était comme affolée de ce jeune homme qui la flattait tour à tour dans son amour-propre et dans ses intérêts, et pressentait avec tant de sagacité les vœux de l'opinion publique. Le 31 mars, il adressait à l'archiduc Charles une lettre philosophique et humanitaire dans le goût de l'époque, et cette lettre, publiée quelques jours plus tard au *Moniteur*, produisait un effet immense. Bonaparte y disait : « Monsieur le général en chef, les braves militaires font la guerre et désirent la paix... Avons-nous tué assez de monde et causé assez de maux à l'humanité ?... Cette sixième campagne s'annonce par des présages sinistres ; quelle qu'en soit l'issue, nous tuerons, de part et d'autre, quelques milliers d'hommes de plus, et il faudra bien que l'on finisse par s'entendre, puisque tout a un terme, même les passions humaines... Vous, monsieur le général en chef, qui, par votre naissance, approchez si près du trône, et êtes au-dessus de toutes les petites passions qui animent souvent les ministres et les gouvernements, êtes-vous décidé à mériter le titre de sauveur de l'Allemagne ?... Quant à moi, monsieur le général en chef, si l'ouverture que j'ai l'honneur de vous faire peut sauver la vie à un seul homme, je m'estimerais plus fier de la couronne civique que je me trouverais avoir méritée, que de la triste gloire qui peut revenir des succès militaires. »

Le 15 avril, Bonaparte arrivait à Léoben. Son avant-garde s'emparait du Semmering. Les Français n'étaient plus qu'à vingt-cinq lieues de Vienne. L'archiduc Charles demandait alors une suspension d'armes. Bonaparte l'accordait, et, le 18 avril, il signait à Léoben les préliminaires de paix sur les bases suivantes : cession à la France de la Belgique et de la rive gauche du Rhin, cession de la Lombardie pour en faire un État indépendant, moyennant indemnité prise pour l'Autriche sur le territoire vénitien. Vers la fin d'avril, il retournait en Italie, et, arrivé à Trévise, il y rendait, le 3 mai, un ordre du jour par lequel il déclarait la guerre à la République de Venise qui s'était prononcée contre lui avant les préliminaires de Léoben, et qui avait laissé massacrer des soldats français. Le général Baraguey-d'Hilliers saisit les lagunes, les forts, les batteries de Venise, et, le 16 mai, il planta le drapeau tricolore sur la place Saint-Marc. Bonaparte était retourné à Milan.

X

LE PALAIS SERBELLONI

Le printemps de l'année 1797 fut peut-être l'époque la plus heureuse de la vie de Napoléon et de Joséphine. Le poète Arnault, qui venait de Paris, les trouva tous deux, au mois de mai, installés à Milan, dans le palais Serbelloni, sur lequel l'attention de toute l'Europe était en ce moment plus fixée que sur les demeures des empereurs et des rois. Le duc de Serbelloni, rallié aux idées libérales et françaises, était fier de loger chez lui le vainqueur d'Arcole, alors considéré comme le régénérateur de la liberté italienne. Le palais du duc, avec ses assises de granit rose, semées de parties cristallisées qui étincelaient aux rayons du soleil, ses vastes et somptueux salons carrés, ses hautes colonnades, sa large et longue galerie, était l'une des plus luxueuses résidences de Milan. Arnault nous montre Bonaparte entouré de sa cour militaire, dans un salon où se trouvent à côté de Joséphine, quelques jolies femmes : Mmes Visconti, Léopold Berthier, Yvan. Près des dames, sur un canapé, le jeune Eugène de Beauharnais plaisante avec l'espièglerie d'un page. Le général paraît. Tout le monde est debout. Berthier, Kilmaine, Clarke, Augereau attendent respectueusement un regard, une parole, la moindre marque d'attention. On se groupe autour de Bonaparte. Il se met à raconter des anecdotes, à expliquer le secret de ses victoires, à parler tour à tour en soldat, en philosophe et en poète. « Ajoutez à l'intérêt de ces récits, faits tantôt d'un ton grave, tantôt avec un accent animé, l'autorité que leur prêtent une figure singulièrement mobile, une physionomie dont la sévérité est souvent tempérée par le sourire le plus gracieux, par un regard où se réfléchissent les pensées les plus profondes de la plus forte des têtes, et les sentiments les plus vifs du cœur le plus passionné ; prêtez-leur enfin le charme d'une voix mélodieuse et toutefois masculine, et vous concevrez la facilité avec laquelle Bonaparte conquiert dans la conversation tous ceux qu'il veut séduire [1]. » Il vient de parler deux heures de suite, tout le temps debout, comme ses auditeurs, et personne n'a senti un instant de fatigue. En se retirant, Arnault dit à Regnauld de Saint-Jean-d'Angély : « Cet homme-là est un homme à part ; tout fléchit

1. Arnault, *Souvenirs d'un sexagénaire*.

sous la supériorité de son génie, sous l'ascendant de son caractère ; tout en lui porte l'empreinte de l'autorité. Voyez comme la sienne est reconnue par des gens qui s'y soumettent sans s'en douter ou peut-être en dépit d'eux. Quelle expression de respect et d'admiration dans les hommes qui l'abordent ! Il est né pour dominer, comme tant d'autres pour servir. S'il n'est pas assez heureux pour être emporté par un boulet, avant quatre ans d'ici, il sera en exil ou sur le trône. »

Joséphine ressemble déjà à une souveraine. Elle avouera plus tard que rien n'égala jamais pour elle les impressions qu'elle reçut à cette époque, où, comme le dit Mme de Rémusat, « l'amour semblait venir déposer journellement à ses pieds une conquête de plus sur un peuple enivré de son vainqueur. » Bonaparte était alors le favori de la population milanaise. Elle attendait des heures entières pour le voir sortir du palais Serbelloni. Les Italiens qui, comme tous les peuples, se passionnent pour le succès, applaudissaient le jeune général avec d'autant plus d'enthousiasme qu'ils le considéraient comme un des leurs. « Il n'y a pas, dit-il un jour, jusqu'à mon origine étrangère, contre laquelle on a essayé de crier en France, qui ne m'ait été bien précieuse. Elle m'a fait regarder comme un compatriote par tous les Italiens ; elle a grandement facilité mes succès en Italie. Ces succès une fois obtenus ont fait rechercher partout les circons-

tances de notre famille tombée depuis si longtemps dans l'obscurité. Elle s'est trouvée, au su
de tous les Italiens, avoir joué longtemps un
grand rôle au milieu d'eux. Elle était devenue, à
leurs yeux et à leurs sentiments, une famille italienne, si bien que quand il a été question du
mariage de ma sœur Pauline avec le prince Bor-
ghèse, il n'y eut qu'une voix à Rome et en Toscane, dans cette famille et tous ses alliés. « C'est
bien, ont-ils tous dit, c'est entre nous, c'est une
de nos familles. » Plus tard, lorsqu'il a été question du couronnement par le pape à Paris, cet
acte de la plus haute importance essuya de
grandes difficultés ; le parti autrichien, dans le
conclave, y était violemment opposé ; le parti
italien l'emporta, en ajoutant aux considérations
politiques cette petite considération de l'amour-
propre national : après tout, c'est une famille italienne que nous imposons aux Barbares pour
les gouverner ; nous serons vengés des Gaulois. »

A Milan, comme à Paris, Joséphine servait
admirablement les intérêts de son époux. Elle
l'aidait à jouer le double rôle qui lui permettait
d'apparaître tantôt comme révolutionnaire, et
tantôt comme conservateur. S'agissait-il d'écarter
le royalisme, il s'appuyait sur des hommes ayant
les idées d'Augereau. S'agissait-il de séduire des
personnages de l'ancien régime, Joséphine, par
ses antécédents, ses relations, son caractère, était

le trait d'union entre lui et l'aristocratie européenne. Il l'a reconnu lui-même.

« La circonstance de mon mariage avec Mme de Beauharnais, a dit Napoléon, m'a mis en point de contact avec tout un parti qui m'était nécessaire pour concourir à mon système de fusion, un des principes les plus grands de mon administration, et qui la caractérisera spécialement. Sans ma femme, je n'aurais jamais pu avoir avec ce parti aucun rapport naturel. »

Le salon de l'ancienne vicomtesse de Beauharnais, au palais Serbelloni, rappelait l'élégance et les traditions des salons les plus brillants du faubourg Saint-Germain. Joséphine y recevait la noblesse milanaise avec une grâce exquise, et y faisait régner une sorte d'étiquette contrastant d'une façon singulière avec le ton ultra démagogique des adresses que l'armée d'Italie devait envoyer avant le 18 fructidor. Bonaparte, grâce à sa finesse italienne, trouvait le moyen de plaire à la fois et aux sans-culottes et aux culottes courtes. Il manœuvrait aussi habilement avec les démocrates les plus exaltés qu'avec les ambassadeurs des vieilles cours d'Autriche et de Naples.

On le prenait tantôt pour un tribun à cheval et tantôt pour un potentat. Selon les uns, c'était un Brutus ; selon les autres, c'était, dans un prochain avenir, un César. Rien de plus curieux que d'étudier ce double aspect. Tandis que les lieutenants de Bonaparte tenaient le langage le plus révolutionnaire, lui-même, dans ses confidences avec ses familiers, parlait de la démagogie avec un singulier dédain. Ce général en chef, nommé par le Directoire, avait déjà pour les directeurs, notamment pour Barras, auteur de sa fortune, le mépris le plus profond ; mais s'il pensait ainsi, il avait soin de dissimuler encore. Le temps n'était pas venu de jeter le masque. Joséphine très liée avec Barras, contribuait, à son insu peut-être, à amortir les chocs qui, sans elle, se seraient probablement produits entre le directeur et le jeune et indocile général. Barras, s'il avait témoigné du mécontentement à Bonaparte, qui souvent agissait contre les instructions du Directoire, aurait craint de blesser son amie Joséphine, si gracieuse et si aimable aux fêtes du Luxembourg. Elle continuait donc à Milan ce qu'elle avait commencé à Paris, et, en réalité, c'était elle le plus puissant appui de Bonaparte auprès du Directoire.

Joséphine avait alors trente-quatre ans. Son teint, un peu brun et un peu défraîchi, se dissimulait à l'aide du rouge et du blanc qu'elle employait avec une extrême habileté ; sa bouche, fort petite, cachait des dents peu belles ; elle suppléait par l'art aux imperfections de la nature. L'élégance de sa taille, la souplesse de ses mouvements, la finesse de sa physionomie, la douceur de ses yeux et du son de sa voix, la grâce de sa démarche, toute l'harmonie de sa personne lui donnaient un charme exceptionnel. Ajoutez à cela une coquetterie créole d'autant plus agréable qu'elle semblait naturelle et involontaire, une indolence qui était un attrait de plus, une conversation qui plaisait sans être jamais prétentieuse, une bonté d'âme qui cherchait toutes les occasions de se manifester, des manières qui rappelaient les meilleures traditions de la cour de Versailles, une mise d'un goût exquis, des toilettes, des parures dont les reines auraient envié l'éclat, et vous comprendrez facilement le prestige qu'une femme si éminemment séduisante exerçait sur l'esprit et sur le cœur de Bonaparte. Il lui était absolument fidèle, et cela à un moment où il n'y avait guère de beauté à Milan qui n'aspirât à lui plaire et à le conquérir. Dans sa fidélité, il y avait beaucoup d'amour et un peu de calcul. Comme il l'a dit lui-même, « sa position était des plus délicates : il commandait des vieux généraux ; des regards jaloux s'attachaient à tous ses mouvements ; sa circonspection fut extrême. Sa fortune était dans sa sagesse ; il eût pu s'oublier une heure, et combien de ses victoires n'ont pas tenu à davantage ! »

Plusieurs années après, lors de son couronnement à Milan, la célèbre chanteuse Grassini attira son attention ; les circonstances étaient moins austères ; il la fit demander, et, après le premier moment d'une prompte connaissance, elle se mit à lui rappeler qu'elle avait débuté précisément lors des premiers exploits du général de l'armée d'Italie. « J'étais alors dans tout l'éclat de ma beauté et de mon talent. Il n'était plus question que de moi dans les *Vierges du Soleil.* Je séduisais tous les cœurs. Le jeune général seul était demeuré froid, et pourtant lui seul m'occupait ! Quelle bizarrerie ! quelle singularité ! Quand je pouvais valoir quelque chose, que toute l'Italie était à mes pieds, que je la dédaignais héroïquement pour un seul de vos regards, je n'ai pu l'obtenir, et voilà que vous les laissez tomber sur moi, aujourd'hui que je n'en vaux plus la peine, que je ne suis plus digne de vous. »

Bonaparte, au mois de mai 1797, était relativement heureux, aussi heureux que pouvait l'être ce caractère inquiet et ardent, pour qui ne semblaient point faits le repos et le bonheur. Quelques jours lui avaient suffi pour réparer ses forces physiques, après tant d'émotions, de fatigues et de périls. Les soupçons qu'il avait un instant conçus au sujet de sa femme s'étaient à peu près dissipés, et Joséphine s'habituait enfin à l'Italie où elle avait une situation si éclatante et de si grandes satisfactions d'amour-propre.

Quant à l'armée française, toute fière de ses triomphes, elle était dans l'ivresse de la joie. Milan lui semblait un Eden. Comme Stendhal décrit d'une manière pittoresque cette période vraiment enchanteresse : les officiers et les soldats tous jeunes, tous amoureux ; les Milanaises, plus belles, plus aimables les unes que les autres ; la promenade du Corso, sur le bastion de la Porte-Orientale, cet ancien rempart espagnol planté de marronniers, et s'élevant d'une quarantaine de pieds au-dessus de la plaine verdoyante ! C'est là que tous les jours la bonne compagnie se donne rendez-vous. Les femmes sont dans des voitures basses qui se nomment *bastardelles*.

Avant l'arrivée de l'armée française à Milan, on ne voyait jamais que deux rangs de voitures au Corso. Depuis ses triomphes, on voit toujours quatre files, quelquefois six, qui occupent toute la longueur de la promenade. C'est au centre que les voitures qui arrivent font leur tour unique, au petit trot. Heureux les officiers de cavalerie ou d'état-major qui peuvent caracoler au milieu de ce dédale ! Comme les officiers d'infanterie envient le sort de ces privilégiés ! Mais voici le jour qui tombe, l'heure de l'*Ave Maria*. Les *bastardelles* se remettent en mouvement, et, sans descendre, les dames viennent prendre des glaces au café à la mode. Pour les officiers d'infanterie, c'est le moment de la revanche. A leur tour, les voilà galants et empressés, au seuil de ce café de la *Corsia de Servi*. Il y en a qui, venant des cantonnements les plus éloignés, ont fait jusqu'à dix lieues pour être exacts au rendez-vous. Le vendredi, jour où, en mémoire de la passion du Christ, les théâtres sont fermés, il y a bal au *Casino*

8

de l'*Albergo della Città*. Les autres soirs, les représentations de la *Scala* sont magnifiques. Les dames milanaises reçoivent dans leurs loges un grand nombre d'officiers français, et font ainsi le désespoir de leurs *cavaliers servants*, de beaucoup distancés par les jeunes vainqueurs. Le parterre est aussi rempli d'officiers, qui, moins heureux que leurs camarades, ne sont point invités dans les loges, mais ne se découragent pas, et envoient d'en bas à leurs idoles des regards tendres et respectueux. Il y a des hommes qui, intrépides devant les bombes et la mitraille, rougissent et tremblent devant une femme. C'est à peine s'ils osent lever les yeux sur les loges où rayonnent, comme des astres, les dames de leur pensée. S'ils n'ont rien à espérer, ces dames les lorgnent avec le gros bout de la lorgnette, celui qui éloigne. Mais si elles les lorgnent avec l'autre bout, celui qui rapproche, oh! alors ils tressaillent de joie!

> *O primavera, gioventù dell' anno !*
> *O gioventù, primavera della vita !*
> O printemps, jeunesse de l'année,
> O jeunesse, printemps de la vie !

XI

Les chaleurs étant venues, Bonaparte et sa femme s'installèrent au château de Montebello, situé à quelques lieues de Milan, au sommet d'une colline d'où la vue s'étend au loin sur les riches plaines de la Lombardie. Ils y restèrent trois mois, et y tinrent une espèce de cour diplomatique et militaire que les Italiens, pressentant le futur souverain sous le général de la République, appelaient cour de Montebello. Déjà, en effet, Bonaparte avait les allures d'un monarque. On se demandait avec surprise comment si peu de temps lui avait suffi pour acquérir un tel prestige et pour pouvoir, à vingt-sept ans, exercer une pareille influence en Europe. Il y avait treize mois à peine que, général encore obscur, il était venu prendre à Nice le commandement d'une armée dénuée de tout ; et maintenant, établi en vainqueur dans les plus belles contrées du monde, entouré des ministres d'Autriche et de Naples, des envoyés du pape, du roi de Sardaigne, des républiques de Gênes et de Venise, il était devenu l'arbitre des destinées de l'Italie. Écoutons un témoin oculaire, le comte Miot de Mélito : « C'est dans la magnifique habitation de Montebello, dit-il, que je trouvai Bonaparte, le 1er juin 1797, plutôt au milieu d'une cour brillante que dans un quartier général d'armée. Une étiquette sévère régnait déjà autour de lui : ses aides de camp et ses officiers n'étaient plus reçus à sa table, et il se montrait difficile sur le choix des convives qu'il y admettait; c'était un honneur très recherché, et qu'on n'obtenait qu'avec peine. Il dînait pour ainsi dire en public; pendant son repas, on faisait entrer dans la salle où il mangeait des habitants du pays qui venaient promener sur sa personne leurs avides regards. Du reste, il ne se montrait nullement embarrassé ou confus de ces excès d'honneur, et il les recevait comme s'il y eût été habitué de tout temps. Ses salons et une vaste tente qu'il avait fait dresser devant le château, du côté des jardins, étaient constamment remplis d'une foule de généraux, d'administrateurs, de grands fournisseurs, ainsi que de la plus haute noblesse et des hommes les plus distingués de l'Italie, qui venaient solliciter la faveur d'un coup d'œil ou d'un instant d'entretien. »

L'Autriche avait accrédité comme ses plénipotentiaires à la cour de Montebello deux grands seigneurs, un Autrichien, le comte de Mersfield, et un Napolitain, le marquis de Gallo, ambassadeur de Naples à Vienne, le même qui fut depuis ambassadeur à Paris, et successivement ministre des affaires étrangères, sous le règne de Joseph Bonaparte, roi de Naples, et de Murat, qui lui succéda sur le trône.

Bonaparte avait auprès de lui, en ce moment, ses frères Joseph et Louis, sa sœur Pauline, et sa mère Mme Lætitia, qui venait d'arriver de Marseille et de Gênes avec deux de ses filles : Élisa, future grande-duchesse de Toscane, et Caroline, future reine de Naples. A leur passage à Gênes, elles avaient trouvé cette ville en proie à la plus grande effervescence.

C'était le moment où un aide de camp de Bonaparte, Lavalette, avait remis au doge, en plein Sénat, cette lettre, datée du 27 mai 1797 : « Si, vingt-quatre heures après la réception de la présente lettre, que je vous envoie par un de mes aides de camp, vous n'avez pas mis à la disposition du ministre de France tous les Français qui sont dans vos prisons ; si vous n'avez pas fait arrêter les hommes qui excitent le peuple de Gênes contre les Français ; si, enfin, vous ne désarmez pas cette populace, qui sera la première à se tourner contre vous lorsqu'elle comprendra les conséquences terribles de l'égarement où vous l'aurez entraînée, le ministre de la République française sortira de Gênes et l'aristocratie aura existé. Les têtes des sénateurs me répondront de la sûreté de tous les Français qui sont à Gênes, comme les États entiers de la République me répondront de leurs propriétés. Je vous prie, au reste, de croire aux sentiments d'estime et de considération distinguée que j'ai pour la personne de Votre Sérénité. »

Jamais, jusqu'à ce jour, un étranger n'était entré ainsi dans la salle du Sénat. L'agitation de la ville pouvait faire craindre de grands excès. Bonaparte, n'ayant pas reçu la lettre qui lui annonçait l'arrivée de sa mère et de ses sœurs en Italie, aucune mesure n'était prise, aucun ordre donné. Mme Lætitia et ses filles pouvaient devenir victimes de quelque émeute populaire. La première pensée de l'aide de camp Lavalette fut de rester auprès d'elles, et de rassembler quelques moyens pour les défendre si elles était attaquées. Mais Mme Bonaparte était une femme pleine de sens et de courage. « Je n'ai rien à craindre ici, puisque mon fils tient en ses mains comme otages les personnes considérables de la République. Partez promptement pour le prévenir de mon arrivée ; demain matin, je continuerai ma route. » Lavalette suivit ce conseil, en prenant seulement la précaution de faire marcher au devant des trois femmes quelques piquets de cavalerie. Elles arrivèrent sans accident à Milan, le jour après, puis allèrent s'installer au château de Montebello.

Mme Lætitia, qui avait l'âme très fière, ne fut pas médiocrement flattée de voir son fils entouré de tant de puissance et de tant de gloire. « Chaque ville, chaque village cherchait à se distinguer à l'envi par quelque marque particulière d'hommage et de respect envers celui qu'on avait surnommé le libérateur de l'Italie... Tous les honneurs lui étaient acquis, excepté ceux d'une tête couronnée, et ils avaient le charme de la nouveauté pour l'homme qui, deux ou trois ans auparavant, languissait obscur. Il avait le pouvoir, et n'avait pas éprouvé ses soucis et ses périls ; les plus hautes espérances étaient fondées sur lui par tous ceux qui l'entouraient ; il n'en avait encore démenti aucune. Il était dans la fleur de la jeunesse et l'époux de la femme de son cœur ; mais, surtout, il avait devant lui la plus brillante perspective de l'avenir, qui lui promettait plus de grandeur encore, et il n'avait pas fait l'expérience que la possession amène la satiété, et que tous les désirs de ce monde, une fois remplis, se terminent par la vanité et une triste inquiétude [1]. »

Le château de Montebello était alors un séjour pittoresque et agréable entre tous. La beauté du climat, la splendeur du printemps, les fêtes, les banquets, les parties de campagne, les excursions au lac Majeur et au lac de Côme, ce mélange continuel d'affaires et de plaisirs qui donne à la

1. Walter Scott, *Histoire de Napoléon*.

vie tant de variété et de rapidité, tout contribuait à rendre le château de Montebello aussi charmant qu'intéressant. Arnault, dans ses *Souvenirs*, nous y fait assister à un dîner. Pendant le repas, la musique des guides, la meilleure musique de l'armée, exécutait des morceaux d'harmonie, des marches militaires, des airs patriotiques. A table, le poète était placé auprès de Pauline Bonaparte, alors âgée de seize ans, et qui allait très prochainement devenir Mme Leclerc. « Si c'était, nous dit-il, la plus jolie personne qu'on pût voir, c'était aussi la plus déraisonnable qu'on pût imaginer. Pas plus de tenue qu'une pensionnaire, parlant sans suite, riant à propos de rien et à propos de tout, contrefaisant les personnages les plus graves, tirant la langue à sa belle-sœur quand elle ne la regardait pas, me heurtant du genou quand je ne prêtais pas assez d'attention à ses espiègleries, et s'attirant de temps en temps de ces coups d'œil terribles avec lesquels son frère rappelait à l'ordre les hommes les plus intraitables ; le moment d'après, c'était à recommencer, et l'autorité du général de l'armée d'Italie se brisait contre l'étourderie d'une petite fille. »

Après le dîner, on prend le café sur la terrasse, et l'on ne rentre que tard dans les salons, Bonaparte se mêle à la conversation générale ; puis, il dirige les amusements de la société, il fait chanter des romances à la belle Mme Léopold Berthier, il demande des histoires au général Clarke, il se met à en raconter lui-même. Celles qu'il préfère, ce sont les récits fantastiques qui effraient les imaginations, les aventures terribles, les contes de revenants, et il se plaît à fortifier l'effet de ses narrations par des inflexions de voix que l'acteur le plus habile lui envierait. La soirée finie, plusieurs des convives retournent de Montebello à Milan, et admirent dans la campagne une illumination bizarre et imprévue : les prairies étincellent d'un milliard de paillettes voltigeantes, ou plutôt d'un milliard de mouches phosphoriques qui semblent danser sur les gazons, et dont les bonds s'élèvent à quatre ou cinq pieds du sol. Ce phénomène est produit par une innombrable quantité de lucioles qui, à la clarté du ver luisant, joignent l'avantage d'avoir des ailes.

« Que de souvenirs, a dit Marmont, le futur duc de Raguse, ce séjour de trois mois à Montebello retrace à mon esprit! Que de mouvement, de grandeur, d'espérance et de gaieté! A cette époque, notre ambition était tout à fait secondaire ; nos devoirs ou nos plaisirs seuls nous occupaient. L'union la plus franche, la plus cordiale, régnait entre nous tous, et aucune circonstance, aucun événement n'y a jamais porté la moindre atteinte. » Entouré de sa famille, de ses compagnons d'armes, de lieutenants qui étaient pour lui des serviteurs et des amis, Bonaparte, ne rêvant alors pour les peuples que repos, concorde et progrès, était dans une période d'apaisement. Marmont nous le représente tel qu'il était à cette époque, ayant du maître dans son attitude, dans son regard, dans sa voix, ne négligeant rien en public pour maintenir et accroître la disposition de tous au respect et à l'obéissance ; mais dans l'intimité, avec sa mère, avec sa femme, avec ses frères, avec ses sœurs, avec ses aides de camp, se montrant bon, affable jusqu'à la familiarité, aimant à plaisanter, sans que jamais ses plaisanteries eussent quelque chose d'amer, se mêlant parfois aux jeux des officiers de son entourage, et décidant, par son exemple, les graves plénipotentiaires autrichiens à s'y mêler aussi ; causant avec une rare facilité de parole et avec une merveilleuse abondance d'idées puissantes et neuves, enfin « ayant, à cette époque heureuse, un charme que personne n'a pu méconnaître. »

Quant à Joséphine, dont la grâce et l'amabilité réunissaient tous les suffrages, elle s'essayait, pour ainsi dire, à jouer au naturel son prochain rôle de souveraine. Les dames milanaises les plus remarquables par le rang, par la beauté, par l'esprit, s'empressaient autour d'elle et admiraient l'exquise aménité, le tact exceptionnel, la bienveillance inaltérable qu'elle montrait en faisant les honneurs de ses salons. « A son départ de la Martinique une vieille devineresse lui avait dit : « Vous serez plus que reine. » La prédiction ne s'accomplissait-elle pas dès lors ? Elle était adorée de l'homme qui excitait l'admiration universelle, entourée de tout ce qui peut séduire, enivrer une femme, et son front n'avait pas encore senti ce qu'il y a parfois de rude dans l'étreinte d'une couronne [1]. »

Bonaparte continuait à être épris de sa femme, et l'anecdote suivante, racontée par Arnault, prouve combien Joséphine avait d'empire sur son époux. Elle avait un petit chien, un carlin, qui répondait au nom de Fortuné, et qu'elle affectionnait beaucoup, bien qu'il lui rappelât les plus tristes souvenirs. Au temps de sa captivité, sous la Terreur, elle était séparée du vicomte de Beauharnais, également prisonnier. Ses enfants avaient la permission de la venir voir au greffe, avec leur gouvernante, mais le concierge assistait à toutes les entrevues. La gouvernante eut alors l'idée d'amener avec elle le carlin Fortuné, qui pénétrait jusque dans le cachot de Joséphine, et lui apportait, caché dans son collier, un billet contenant des nouvelles. Après le 9 thermidor, Joséphine ne voulut plus se séparer de ce petit animal. Un jour, au château de Montebello, il était sur le même canapé que sa maîtresse. « Vous voyez bien ce monsieur-là, dit Bonaparte, interpellant Arnault, et lui montrant du doigt le chien, vous voyez bien ce monsieur-là ; c'est mon rival. Il était en possession du lit de madame, quand je l'épousai. Je voulus l'en faire sortir ; prétention

1. *Mémoires touchant le général Auguste de Colbert*, par son fils, le marquis Colbert de Chabanais.

inutile ; on me déclara qu'il fallait me résoudre à coucher ailleurs, ou consentir au partage. Cela me contrariait assez, mais c'était à prendre ou à laisser. Je me résignai. Le favori fut moins accommodant que moi ; j'en porte la preuve à cette jambe. » Arrogant et envahissant, comme tous les favoris, Fortuné avait de grands défauts ; il était bruyant, il mordait tout le monde, même les chiens. A Montebello, il eut l'imprudence de s'attaquer à un mâtin peu endurant, le chien du cuisinier. Le mâtin, d'un coup de dent, l'étendit raide mort sur la place. Joséphine fut au désespoir, et le malheureux cuisinier se crut perdu. Quelques jours après, rencontrant le général qui se promenait dans le jardin, il s'enfuit effaré. « — Pourquoi te sauver ainsi de moi ? lui cria Bonaparte. — Général, après ce qu'a fait mon chien... — Eh bien ! — Je craignais que ma présence ne vous fût désagréable. — Ton chien ! Est-ce que tu ne l'as plus, ton chien ? — Pardonnez-moi, général, mais il ne met plus les pattes dans le jardin, à présent surtout que madame en a un autre... — Laisse-le courir tout à l'aise ; il me débarrassera peut-être aussi de cet autre-là. » La plus douce, la plus indolente des créoles faisait peur au plus volontaire et au plus impérieux des hommes. Bonaparte pouvait bien gagner des batailles, accomplir des miracles, créer ou faire disparaître des États, mais il ne pouvait pas mettre un chien à la porte.

XII

Quelque chose troublait Bonaparte au milieu
de ses succès : c'étaient les perpétuelles attaques
des journaux réactionnaires de Paris. Les propos de salon, les sarcasmes des émigrés, les dé-
clamations incessantes du club royaliste de la
rue de Clichy, avaient le don d'exaspérer sa nature irascible. D'autre part, ses pressentiments
lui faisaient redouter la Restauration, qui ne devait s'accomplir que dix-sept ans après, et que
plus d'un émigré annonçait comme imminente
dès 1797. Bonaparte ne voulait, à aucun prix,
être le second. Le rôle de Monk ne le tenta
pas un instant, et aucun titre, aucune richesse
ne l'auraient décidé à travailler pour un autre
que pour lui-même. On doit se rappeler aussi
que, s'il avait parfois quelques velléités aristocratiques, s'il se plaisait dans la société de gens
d'ancien régime, il commandait à une armée com-

posée des républicains les plus exaltés et les plus sincères. Il n'avait obtenu les miracles accomplis par ses soldats incomparables qu'en s'associant, sinon en réalité, du moins en apparence, aux passions politiques qui étaient l'un des ressorts principaux de leur énergie et de leur enthousiasme. Pour eux, leur général était toujours l'homme du 13 Vendémiaire, la terreur de la réaction, le républicain convaincu qui avait foudroyé les sections royalistes. Il trouva que le moment était venu d'organiser une mise en scène républicaine, et de frapper les imaginations par un spectacle en rapport avec les idées et les passions de ses soldats. Il décida donc qu'à Milan, le 14 juillet 1797, jour anniversaire de la prise de la Bastille, il se montrerait à ses troupes sous un aspect absolument républicain, et ordonna, pour ce jour-là, une grande fête militaire dont le programme et le caractère étaient en harmonie parfaite avec les souvenirs révolutionnaires et les sentiments démocratiques d'une armée qui comptait tant de Jacobins en uniforme. Cette fête devait avoir un grand retentissement jusqu'à Paris, et y être, pour ainsi dire, le prologue du 18 fructidor.

Voici les termes mêmes du programme de la fête, tel qu'il fut formulé par le général en chef:

« 1º A la pointe du jour, une salve des vingt plus grosses pièces annoncera la fête ;

« 2º La générale battra à neuf heures du matin. **A** dix heures, moment où les troupes se mettront en marche, il sera tiré une autre salve ;

« 3° Une troisième salve annoncera le départ du général en chef pour se rendre au champ de la fête, et cette salve sera répétée au moment où il y arrivera. Au même instant, toutes les musiques des demi-brigades joueront l'air : *Où peut-on être mieux ?*

« 4° A midi précis, les troupes, après avoir fait quelques manœuvres, viendront se ranger en bataillon carré autour de la pyramide. On commencera par tirer six coups de canon pour chacun des généraux La Harpe, Stengel et Dubois, ensuite cinq coups pour chaque général de brigade, et trois pour chaque adjudant général et chef de brigade tués dans la division depuis le 23 germinal an IV, époque de la bataille de Montenotte ;

« 5° Le général commandant la division de la Lombardie donnera à chaque bataillon les drapeaux, et il sera tiré six coups de canon au moment où il les remettra ;

« 6° Il sera délivré ce jour-là double prêt et double ration de viande et de vin ;

« 7° La fête se terminera par des jeux d'instruction et d'exercice. On commencera par le tir au canon. On tirera aussi à la cible. Il sera établi trois prix pour les soldats qui auront le mieux tiré;

« 8° Il y aura ensuite un assaut à l'espadon et à la pointe, puis une course d'hommes avec trois prix destinés aux meilleurs coureurs ;

« 9° Les musiques des demi-brigades joueront des airs et des danses, et les soldats ayant déposé les armes aux faisceaux de leurs compagnies, pourront danser ou se promener jusqu'à ce qu'un roulement les rappelle à leurs rangs :

« 10° Les officiers qui ont des chevaux, et qui voudront les faire admettre à la course, seront tenus de se faire inscrire. La course aura lieu depuis la maison de campagne d'où partirent les chevaux de la dernière course jusqu'à l'arc de triomphe :

« 11° A l'entrée de la nuit, on illuminera la pyramide et l'autel de la Patrie, et il y aura, autour, des musiques qui joueront des airs de danse patriotique. »

Ce n'était pas seulement parmi les soldats de son armée, c'était aussi parmi les Italiens que Bonaparte développait la passion des armes et le goût des exercices du corps. La population milanaise s'était tout à fait transformée. Dans les écoles, dans les rues, dans les salons, jeux des enfants, éducation, usages, esprit public, tout avait été modifié. Au théâtre, on ne représentait plus l'Italien battu par le matador allemand. C'était l'Italien qui battait et chassait l'Allemand. L'air martial, le caractère militaire était ce qui séduisait les femmes. Aux chants d'église et aux sérénades amoureuses succédaient les marches guerrières. Aussi la fête du 14 juillet électrisa-t-elle la population milanaise.

Bonaparte n'était jamais plus heureux et plus fier qu'au milieu de ses soldats. Chacune des demi-brigades lui rappelait de glorieux souvenirs. Il avait dit, à Lonato : « J'étais tranquille, la brave 32ᵉ était là ! » Et pour toute récompense, les soldats de la 32ᵉ avaient demandé qu'on brodât sur leur drapeau ces simples paroles. En rendant compte du combat de la Favorite, il avait écrit « La terrible 57ᵉ », et pour prix de son sang, la fière 57ᵉ, ainsi récompensée par un seul mot, avait voulu que désormais on l'appelât la Terrible.

La fête du 14 juillet exalta l'orgueil et la colère de l'armée. Ce fut une grande manifestation contre le royalisme. Sur les faces d'une haute pyramide étaient inscrits les noms des officiers et des soldats de la division tués au champ d'honneur depuis la bataille de Montenotte. Cette pyramide funèbre se dressait au milieu d'un champ de Mars, ornée de tous les attributs représentant les victoires de l'armée, ainsi que les emblèmes de la liberté, de la République française une et indivisible, et de la Constitution de l'an III. Après diverses manœuvres, les troupes se rangèrent en bataillon carré autour de la pyramide. Les vétérans et les blessés défilèrent, salués par les troupes. Les tambours battaient au champ, les salves d'artillerie retentissaient. Après quoi, le général passa la revue. Arrivé devant les carabiniers de la 11ᵉ demi-brigade d'infanterie légère : « Braves carabiniers, leur dit-il, je suis bien aise de vous voir, vous valez à vous seuls trois mille hommes. » En face de la 13ᵉ demi-brigade, qui formait la garnison de Vérone : « Braves soldats, s'écria-t-il, vous voyez devant vous les noms de vos camarades assassinés en votre présence à Vérone ; mais leurs mânes doivent être satisfaites, les tyrans ont péri avec la tyrannie. » Le corps d'officiers de chaque demi-brigade, précédé de la musique, vint recevoir les drapeaux. « Citoyens, s'écria le général en chef, que ces drapeaux soient toujours sur le chemin de la liberté et de la victoire ! » Pendant que l'armée défilait, un caporal de la 9ᵉ demi-brigade, s'approcha de Bonaparte, et lui dit : « Général, tu as sauvé la France. Tes enfants, glorieux d'appartenir à cette invincible armée, te feront un rempart de leurs corps. Sauve la République ! Que les cent mille soldats qui composent cette armée, se serrent pour défendre la liberté ! » Les larmes inondaient le visage de ce vaillant soldat.

On se figure facilement l'enthousiasme de héros, couverts de blessures et de lauriers, justement fiers d'eux-mêmes, de leur courage, de leurs triomphes, et indignés, exaspérés des sarcasmes que certains Français ne rougissaient point de lancer contre tant de gloire, tant de sacrifices, tant de désintéressement, tant de prodiges. Enivrés par l'odeur de la poudre, électrisés par la proclamation toute républicaine de leur général, soulevés de terre par l'ardeur belliqueuse, par les applaudissements frénétiques de la foule, par le spectacle militaire et grandiose qui se déroulait sous leurs yeux, par le bruit des armes, par la vue des drapeaux, par les salves d'artillerie, par les fanfares, les tambours, les chants patriotiques, dans cette chaude journée du 14 juillet, les soldats de Bonaparte arrivèrent au paroxysme de la colère contre les blasphémateurs qu'ils accusaient d'insulter à la liberté et à la gloire.

Le soir, dîner donné par Bonaparte aux officiers et aux vétérans. Voici le toast qu'il porte : « Aux mânes du brave Stengel, mort aux champs de Mondovi ; de La Harpe, mort aux champs de Fombio ; de Dubois, mort aux champs de Rovaredo, et à tous les braves morts pour la défense de la liberté ! Puissent leurs mânes être toujours autour de nous ! Elles nous préviendront des embûches des ennemis de la patrie. » Toast du général Berthier : « A la Constitution de l'an III et au Directoire exécutif de la République française ! Qu'il soit, par sa fermeté, digne des armées et des hautes destinées de la République, et qu'il anéantisse les contre-révolutionnaires, qui ne se déguisent plus ! » La musique joue le *Ça ira*. Toast d'un vétéran couvert de blessures et privé d'un de ses membres : « A la réémigration des émigrés ! » Toast du général Lannes, couvert encore de trois blessures reçues à la bataille d'Arcole : « A la destruction du club de Clichy! Les infâmes ! Ils veulent encore des révolutions. Que le sang des patriotes qu'ils font assassiner retombe sur eux ! » La musique joue le pas de charge.

Dans la journée, les diverses divisions de l'armée d'Italie avaient signé des adresses qui furent envoyées au Directoire par Bonaparte et insérées dans le *Moniteur* du 12 août.

Adresse de la division Masséna : « La route de Paris offre-t-elle plus d'obstacles que celle de Vienne ? Non. Elle sera ouverte par les républicains restés fidèles à la liberté ; nous la défendrons, et nos ennemis auront vécu. »

Division Augereau : « Conspirateurs, il est donc vrai que vous voulez la guerre ! Vous l'aurez, méchants, vous l'aurez... Vous êtes rusés, astucieux, perfides ; mais vous êtes encore plus lâches, et nous avons, pour vous combattre, du fer, des vertus, du courage, le souvenir de nos victoires, l'enthousiasme irrésistible de la liberté. Et vous, méprisables instruments des forfaits de vos maîtres, vous qui, dans votre délire, osez vous croire des puissances et n'êtes que de vils reptiles ; vous qui nous faites un crime d'avoir garanti vos propriétés, éloigné de vos murs les fléaux de la guerre et sauvé la patrie ; vous, enfin, qui avez fait du mépris, de l'infamie, de l'outrage et de la mort le partage des défenseurs de la République, tremblez ! De l'Adige au Rhin et à la Seine, il n'y a qu'un pas, tremblez ! Vos iniquités sont comptées, et le prix en est au bout de nos baïonnettes. »

Division Bernadotte : « La Constitution républicaine semble menacée. Il répugne à nos âmes sensibles et généreuses de le croire ; mais si le fait est vrai, parlez ! Les mêmes bras qui ont assuré l'indépendance nationale, les mêmes chefs qui ont guidé les phalanges existent encore. Avec de tels appuis, vous n'avez qu'à vouloir pour faire disparaître les conspirateurs du tableau des vivants. »

Division Sérurier : « Parlez, citoyens directeurs, parlez, et aussitôt les scélérats qui souillent le sol de la liberté n'existeront plus. Il vous suffira, sans doute, pour les anéantir de détacher quelques-uns de nos braves frères d'armes des armées du Rhin et Moselle et de Sambre-et-Meuse. Nous désirons partager avec eux l'honneur de purger la France de ses plus cruels ennemis. »

Division Joubert : « Eh quoi ! l'odieux Capet, qui depuis six ans promène son opprobre d'État en État, toujours chassé par nos phalanges républicaines, les mettrait aujourd'hui sous le joug ! Si cette idée est révoltante pour tout citoyen que l'amour de la patrie a aiguillonné une seule fois, combien ne l'est-elle pas davantage pour les vieux soldats de la République ! »

Division Baraguey-d'Hilliers : « Nous renouvelons le serment solennel de haine aux factieux, de guerre à mort aux royalistes, de respect et de fidélité à la Constitution de l'an III. »

Division Delmas : « Nous avons juré de défendre jusqu'à extinction de chaleur naturelle la liberté de notre pays. S'il était possible que jamais elle périsse, nous sommes tous déterminés à nous ensevelir sous ses ruines ! »

Division Victor : « Plus d'indulgence, plus de demi-mesures ! La République ou la mort ! »

Le lendemain même du jour où ces adresses étaient signées par les officiers et les soldats de son armée, Bonaparte écrivait au Directoire : « Le soldat demande à grands cris si, pour prix de ses fatigues et de six ans de guerre, il doit être à son retour dans ses foyers, assassiné, comme sont menacés de l'être tous les patriotes... N'est-il donc plus en France de républicains ? Et, après avoir vaincu l'Europe, serons-nous donc réduits à chercher quelque angle de la terre pour y terminer nos tristes jours ? Vous pouvez d'un seul coup sauver la République, deux cent mille têtes peut-être qui sont attachées à son sort, et conclure la paix en vingt-quatre heures : faites arrêter les émigrés, détruisez l'influence des étrangers. Si vous avez besoin de force, appelez les armées. Faites briser les presses des journaux vendus à l'Angleterre, plus sanguinaires que ne le fut jamais Marat. Quant à moi, citoyens directeurs, il est impossible que je puisse vivre au milieu des affections les plus opposées ; s'il n'y a point de remède pour faire finir les maux de la patrie, pour mettre un terme aux assassinats et à l'influence de Louis XVIII, je donne ma démission. »

Les soldats de Bonaparte voyaient en lui un Guillaume Tell, un Brutus, la terreur des tyrans, le sauveur de la liberté. Peut-être n'y avait-il pas dans son armée un seul homme qui le soupçonnât de ne pas être un républicain convaincu. Eh bien, c'était à ce moment-là, au moment où il était, pour ainsi dire, l'inspirateur du 18 fructidor, que, dans ses confidences intimes, il laissait déjà pressentir ses idées dictatoriales et impériales. On remarque à ce sujet, dans les intéressants *Mémoires* du comte Miot de Mélito une bien curieuse révélation : « Je me trouvais, dit-il, avec Bonaparte et Melzi à Montebello, et Bonaparte nous prit, l'un et l'autre, pour faire une promenade dans les vastes jardins de cette belle résidence. La promenade se prolongea environ deux heures, pendant lesquelles le général parla presque sans discontinuer. — Ce que j'ai fait jusqu'ici, nous disait-il, n'est rien encore. Je ne suis qu'au début de la carrière que je dois parcourir. Croyez-vous que ce soit pour faire la grandeur des avocats du Directoire que je triomphe en Italie ? Croyez-vous que ce soit pour fonder une République ? Quelle idée ! Une République de trente millions d'hommes ! Avec nos mœurs, nos vices, où est la possibilité? C'est une chimère dont les Français sont engoués, mais qui passera comme tant d'autres. Il leur faut de la gloire, les satisfactions de la vanité ; mais de la liberté, ils n'y entendent rien. Voyez l'armée. Les victoires que nous venons de remporter ont déjà rendu le soldat français à son véritable caractère. Je suis tout pour lui. Que le Directoire s'avise de vouloir m'ôter le commandement, et il verra s'il est le maître. Il faut à la nation un chef illustré par la gloire et non pas des théories de gouvernement, des phrases, des discours d'idéologues, auxquels les Français n'entendent rien. Qu'on leur donne des hochets, cela leur suffit, ils s'en amuseront, et se laisseront mener, pourvu cependant qu'on leur dissimule adroitement le but vers lequel on les fait marcher... Un parti lève la tête en faveur des Bourbons, je ne veux pas contribuer à son triomphe. Je veux bien un jour affaiblir le parti républicain, mais je veux que ce soit à mon profit, et non pas à celui de l'ancienne dynastie. En attendant il faut marcher avec le parti républicain. »

Il fallait donc dissimuler pendant quelques années encore, et c'est au moment même où le jeune général en chef avait l'imprudence de laisser ainsi pressentir à Miot de Mélito ses plus secrètes pensées, qu'il prenait aux yeux de son armée un aspect entièrement révolutionnaire, et qu'il préparait, par l'envoi d'Augereau à Paris, la journée du 18 fructidor, une des journées qui furent le plus fatales aux réactionnaires, et qui entraînèrent pour eux les suites les plus terribles. On peut dire que, dans ces circonstances, Bonaparte, qui avait toute la ruse et toute la finesse italiennes, déploya l'habileté et le génie d'un Machiavel.

XIII

BONAPARTE ET LE 18 FRUCTIDOR.

En 1797, Bonaparte était républicain, non pour la République, mais pour lui-même. Ce qu'il reprochait à la royauté, ce n'était pas de menacer les républicains, c'était de vouloir lui barrer le chemin du trône. Son indignation contre la réaction royaliste était surtout de l'ambition personnelle. En apparence, il défendait la République, en réalité il préparait l'Empire.

« On m'a reproché, dit-il un jour à Mme de Rémusat, d'avoir favorisé le 18 Fructidor ; c'est comme si on me reprochait d'avoir soutenu la Révolution. Il fallait en tirer parti de cette Révolution, et mettre à profit le sang qu'elle avait fait couler. Quoi ! consentir à se livrer, sans condition, aux princes de la maison de Bourbon, qui nous auraient jeté à la tête nos malheurs depuis leur départ, et imposé silence par le besoin que nous aurions montré à leur retour ! Changer

notre drapeau victorieux contre ce drapeau blanc,
qui n'avait pas craint de se confondre avec les
étendards ennemis, et moi, enfin, me contenter
de quelques millions et de je ne sais quel du-
ché !... Il est certain que j'aurais bien su, s'il
l'eût fallu, détrôner une seconde fois les Bourbons, et le meilleur conseil qu'il y aurait eu à
leur donner eût été de se défaire de moi. »

Le double jeu de Bonaparte n'apparaît nulle
part d'une manière plus frappante que dans les
préparatifs du 18 Fructidor. Son envoyé officiel à
Paris, celui qu'il avait délégué auprès du Directoire comme le représentant officiel des passions
républicaines de son armée, et comme l'exécu-
teur du prochain coup d'État, c'était le général
jacobin, l'enfant des faubourgs de Paris, Augereau. Mais, en même temps, il avait envoyé en
mission secrète dans la capitale un homme qui
avait toute sa confiance, son aide de camp Lavalette, dont les manières et les relations sociales
étaient celles d'un homme d'ancien régime. Par
Augereau, Bonaparte devait agir sur les républicains, par Lavalette sur les royalistes. Déjà, en
effet, il méditait ce système de fusion qui devait
être la base de sa politique intérieure, et en vertu
duquel il lui était réservé de donner un jour des
titres de prince et de duc à des conventionnels,
et de faire porter à des régicides les grands cor-
dons des ordres autrichiens. Par Augereau, il
captait la confiance des démocrates les plus

ardents. Par Lavalette, il ménageait les familles d'émigrés et les anciens amis de Joséphine. Son plan était de profiter des conséquences du coup d'État et d'avoir l'air d'en répudier les excès. En faisant partir Augereau pour Paris, il avait eu, en outre, l'avantage de se débarrasser d'un général dont les allures bruyantes et jacobines lui déplaisaient, et dont il redoutait à tel point la franchise de démagogue et de soldat, qu'il écrivait à Lavalette : « Augereau se rend à Paris ; ne vous livrez pas à lui ; il a jeté le désordre dans l'armée. C'est un factieux. »

Le Directoire ne tarda pas à découvrir ce double jeu. Mais il croyait avoir encore besoin de Bonaparte, dont l'armée lui servait de contre-poids vis-à-vis de la réaction de plus en plus menaçante, et il ne se sentait pas assez fort pour pouvoir se brouiller impunément avec le vainqueur d'Italie. Il n'en suspecta pas moins Lavalette, dont les démarches, les visites, les lettres, les paroles furent l'objet de la plus rigoureuse surveillance. L'antagonisme de Bonaparte et de Barras, quoique à l'état latent, était déjà visible pour un observateur perspicace. Le Directoire allait remporter une victoire qui contenait en germe une défaite. Le 18 Fructidor devait engendrer le 18 Brumaire.

Mme de Staël, dont le salon exerçait alors une grande influence, et qui se prononçait très énergiquement en faveur de la République et contre les réactionnaires, vit tour à tour Augereau et Lavalette. « Bien que Bonaparte, a-t-elle dit, parlât sans cesse de la République dans ses proclamations, les hommes attentifs s'apercevaient qu'elle était à ses yeux un moyen, et non un but. Il en fut ainsi pour lui de toutes les choses et de tous les hommes. Le bruit se répandit qu'il voulait se faire roi de Lombardie. Un jour, je rencontrai le général Augereau, qui venait d'Italie, et qu'on citait, je crois alors avec raison, comme un républicain zélé. Je lui demandai s'il était vrai que le général Bonaparte songeât à se faire roi. « — Non, assurément, répondit-il, c'est un jeune homme trop bien élevé pour cela. » — Cette singulière réponse était tout à fait d'accord avec les idées du moment. Les républicains de bonne foi auraient regardé comme une dégradation pour un homme, quelque distingué qu'il fût, de vouloir faire tourner la Révolution à son usage personnel. Pourquoi ce sentiment n'a-t-il pas eu plus de force et de durée parmi les Français ? [1] »

A cette époque, Mme de Staël affectait pour Bonaparte un véritable culte. Lavalette dîna auprès d'elle chez M. de Talleyrand, alors ministre des affaires étrangères. « Pendant tout le dîner, dit-il, ses éloges du vainqueur de l'Italie avaient toute l'ivresse, tout le désordre et toute l'exagération de l'inspiration. En sortant de table, la

(1) Mme de Staël. *Considérations sur la Révolution française.*

société se dirigea vers un cabinet, pour y voir le portrait du héros, et comme je me reculais pour la laisser entrer : « — Comment, dit-elle en s'arrêtant, oserais-je passer devant un aide de camp de Bonaparte? » Ma confusion fut si visible qu'elle lui en donna un peu, et qu'elle fit rire jusqu'au maître de la maison. J'allai la voir le lendemain; elle me reçut assez bien pour que j'y retournasse souvent. »

Mme de Staël témoignait alors deux passions : la passion de Bonaparte et la passion de la République. Elle poussa, plus que personne, au coup d'État de Fructidor. « Je reste persuadé, dit encore Lavalette, qu'elle n'avait pas prévu les proscriptions cruelles qui accablèrent le parti vaincu, mais je n'ai jamais vu une telle chaleur à les poursuivre.» Elle-même fut effrayée de l'œuvre à laquelle ses conseils avaient contribué. Elle raconte que, dans la soirée du 17 Fructidor, la frayeur était telle que la plupart des personnes connues quittèrent leurs maisons de peur d'y être arrêtées. Malgré son zèle républicain, elle eut des craintes personnelles à cause de ses relations royalistes. Un de ses amis lui fit trouver un asile dans une petite chambre qui donnait sur le pont Louis XVI. Elle y passa la nuit à regarder les préparatifs de la terrible scène qui devait avoir lieu quelques heures plus tard. On ne voyait dans les rues que des soldats ; tous les citoyens étaient renfermés chez eux. Les canons qu'on amenait autour du palais où se rassemblait le Corps législatif (le palais Bourbon) roulaient sur le pavé; mais, hors ce bruit, tout était silence. On apprit le matin que le général Augereau avait conduit ses bataillons dans le conseil des Cinq-Cents, et qu'il y avait arrêté les députés réactionnaires. Deux directeurs proscrits, cinquante et un représentants traînés sur des charrettes à travers la France toute tremblante, et déportés, dans des cages de fer, sur les plages mortelles de Cayenne; les propriétaires, auteurs et rédacteurs de quarante et un journaux également déportés en masse, les élections de quarante-huit départements cassées, la presse bâillonnée et muette, les prêtres et les émigrés forcés à un nouvel exil, tels furent les résultats du 18 Fructidor, ce triomphe du militarisme. « Tout respect de la loi disparut, dit Edgar Quinet. On ne vit, on n'admira plus que le sabre... Après la victoire des soldats, il ne restait plus qu'à couronner un soldat. »

C'est Bonaparte qui devait profiter du 18 Fructidor; mais, vis-à-vis des royalistes parisiens, qu'il ménageait, en vue de l'avenir, il ne voulut pas avoir l'air d'approuver les excès d'une journée qui devait lui être si utile. D'après ce que lui écrivait Lavalette, il eût terni sa gloire en paraissant donner son appui à des violences injustes dirigées contre la représentation nationale et contre des citoyens recommandables par leur vertu. Ces considérations firent sur Bonaparte une telle impression que, pendant les jours qui précédèrent le coup d'Etat, il s'abstint de s'expliquer, dans sa correspondance avec le Directoire, au sujet de la situation intérieure de la France. Lavalette avait passé la soirée du 17 Fructidor au Luxembourg, chez Barras. Il devina, par l'agitation mal déguisée des courtisans du directeur, ce qui allait se passer, et se retira de bonne heure, bien décidé à ne pas se montrer le lendemain, parce qu'il ne voulait pas faire supposer, par sa présence, que le général Bonaparte approuvait les violences qui se commettaient.

Lavalette alla cependant chez Barras, le surlendemain. Prenant une attitude et un ton menaçants : « Vous avez, lui dit le directeur, trahi la République et votre général. Depuis plus de six semaines, le gouvernement est sans lettres particulières de lui; vos opinions sur ce qui se passe sont connues, et nous ne doutons pas que vous n'ayez présenté notre conduite sous les couleurs les plus odieuses; je vous déclare qu'hier au soir le Directoire a mis en délibération si vous ne deviez pas partager le sort des conspirateurs qui sont en route pour la Guyane. Par égard pour le général Bonaparte, vous restez libre; mais je viens de faire partir mon secrétaire, afin de l'éclairer sur ce qui s'est passé et sur votre conduite.»

Lavalette répondit avec sang-froid : « Vous avez été trompé, je n'ai trahi personne ; la journée du 18 est une calamité ; on ne me persuadera jamais que le gouvernement ait le droit de punir, sans jugement, des représentants du peuple, au mépris de toutes les lois ; je n'ai pas écrit autre chose depuis six semaines, et, si vous voulez vous en assurer, voici la clef de mon secrétaire, faites saisir mes papiers. » Lavalette resta encore quelques jours à Paris, ne voulant pas qu'un départ trop précipité pût être attribué à la peur. Avant de se remettre en route, il alla chez Augereau, pour prendre ses commissions. Le général lui parla de Bonaparte avec assez de légèreté, et du 18 Fructidor avec plus d'enthousiasme qu'il ne l'aurait fait de la bataille d'Arcole. « Savez-vous bien, dit-il, que vous mériteriez d'être fusillé pour votre conduite ? Mais soyez tranquille, et comptez sur moi. » Lavalette le remercia en souriant, mais comprit qu'il était inutile de mettre sa bienveillance à l'épreuve, et prit, le lendemain, la route de l'Italie. Il quitta Paris, le 1ᵉʳ vendémiaire, au moment où le Directoire, les ministres et toutes les autorités constituées se dirigeaient vers le Champ-de-Mars, pour y célébrer le premier jour de l'an VI de la République.

De son côté, Bonaparte, qui, dans ses rapports avec son armée, toute composée de républicains, se montrait comme un partisan chaleureux du 18 Fructidor, avait adressé la proclamation suivante à ses troupes : « Soldats, nous allons célébrer le 1ᵉʳ Vendémiaire, l'époque la plus chère aux Français; elle sera un jour bien célèbre dans les annales du monde. C'est de ce jour que date la fondation de la grande Nation, et la grande Nation est appelée par le destin à étonner et consoler le monde. Soldats, éloignés de votre patrie, et triomphants de l'Europe, on vous préparait des chaînes; vous l'avez su, vous avez parlé; le peuple s'est réveillé, a fixé les traîtres, et déjà ils sont aux fers. Vous apprendrez, par la proclamation du Directoire exécutif, ce que tramaient les ennemis particuliers des soldats, et spécialement des divisions de l'armée d'Italie. Cette préférence nous honore; la haine des traîtres, des tyrans et des esclaves sera dans l'histoire notre plus beau titre à la gloire et à l'immortalité. »

Ce n'était pas seulement Bonaparte qui faisait ainsi le républicain exalté, c'était Talleyrand, l'ancien évêque, Talleyrand qui, quelques années plus tard, au congrès de Vienne, devait parler avec tant d'onction de la légitimité. Il écrivait à Bonaparte quatre jours après le 18 Fructidor : « Une conspiration véritable, et toute au profit de la royauté, se tramait depuis longtemps contre la Constitution. Déjà même elle ne se déguisait plus, elle était visible aux yeux des plus indifférents. Le mot patriote était devenu une injure; toutes les institutions républicaines étaient aviliés : les ennemis les plus irréconciliables de la France accouraient en foule dans son sein, y étaient accueillis, honorés. Un fanatisme hypocrite nous avait transportés tout à coup au seizième siècle... Une mort prompte a été prononcée, dès le premier jour, contre quiconque rappellerait la royauté, la Constitution de 93 ou d'Orléans. »

Lavalette, à son retour de Paris, retrouva Bonaparte installé à Passeriano, et lui raconta, dans les plus petits détails, tout ce qui s'était passé. « Pourquoi, dit le général en chef, avec des formes si rudes tant de faiblesse ? Pourquoi ensuite tant de témérité, quand la fermeté suffisait ? C'est couardise de n'avoir point fait le procès à Pichegru ; la trahison était flagrante, et les pièces plus que suffisantes pour le convaincre... La force quand on ne peut pas faire autrement, soit ; mais, quand on est le maître, justice vaut mieux. » Puis, il continua silencieusement sa promenade dans le jardin. Enfin, il ajouta, en quittant Lavalette : « A tout prendre, cette Révolution aura été un vigoureux coup de fouet donné à la nation. » En réalité, le véritable vainqueur du 18 Fructidor, ce n'était pas le Directoire, c'était Bonaparte.

XIV

PASSERIANO

Vers le milieu de septembre 1797, Bonaparte,
accompagné de sa femme, — sa famille était re-
partie, après le mariage de Pauline avec le général
Leclerc, — avait été s'installer dans le Frioul,
au château de Passeriano, afin d'y terminer les
négociations diplomatiques engagées avec le gouvernement autrichien. Cette résidence était une
belle maison de campagne, appartenant à l'ancien doge Manin, et située sur la rive gauche du
Tagliamento, à quatre lieues d'Udine, à trois
lieues des ruines d'Aquilée. Le guerrier y apparaissait en pacificateur. Rassuré contre le royalisme par le coup d'État du 18 Fructidor, dont
il profitait, sans que l'odieux en retombât sur lui,
il se présentait désormais sous un aspect conservateur, et, dans ses rapports avec les plénipotentiaires autrichiens, il se rappelait avec plaisir
que sa femme était une grande dame, et que lui-

même était gentilhomme. Il laissait déjà percer les prétentions nobiliaires dont parle le prince de Metternich, dans ses Mémoires au dire du célèbre diplomate autrichien il attachait beaucoup de prix à la noblesse de sa naissance et à l'antiquité de sa famille. Plus d'une fois, ajoute le prince de Metternich, il a pris à tâche de me démontrer que l'envie et la calomnie seules avaient pu jeter du louche sur sa noblesse. « — Je suis placé, me dit-il, dans une position singulière. Je trouve des généalogistes qui voudraient faire remonter ma race jusqu'au déluge, et il existe des partis qui prétendent que je suis né roturier. La vérité est entre les deux. Les Buonaparte sont de bons gentilshommes corses, peu illustres, puisque nous ne sortions guère de notre île, mais bien meilleurs que beaucoup de freluquets qui s'avisent de nous ravaler. »

Les plénipotentiaires autrichiens étaient le comte Louis de Cobentzel, le marquis de Gallo, le général comte de Mersfeld et M. de Ficquel-mont. Le comte de Cobentzel était alors le principal diplomate de l'Autriche. Il avait occupé les premières ambassades de l'Europe, et s'était trouvé longtemps auprès de la grande Catherine, dont il avait capté la bienveillance particulière. « Fier de son rang et de son importance, il ne doutait pas que la dignité de ses manières et son habitude des cours ne dussent écraser facilement un général sorti des camps révolution-

naires ; aussi, aborda-t-il le général français avec
une certaine légèreté ; mais il suffit de l'attitude
et des premières paroles de celui-ci pour le remettre aussitôt à sa place, dont, au demeurant,
il ne chercha jamais plus à sortir [1]. » M. de
Cobentzel était un homme du monde accompli,
un véritable type d'ancien régime. Causeur brillant et spirituel, racontant à merveille les anecdotes de toutes les cours de l'Europe, célèbre par
son talent pour jouer la comédie de société, il
amusait Mme Bonaparte, qui retrouvait en lui les
manières de l'ancienne cour de Versailles.

Le marquis de Gallo, esprit fin, souple et conciliant, n'était pas autrichien. Il était napolitain,
et représentait, comme ambassadeur, la cour de
Naples à Vienne. Il y avait acquis une telle confiance que, malgré sa nationalité, l'Autriche le
choisit pour un de ses plénipotentiaires.

« Votre nom n'est pas allemand, lui dit Bonaparte la première fois qu'il le vit. — Il est
vrai, répondit le marquis de Gallo, je suis ambassadeur de Naples. — Et depuis quand, répondit sèchement le général français, ai-je à
traiter avec Naples ? Nous sommes en paix.
L'empereur d'Autriche n'a-t-il donc plus chez
lui des négociateurs de la vieille roche ? Toute la
vieille aristocratie de Vienne est-elle éteinte ? »
Le marquis, craignant que de pareilles obser-

----

1. *Mémorial de Sainte-Hélène.*

vations n'arrivassent officiellement au cabinet de Vienne, ne fut dès lors occupé qu'à se faire agréer par Bonaparte. Celui-ci se radoucit aussitôt, heureux d'avoir pris sur son interlocuteur un avantage qu'il ne perdit jamais. Le marquis de Gallo, devenu plus tard ambassadeur des Bourbons de Naples auprès du premier consul, puis ambassadeur du roi Joseph Bonaparte auprès de l'empereur Napoléon, lui avouait naïvement, en parlant de leur première entrevue, que, de sa vie, personne ne l'avait autant effrayé.

Les deux autres plénipotentiaires étaient le général de Mersfeld, officier distingué, ayant l'esprit droit, les manières polies, et M. de Ficquelmont, versé dans toute la science de la chancellerie autrichienne. Les conférences se tenaient alternativement chez Bonaparte, au quartier général de Passeriano, et chez les plénipotentiaires d'Autriche, à Udine. Les négociateurs dînaient réciproquement les uns chez les autres. Les distractions n'étaient pas aussi nombreuses qu'à Montebello, mais la vie ne laissait pas cependant que d'être agréable. « Le séjour de Passeriano, a dit le duc de Raguse, se retrace en ce moment à mon souvenir avec un charme tout particulier; il avait un caractère à lui qu'aucune circonstance n'a reproduit depuis... Nous nous livrions avec violence aux exercices du corps, pour entretenir nos forces et développer notre adresse; mais nous ne négligions pas la culture de l'esprit et de l'étude. Monge et Berthollet consacraient chaque soirée à nous instruire. Monge nous donna des leçons de la science dont il a fixé les principes, et dont les applications sont si usuelles, la géométrie descriptive. »

C'est à Passeriano que le général Desaix vint voir Bonaparte. Ils passèrent plusieurs jours ensemble, et se témoignèrent une vive sympathie réciproque. « Desaix, dit encore le duc de Raguse, n'avait point oublié mes prédictions sur le général Bonaparte, prédictions si promptement réalisées. Dès qu'il me vit, il me les rappela. Il exprima au général Bonaparte le désir de servir avec lui à la première campagne. De cette époque date le premier projet sur l'Égypte. Le général Bonaparte parlait volontiers de cette terre classique ; son esprit était souvent rempli des souvenirs de l'histoire, et il trouvait du charme à nourrir des idées de projets plus ou moins exécutables sur l'Orient. »

Les aides de camp de Bonaparte jouissaient en paix de l'agréable séjour de Passeriano. Mais le général y avait les préoccupations les plus graves, et ses rapports avec le Directoire, dont, en somme, il était toujours le fonctionnaire, devenaient de jour en jour plus tendus. Il avait regardé comme une marque de défiance l'envoi à Passeriano de Bottot, secrétaire particulier de Barras. A table, sans ménagement, tout haut, devant vingt ou trente personnes, il accusait le gouvernement d'injustice et d'ingratitude. Il soupçonnait les directeurs de vouloir lui opposer Augereau comme un rival, et, luttant de ruse et de finesse avec ses adversaires, il écrivait et répétait sans cesse que sa santé et son moral étaient affaiblis; qu'il avait besoin de quelques années de repos; qu'il ne pouvait plus supporter le cheval, mais que, toutefois, la prospérité et la liberté de sa patrie exciteraient toujours son intérêt. Qu'aurait-il dit si le Directoire l'avait pris au mot?

Au point de vue diplomatique, ses idées étaient en désaccord avec celles de son gouvernement. Il était convaincu que la paix n'était possible que si l'on sacrifiait Venise à l'Autriche. De son côté, le Directoire, pensant que la République française ne pouvait, sans déshonneur, livrer une République à un monarque, voulait non seulement sauver l'indépendance vénitienne, mais républicaniser toute la Péninsule, abolir le pouvoir temporel du pape, détruire les royaumes de Piémont et de Naples. Cette politique radicale n'entrait pas dans les vues de Bonaparte. Il savait qu'il aurait besoin du clergé pour pouvoir s'emparer de la puissance suprême, et, après avoir si souvent élevé la voix contre les tyrans, il se croyait obligé de ménager les souverains que, quelques années plus tard, il devait traiter de frères. L'attitude prise par lui à Passeriano se ressentait de pareils calculs. Un observateur perspicace aurait déjà pu deviner, dans le subordonné du Directoire, le premier consul et l'empereur. Par son éducation, par ses goûts, par son mariage, par ses idées, par ses principes, il tenait à la fois et de l'ancienne société et de la Révolution. Il devait prendre de l'une et de l'autre tout ce qui pouvait lui être utile pour satisfaire son ambition et pour réaliser ses rêves. « Je fis une belle campagne, dit-il un jour à Mme de Rémusat en parlant de cette période de sa vie ; je devins un personnage pour l'Europe. D'un côté, à l'aide de mes ordres du jour, je soutenais le système révolutionnaire ; de l'autre, je ménageais en secret les émigrés ; je leur permettais de concevoir quelque espérance. Il est bien facile d'abuser ce parti-là, parce qu'il part toujours, non de ce qui est, mais de ce qu'il voudrait qui fût. Je recevais des offres magnifiques pour le cas où je voudrais suivre l'exemple du général Monk. Le prétendant m'écrivit même dans son style hésitant et fleuri. Je conquis mieux le pape en évitant d'aller à Rome que si j'eusse incendié sa capitale. Enfin je devins important et redoutable, et le Directoire, que j'inquiétais, ne pouvait cependant motiver aucun acte d'accusation. »

Jamais la dissimulation savante, qui était l'un des côtés principaux du caractère de Bonaparte, ne fut plus ingénieuse et plus raffinée. « La situation de mon âme, écrivait-il au Directoire, a besoin de se retremper dans la masse des citoyens. Depuis trop longtemps un grand pouvoir est confié à mes mains. Je m'en suis servi, dans toutes les circonstances, pour le bien de la patrie. Tant pis pour ceux qui ne croient point à la vertu et qui pourraient avoir suspecté la mienne. Ma récompense est dans ma conscience et dans l'opinion de la postérité. » Le 1er octobre 1797, il écrivait à Talleyrand : « Tout ce que je fais, tous les arrangements que je prends en ce moment, c'est le dernier service que je puisse rendre à la patrie. Ma santé est entièrement délabrée. La santé est indispensable, et ne peut être remplacée par rien à la guerre. Le gouvernement aura sans doute, sur la demande que je lui ai faite il y a huit jours, nommé une commission de publicistes pour organiser l'Italie libre, de nouveaux plénipotentiaires pour continuer les négociations ou les renouer ; enfin, un général qui ait sa confiance pour commander l'armée, car je ne connais personne qui puisse me remplacer dans ces trois missions également intéressantes. »

Le Directoire était jaloux, ombrageux ; il avait le pressentiment qu'il trouverait dans Bonaparte un maître. Mais il rivalisait avec lui de dissimulation, et lui faisait, en refusant sa démission, des protestations d'amitié qui n'étaient rien moins que sincères. Le secrétaire de Barras, Bottot, revenu de Passeriano à Paris, avait écrit à Bonaparte que ses derniers moments à Passeriano avaient profondément affligé son cœur, que de cruelles idées l'avaient accompagné jusqu'aux portes du Directoire ; mais que ces cruelles idées avaient été dissipées par les sentiments d'admiration et de tendresse qu'il avait vus aux directeurs pour le vainqueur de l'Italie. Malgré de pareilles démonstrations, qui, de part et d'autre, n'étaient que de la stratégie politique, l'antagonisme entre Barras et Bonaparte, bien qu'atténué par l'influence secrète de Joséphine, était déjà visible pour des yeux clairvoyants, et ne devait avoir pour terme que l'acte de force du 18 Brumaire.

XV

JOSÉPHINE A VENISE

Pendant que Bonaparte était à Passeriano,
Joséphine alla passer quelques jours à Venise.
Depuis le 16 mai, une garnison française occupait cette célèbre ville. Son antique aristocratie
avait été détruite, et un avocat, Dandolo, s'était
mis à la tête du gouvernement provisoire. Ber-
game, Brescia, Padoue, Vicence, Bassano, Udine
furent autant de républiques séparées. Partout
on adopta les principes de la Révolution française ; on prit les couleurs nationales italiennes,
et l'on se fédéra. L'illustre république vénitienne
se flattait de conserver son indépendance. Mais
elle n'était pas sans une secrète inquiétude au
sujet des négociations de Passeriano. Son attitude, naguère encore si fière et si hostile à l'égard
de Bonaparte et des Français, était devenue
obséquieuse et suppliante. Elle demandait avec
instances au jeune vainqueur de venir la visiter,

et lui promettait à l'avance des ovations indescriptibles. Mais Bonaparte avait déjà résolu l'abandon de Venise à l'Autriche contre Mantoue et l'Adige, et il n'osait lui-même se montrer dans une ville à laquelle ses projets allaient être si funestes. Il comprenait combien, après toutes les proclamations ultra-démocratiques dont il était l'auteur, après l'envoi solennel à Paris des bustes de Junius et de Marcus Brutus, il paraîtrait peu conséquent avec lui-même en livrant pieds et poings liés une république à un empereur. S'il était venu recevoir sur la place Saint-Marc les applaudissements que Venise agonisante lui promettait, il aurait eu l'air d'avoir joué le rôle d'un traître. Son esprit de dissimulation n'alla point jusque-là. Mais Joséphine, qui n'était pas initiée aux secrets diplomatiques, pouvait se rendre aux fêtes de Venise, comme à une simple partie de plaisir. Ne voulant pas quitter l'Italie sans avoir vu cette cité merveilleuse, dont la réputation était si grande, elle obtint de son époux la permission de s'y rendre, accompagnée de Marmont. Elle apparut à la cité des doges avec cette grâce, cette bienveillance, cette amabilité qui lui étaient habituelles. « A la voir si affable, si souriante pour toutes les classes de la société vénitienne, on n'aurait pas pu soupçonner les projets ténébreux que son mari nourrissait contre l'indépendance de la noble et célèbre République. Sans doute Venise était coupable, sa neutralité n'avait été ni prudente, ni loyale; les Pâques véronaises avaient été un grand crime. Mais combien le châtiment devait être terrible, et qu'allait-il se passer dans l'âme des patriotes qui devaient prochainement assister au plus cruel de tous les spectacles, l'anéantissement de la patrie ? »

Et cependant Venise se réjouissait encore. La populace crédule se faisait des illusions. Il est si naturel de croire à ce qu'on espère. La noblesse de terre ferme, si longtemps jalouse de l'aristocratie des lagunes, ne voyait pas sans plaisir la chute de cette oligarchie qui lui était odieuse. La bourgeoisie, se disant émancipée, accueillait avec une joie bruyante le triomphe des idées françaises. Quant au bas peuple, il ne songeait plus au passé, c'est à peine s'il songeait à l'avenir. Heureux d'assister à des fêtes, il se livrait aux distractions présentes avec la fougue méridionale.

Les Vénitiens, ne pouvant, malgré le désir qu'ils en avaient, se mettre aux pieds de l'homme dont dépendait leur destinée, s'ingénièrent, en recevant sa femme, à trouver tout ce qui était de nature à la flatter et à lui plaire. Mme Bonaparte resta quatre jours à Venise. Ce fut un perpétuel enchantement, une magie. Elle est si belle, la ville des doges, avec son agglomération de palais de marbre et de monuments magnifiques, ses tableaux et ses fresques, chefs-d'œuvre du Tintoret, du Titien, des deux Palma, de Paul Véronèse, avec sa place Saint-Marc, sa merveilleuse église, son palais ducal, si riche en trésors et en souvenirs ! On éprouve un tel sentiment d'admiration et de respect, quand on entre dans la célèbre salle du Squitinio, qui, par ses peintures éblouissantes, résume l'histoire de la reine de l'Adriatique, de même que la grande galerie de Versailles résume l'histoire du Roi-Soleil ! Voici, tout autour de la salle, les papes venant chercher un asile dans Venise, les empereurs briguant son alliance, acceptant sa médiation ; voici ses flottes conquérant des îles, ses armées escaladant des remparts, ses victoires sur terre, ses victoires sur mer, et, au point culminant de la voûte, comme du haut de l'empyrée, la République, sous la figure d'une femme radieuse, souriant au spectacle de sa richesse et de sa gloire ; voici la série des portraits de tous les doges, depuis le premier, Luc Anafeste, élu en 697, jusqu'au dernier, Manini, qui, onze cents ans après, en 1797, vient d'être dépossédé par les Français ! Bien singulier présage, le portrait du doge Manini a occupé la seule place qui restât à remplir, lors de son élection. Il n'y en a plus pour un successeur. Mais les Vénitiens ne veulent pas s'arrêter à ce pressentiment sinistre. Ils n'ont qu'une préoccupation : faire une réception magnifique à Mme Bonaparte.

Le premier jour, tout le grand canal est en fête. Cent cinquante mille curieux occupent les maisons ou les toits qui le bordent. Il y a des régates. Cinq ou six bateaux extrêmement allongés, très étroits, montés par un seul homme, luttent ensemble, et la course, commençant au grand canal, finit au pont de Rialto. Le second jour, c'est la promenade en barques; toutes les gondoles sont couvertes de fleurs et de guirlandes. Le troisième jour, nouvelle promenade sur l'eau; mais, cette fois, la promenade est nocturne; palais, maisons, gondoles, tout est illuminé; c'est comme un océan de lumières; un feu d'artifice lance des gerbes éblouissantes et multicolores qui se reflètent dans l'onde, et la soirée se termine par un bal dans le palais des doges. « Si l'on réfléchit, a dit Marmont, aux moyens résultant de la localité de Venise, à la beauté de l'architecture, à ce mouvement prodigieux de barques serrées les unes contre les autres, et donnant l'idée d'une ville qui marche, si l'on pense aux efforts inspirés, dans une pareille circonstance, à ce peuple dont l'imagination est brillante, le goût exquis et la passion du plaisir effrénée, on devinera quel spectacle nous fut offert. Ce n'était plus la Venise puissante, c'était la Venise élégante et voluptueuse. »

Non, non, ce n'était plus la Venise puissante, « la Venise épouse de l'Adriatique et dominatrice des mers, la Venise qui donnait des empereurs à Constantinople, des rois à Chypre, des princes à la Dalmatie, au Péloponèse, à la Crète;

la Venise qui humiliait les Césars de la Germanie, la Venise de qui les monarques tenaient à honneur d'être citoyens; la Venise qui, république au milieu de l'Europe féodale, servait de bouclier à la chrétienté; la Venise, planteuse de lions, dont les doges étaient des savants et les marchands des chevaliers; la Venise qui rapportait de la Grèce des turbans conquis ou des chefs-d'œuvre recouvrés; la Venise qui triomphait par ses fêtes, ses courtisanes et ses arts, comme par ses grands hommes; la Venise à la fois Corinthe, Athènes et Carthage, ornant sa tête de couronnes rostrales et de diadèmes de fleurs[1]. » Non, non, ce n'est plus la Venise d'autrefois. Quelle décadence profonde au milieu de ces fêtes données à Mme Bonaparte! Ah! qu'est-elle devenue, la ville libre par excellence, qui, depuis sa fondation au cinquième siècle, s'était toujours maintenue indépendante? Où sont ses fameux chevaux de bronze qui piaffaient sous le portique de Saint-Marc? Ils ont été envoyés à Paris, comme des dépouilles opimes. Et le célèbre lion, le lion du saint patron de Venise? Il a eu le même sort. Le grand saint, dont les reliques sont dans l'église ducale fondée au commencement du neuvième siècle par la libéralité de Justinien Participatio, ne protège donc plus la cité qui avait tant de confiance en lui! Ah! qu'est-elle devenue

1. Châteaubriand, *Mémoires d'outre-tombe*.

« la Cybèle des mers, avec sa couronne de tours altières, se dessinant dans un lointain aérien, et majestueuse dans sa démarche, comme la souveraine des eaux ?... Jeune, elle était brillante de gloire, c'était une autre Tyr. Le surnom de ses enfants leur avait été donné par la victoire; c'étaient les Planteurs de lions, insigne qu'ils portèrent à travers le sang et la flamme sur la terre et la mer subjuguées. Faisant de nombreux esclaves, elle sut se maintenir libre, et fut le boulevard de l'Europe contre la puissance ottomane. Je t'en atteste, ô Candie, rivale de Troie, et toi, golfe immortel, qui vit la bataille de Lépante ! Car ni le temps, ni la tyrannie ne pourront effacer ces deux noms[1]. » C'en est fait, on ne vous verra plus, fiançailles des doges et de l'Adriatique ! Où est-il, le *Bucentaure*, cette fameuse galère semblable à celle de Cléopâtre, cette immense galère sculptée, dont tous les agrès étaient d'or ? Où est-il, où est-il le temps où, entouré de sa cour, le doge sortait du port de Venise sur le *Bucentaure* et s'avançait triomphalement jusqu'à la passe du Lido, où il jetait dans la mer un anneau bénit, en prononçant cette phrase sacramentelle : « *Desponsamus te mare, in signum veri perpetuique dominii*. Mer, nous t'épousons, en signe de souveraineté positive et perpétuelle ! » Les ambassadeurs de tous les souverains, le nonce du

____

1. Lord Byron, *Child Harold*, chant IV.

pape lui-même, semblaient reconnaître par leur présence la validité de ce mariage mystique. Qu'est devenu le *Bucentaure?* On avait d'abord pensé à l'envoyer, comme un trophée, en France, à la remorque de quelque frégate. Mais, de peur que la précieuse galère ne fût prise en route par les vaisseaux anglais, on a préféré la brûler. Il a été brûlé aussi, ce fameux livre d'or où les patriciens, où les monarques eux-mêmes étaient si fiers d'avoir leurs noms inscrits. Venise, au lieu de te réjouir, tu devrais te couvrir d'un cilice, et les fleurs dont tu te pares dans ta démence, il faudrait les garder pour les jeter sur le cercueil où vont être ensevelies ton indépendance et ta gloire. Les cris de joie que tu pousses semblent une ironie. Le chant des gondoliers devrait être un chant funèbre. L'autorité qui préside à tes fêtes, ce n'est plus un doge majestueux, redoutable, c'est une étrangère, une créole, qui doit se trouver bien étonnée d'apparaître au milieu de tes lagunes comme une véritable souveraine !

XVI

CAMPO-FORMIO

Le dénouement des négociations diplomatiques approchait. Il fallait aboutir ou rompre. La situation de Bonaparte, malgré ses succès merveilleux, ne laissait pas que d'être critique. Agissant contre les instructions de son gouvernement, il ne pouvait réussir qu'en imposant sa volonté. D'un moment à l'autre, il pouvait voir arriver de Paris un courrier qui détruirait par une seule dépêche, l'échafaudage si habilement construit. Le Directoire était pour lui plus à craindre que l'Autriche, et c'est du Luxembourg que venaient les difficultés principales. Bonaparte allait faire un double ultimatum, l'un au gouvernement autrichien, l'autre à son propre gouvernement. Par ses lettres particulières il avait préparé le ministre des relations extérieures, Talleyrand, aux solutions qu'il avait décidées en principe, et, prévoyant déjà l'accord qui devait s'établir entre lui

et ce grand seigneur d'autrefois, il avait affecté,
en lui écrivant, des allures de sympathie et de
confiance. Dans cette correspondance, il faisait
bon marché des forces italiennes et de la propa-
gande révolutionnaire. Il y disait : « Je n'ai point
d'Italiens à mon armée, excepté quinze cents
polissons ramassés dans les rues des différentes
villes. Ils pillent et ne sont bons à rien... Vous
vous imaginez que la liberté fait faire de grandes
choses à un peuple mou, superstitieux... Le roi
sarde, avec un bataillon et un escadron, est plus
fort que toute la Cisalpine réunie. Voilà l'histo-
rique. Tout ce qui n'est bon qu'à dire dans des
proclamations, dans des discours imprimés, sont
des romans... S'il arrivait que nous adoptassions
la politique extérieure de 1793, nous aurions
d'autant plus de tort que nous nous sommes bien
trouvés de la politique contraire, et que nous
n'avons plus ces grandes masses, ces moyens de
recrutement, et ce premier mouvement d'enthousiasme qui n'a qu'un temps. » Voulant sacrifier
les Vénitiens, il écrivait : « C'est un peuple mou,
efféminé, lâche, sans terre ni eau, et dont nous
n'avons que faire. »

Au même moment, il recevait du Directoire
l'ordre de révolutionner l'Italie tout entière. C'é-
tait la destruction de tout son plan, puisqu'il
voulait maintenir les États du pape, les royaumes
de Naples et de Sardaigne, et livrer Venise à
l'Autriche, tandis que le Directoire voulait non

seulement sauver la République de Venise, mais encore transformer en républiques tous les États italiens sans exception. La divergence de vues était complète. Tout autre que Bonaparte n'aurait pas osé agir contre la lettre et l'esprit des instructions de son gouvernement. Mais déjà il ne croyait relever que de lui-même. Sans tenir compte du Directoire, il n'obéit qu'à ses propres inspirations, et il eut avec les quatre plénipotentiaires autrichiens, le 16 octobre, une entrevue qui devait être décisive. Le comte de Cobentzel déclara que l'Autriche ne renoncerait à Mayence qu'en échange de Mantoue. Bonaparte, au contraire, voulait absolument que Mantoue restât à la République Cisalpine. Il résulta de ce désaccord une scène violente. Se levant avec colère, et frappant du pied le sol : « Vous voulez la guerre, s'écria Bonaparte, eh bien, vous l'aurez ! » Et, saisissant un magnifique cabaret de porcelaine que M. de Cobentzel répétait chaque jour avec complaisance lui avoir été donné par la Grande Catherine, il le jeta de toutes ses forces sur le plancher, et le fit voler en mille éclats. « Voyez, s'écria-t-il encore, eh bien ! telle sera votre monarchie autrichienne avant trois mois, je vous le promets ! » Et il s'élança précipitamment hors de la salle.

Bonaparte a joué le tout pour le tout. Il a brisé la porcelaine du comte de Cobentzel. Mais si le comte le prend au mot, si les négociations sont rompues, est-il bien sûr de briser la monarchie autrichienne aussi facilement qu'il le dit? Est-il bien sûr aussi de n'être pas désavoué par le Directoire ? Lui pardonnera-t-on, à Paris, de sacrifier Venise, et de s'être refusé à républicaniser l'Italie tout entière ? N'est-il pas exposé à recevoir, le soir même de son altercation avec M. de Cobentzel, quelque dépêche qui renversera son œuvre de fond en comble ? Comme sur le champ de bataille c'est la résolution la plus hardie qu'il prend. Sans redouter aucune des conséquences d'une colère qui est préméditée, il brusque le dénouement. Il trouve dans sa témérité une âpre joie. Un secret pressentiment lui dit qu'il aura raison de tous les obstacles, de l'Autriche, du Directoire, que les choses se passeront comme il l'aura voulu, qu'il est le maître. Et, en effet, tout conspire au succès de ses entreprises. Il est dans une de ces périodes de veine où le joueur gagne à tout coup, étonné de sa propre fortune. Le traité une fois signé, il sait bien que le Directoire n'osera point ne pas le ratifier. En s'élançant hors de la salle des conférences, il a ordonné à haute voix d'annoncer à l'archiduc Charles la reprise des hostilités dans un délai de vingt-quatre heures, et il s'est jeté dans sa voiture sans paraître s'apercevoir des gestes suppliants du conciliant marquis de Gallo, qui, lui tirant force coups de chapeau, le conjurait de ne pas partir.

Le lendemain, la scène changeait. M. de Cobentzel, se ravisant, en passait par où voulait Bonaparte, et, de son côté, le général français se faisait pardonner par l'accueil le plus aimable et le plus enjoué sa colère simulée de la veille. La paix fut signée le jour même (17 octobre 1797). Elle porta le nom du village de Campo-Formio, situé à égale distance d'Udine et de Passeriano. « Cependant, a dit le duc de Raguse dans ses Mémoires, il ne s'y est pas tenu une seule conférence ; mais, seulement c'était là que devait avoir lieu la signature. Je fus envoyé pour y faire tout préparer, et, en même temps, pour engager les plénipotentiaires à continuer leur route jusqu'à Passeriano. Ils s'y prêtèrent de bonne grâce. On signa avant le dîner, en datant de Campo-Formio, où les préparatifs avaient été faits pour la forme ; et, sans doute, on montre dans ce village la chambre où le grand événement s'est passé, la table et la plume employées à l'accomplir. Il en est de ces reliques-là comme de beaucoup d'autres. » Le travail de copies du traité avait duré toute la journée. Plus de discussions. Le général Bonaparte était d'une gaieté charmante. Se tenant dans son salon, il ne voulut pas qu'on apportât des bougies quand la nuit fut venue. On s'amusait à causer et même à faire des contes de revenants, comme si l'on eût été en famille dans un vieux château. Enfin, vers dix heures du soir, on vint annoncer aux plénipotentiaires que les copies étaient terminées. Bonaparte signa gaiement. Le général Berthier, porteur du traité, était à minuit sur la route de Paris. Douze heures après, le courrier du Directoire arrivait à Passeriano. Les ordres étaient positifs, et si Bonaparte les eût reçus la veille, il n'aurait pu signer le traité.

La ratification faisait doute. Le Directoire consentirait-il à l'anéantissement de la République de Venise ? Le gouvernement provisoire vénitien fit un effort suprême pour sauver l'indépendance du pays. Il chargea trois délégués, parmi lesquels se trouvait l'avocat Dandolo, de se rendre à Paris et d'y dépenser tout l'argent nécessaire pour empêcher la ratification du traité. Le duc de Raguse fait observer que cette démarche, si elle eût réussi, était la perte de Bonaparte, le tombeau de sa gloire : il aurait été dénoncé à la France, à l'Europe, comme ayant outrepassé ses pouvoirs, comme ayant, par corruption, abandonné lâchement un peuple et asservi une république. Flétri, déshonoré, il disparaissait peut-être pour toujours de la scène. Aussi, dès qu'il apprit le départ des délégués vénitiens pour la France, n'eut-il d'autre idée que de les faire arrêter en route. Duroc, envoyé à leur poursuite, se saisit de leurs personnes, et les ramena à Milan, où était alors Bonaparte. « J'étais dans le cabinet du général en chef, a dit encore Marmont, quand celui-ci les y reçut ; on peut deviner la violence de sa harangue. Ils l'écoutèrent avec calme et dignité ; et, quand il eut fini, Dandolo répondit. Dandolo, ordinairement dénué de courage, en trouva ce jour-là dans la grandeur de sa cause. Il parlait facilement ; en ce moment il eut de l'éloquence. Il s'étendit sur le bien de l'indépendance et de la liberté, sur les devoirs d'un bon citoyen envers sa patrie. La force de ses raisonnemens, sa conviction, sa profonde émotion, agirent sur l'esprit et sur le cœur de Bonaparte, au point de faire couler les larmes de ses yeux. Il ne répliqua pas un seul mot, renvoya les députés avec douceur et bonté, et depuis il a conservé pour Dandolo une bienveillance, une prédilection qui ne s'est jamais démentie ; il a toujours cherché l'occasion de le grandir et de lui faire du bien, et cependant Dandolo était un homme médiocre ; mais cet homme avait fait vibrer les cordes de son âme par l'élévation des sentiments, et l'impression ressentie ne s'effaça jamais. »

Malgré le chagrin des Vénitiens, le Directoire n'osa pas refuser sa ratification à un traité qui accordait à la France ses limites naturelles, et qui reconnaissait, dans le nord de l'Italie, l'existence d'une république nouvelle dont les principes étaient ceux de la Révolution française. « Voilà donc la paix faite, écrivait Talleyrand, et une paix à la Bonaparte ! Recevez mes compliments de cœur, mon cher général. Les expressions manquent pour vous dire tout ce qu'on voudrait en ce moment. Le Directoire est content, le public enchanté; tout est au mieux. On aura peut-être quelques criailleries d'Italiens; mais c'est égal. Adieu, général pacificateur, adieu ! Amitié, admiration, respect, reconnaissance ; on ne saurait où s'arrêter dans cette énumération. » La France, qui est très mobile, avait en ce moment la passion de la paix, comme elle avait, quelques semaines auparavant, la passion de la guerre. Bonaparte avait consulté ses intérêts personnels avec un merveilleux à-propos. Eh bien ! on ne faisait que de célébrer son désintéressement. On le trouvait admirable de renoncer, par patriotisme, à ce jeu des batailles où son génie faisait si brillante figure. C'est tout au plus si on ne le comparait pas à Cincinnatus retournant à sa charrue. On le représentait partout comme le type de l'abnégation. Le *Moniteur*, qui était sans doute rédigé par ses partisans, allait préparer savamment la mise en scène de son retour. Tout était calculé pour l'effet. L'itinéraire, depuis Passeriano jusqu'à Paris, allait donner lieu à une foule de récits qui devaient frapper l'imagination des masses et surexciter la curiosité du public. Des correspondances relatant les détails de ce voyage triomphal allaient se succéder avec rapidité dans le *Moniteur*, et alimenter l'extrême intérêt qui s'attachait alors aux moindres actions, aux moindres paroles du vainqueur d'Italie. Lors de son passage à Mantoue, il logea dans le palais des anciens ducs. Le soir, toute la ville fut illuminée. Le lendemain, il fit la revue des troupes de la garnison ; ensuite, il se rendit à Saint-George, où l'on célébra une fête funèbre et militaire en l'honneur du général Hoche, et, à midi, il s'embarqua sur la flottille pour aller à la *Virgilienne* voir le monument qu'il faisait ériger au prince des poètes latins. Il quitta Joséphine, qui resta quelque temps encore en Italie auprès de son fils Eugène, et, le 17 novembre 1797, il partit de Milan pour Rastadt, où se tenait un congrès destiné à étendre à tout l'empire d'Allemagne la paix conclue entre l'Autriche et la France.

XVII

LE RETOUR DE BONAPARTE EN FRANCE

Bonaparte, accompagné de Marmont, de Duroc, de Lavalette, ainsi que de Bourrienne, son secrétaire, et d'Yvan, son médecin, a quitté Milan le 17 novembre 1797. Il passe par le Piémont, où il évite de s'arrêter à Turin et de voir le roi de Sardaigne, mais où ce prince le fait complimenter et lui envoie, comme présents, deux beaux chevaux superbement harnachés avec des pistolets à l'arçon, enrichis de diamants, qui ont appartenu au feu roi Charles-Emmanuel. L'illustre voyageur franchit le mont Cenis. Arrivé à Chambéry, il y est accueilli avec enthousiasme. De là il se rend à Genève, où il s'arrête un jour. Il refuse d'aller voir Necker, qui est sur la route, à l'attendre, à la hauteur de son château de Coppet. Il ne veut pas non plus, malgré le désir qu'expriment ses aides de camp, visiter le château de Ferney, car il a des griefs contre la mémoire de Voltaire. Sa voiture s'étant brisée à une lieue de Morat, il fait une partie de la route à pied ; les chemins sont remplis d'une foule immense, qui a passé la nuit debout, dans l'espoir de voir le vainqueur d'Italie. Il arrive à Morat, le 23 novembre. C'est jour de marché. On attend avec avidité son passage. L'avoyer de la ville s'apprête à le recevoir avec tous les honneurs possibles. Mais écoutons l'auteur d'une correspondance datée de Morat, qui, à Paris, sera insérée au *Moniteur :* « J'ai vu avec un vif intérêt et avec une extrême attention cet homme extraordinaire, qui a fait de si grandes choses, et qui semble annoncer que sa carrière n'est pas terminée. Je l'ai trouvé fort ressemblant à son portrait, petit, mince, pâle, ayant l'air fatigué, mais non malade, comme on l'a dit. Il m'a paru qu'il écoutait avec plus de distraction que d'intérêt, et qu'il était plus occupé de ce qu'il pensait que de ce qu'on lui disait. Il y a beaucoup d'esprit dans sa physionomie ; on y remarque cet air de méditation habituelle, qui ne révèle rien de ce qui se passe dans l'intérieur de cette tête pensante, cette âme forte où il est impossible de ne pas supposer quelques pensées hardies qui influent sur la destinée de l'Europe. Un bon bourgeois de Morat, de cinq pieds sept à huit pouces, observait avec étonnement la figure de ce général. — « Voilà une bien petite stature pour un si grand homme, s'écria-t-il assez haut pour être entendu de son aide de camp. — C'est justement la taille d'Alexandre, » dis-je, ce qui fit sourire l'aide de camp, qui répondit : « Ce n'est pas là le trait le plus frappant de ressemblance. » — Bonaparte s'arrête près de l'ossuaire de Morat, et se fait indiquer le lieu où fut donnée la bataille de ce nom. On lui montre une plaine en face d'une chapelle. Un officier qui a servi en France, lui explique comment les Suisses, descendant des montagnes voisines, sont venus, à la faveur d'un bois, tourner l'armée des Bourguignons, et la mettre en déroute. — « De combien était cette armée ? demande Bonaparte. — De soixante mille hommes. — De soixante mille hommes ! Ils auraient dû couvrir ces montagnes. » Le général Lannes dit alors : « Les Français d'aujourd'hui combattent mieux que cela. — Dans ce temps-là, reprend Bonaparte, les Bourguignons n'étaient pas des Français. »

Le voyage n'est qu'une suite d'ovations. En arrivant à Berne, à la nuit, Bonaparte passe au milieu d'une double file d'équipages très bien éclairés et remplis de jolies femmes. Son entrée à Bâle est annoncée par les canons des remparts de la ville. Aussitôt la forteresse de Huningue répond à ces salves d'artillerie. A Offenbourg, il trouve le quartier général d'Augereau, alors général en chef de l'armée du Rhin. Augereau veut traiter d'égal à égal. Il envoie un aide de camp pour complimenter Bonaparte, et pour l'engager à se reposer chez lui. Bonaparte répond qu'il est trop pressé pour s'arrêter, et continue sa route sans avoir vu son ancien lieutenant. A Rastadt, où il entre, escorté par un escadron autrichien des hussards de Seskler, il trouve les plénipotentiaires des puissances allemandes, mais il n'est pas tenté de s'user dans de longues et fastidieuses négociations, et, heureux d'être appelé par le Directoire, il s'empresse de partir en poste pour Paris, où il arrive, le 5 décembre, à cinq heures du soir.

Bonaparte se retrouve dans ce petit hôtel de la rue Chantereine d'où, vingt et un mois auparavant, il était parti presque obscur, et où il revient si célèbre. Les ambitieux qui s'éloignent de Paris, dont le suffrage les préoccupe autant que celui d'Athènes préoccupait Alexandre, n'y reparaissent jamais sans une certaine anxiété. Ils se demandent, non sans émotion, ce que pèsera leur gloire dans l'immense cité où les impressions du public sont à la fois si vives et si fugitives, et où tout est si vite submergé par les flots de cette vaste mer, de cet océan humain qui s'appelle le peuple. La curiosité générale est excitée par le retour du jeune vainqueur. Quelle figure vont faire les directeurs au héros dont la gloire éclipse leur pâle renommée ? Et lui, que veut-il ? Sera-t-il César ? Sera-t-il Cromwell ? Sera-t-il Monk ? Sera-t-il Washington ? Autant de questions que se pose la foule. Mais l'impression dominante c'est que Bonaparte est

un homme de Plutarque, un homme antique
dont le génie n'est égalé que par l'abnégation.
Les Parisiens, impatients de se créer une idole,
prêtent à leur favori tous les mérites, toutes les
vertus. L'engouement est universel. Voir Bonaparte, parler à Bonaparte est l'ambition de
chacun. Les journaux vont relater avec une complaisance infatigable les moindres détails qui le
concernent. Tout autre sujet paraîtrait fade.
Talleyrand veut aller le visiter le soir même de
son arrivée. Bonaparte demande la permission
de ne pas recevoir le ministre, et, le lendemain,
il va le voir au ministère des relations extérieures,
où il est accueilli avec les marques d'un respect
enthousiaste. Son entrevue avec les directeurs
est des plus cordiales. On vante partout son
affabilité, sa modestie. On lui sait gré de rendre
leurs visites, non seulement aux principaux personnages de l'État, mais même aux autorités
subalternes. On lit dans le *Moniteur* du 10 décembre : « Le général Bonaparte est descendu et loge
dans la maison de son épouse, rue Chantereine,
chaussée d'Antin. Cette maison est simple et sans
luxe. On prétend qu'il repartira le 26 pour Rastadt.
Il sort rarement et sans suite, dans une simple
voiture à deux chevaux. On le voit assez souvent
se promener seul dans son modeste jardin. »

Ce petit hôtel de la rue Chantereine, qu'il avait
quitté deux jours après son mariage, pour se
rendre en Italie, et qui lui rappelait de si doux

souvenirs, c'était encore pour lui, suivant l'expression de Marmont, le temple de l'Amour. Mais ce n'était pas la faute de ses frères, s'il n'y ressentait pas les tourments d'une vive jalousie.

Nous avons dit que lorsqu'il était parti de Milan, le 17 novembre, il y avait laissé Joséphine, qui devait y rester quelques jours avec son fils Eugène de Beauharnais, venu de Rome, pour la voir, avant son retour en France. Lavalette raconte dans ses Mémoires que les frères de Bonaparte, voulant seuls agir sur son esprit, s'efforcèrent de diminuer l'influence que donnait à Joséphine l'amour de son époux. « Ils cherchèrent, ajoute-t-il, à exciter sa jalousie, et profitèrent du séjour qu'elle fit à Milan après notre départ, séjour autorisé par Bonaparte. Ses sentiments pour sa femme, son voyage sur les côtes, ses travaux continuels pour l'expédition d'Égypte ne lui permirent pas de donner accès à ces soupçons. Je reviendrai plus tard sur ces intrigues des frères de Bonaparte et sur leur acharnement à perdre Joséphine dans son esprit. Admis dans l'intimité de l'un et de l'autre, j'ai été assez heureux pour empêcher ou adoucir beaucoup de mal. »

Bonaparte avait-il alors le temps d'être jaloux ? Et, en admettant qu'il eût de véritables peines de cœur, les satisfactions d'amour-propre, qu'il savourait sans cesse, n'auraient-elles pas été pour lui un ample dédommagement ? Était-il au théâtre, on n'écoutait plus les acteurs. Toutes les lorgnettes se tournaient vers la loge au fond de laquelle il se cachait à demi, pour rendre la curiosité plus ardente encore. Paraissait-il dans une promenade, aussitôt il se formait autour de lui un attroupement. Connaissant le caractère parisien, et sachant que l'attention de la grande capitale ne se porte jamais longtemps de suite sur le même sujet, il ne se prodiguait pas, et, dans son langage comme dans sa mise et ses manières, il affectait une simplicité qui contrastait singulièrement avec sa gloire, et devait produire de l'effet sur un public républicain. Malgré cette modestie d'emprunt, il songeait surtout aux moyens de causer à la France et au monde de nouvelles surprises. A cette époque, ce n'est pas l'amour qui dominait son âme, c'est l'ambition. Cependant, il aimait encore Joséphine, et bien que sa tendresse pour elle ne fût plus aussi exaltée, aussi fougueuse que dans les premiers temps de leur mariage, il dut regretter de ne pas l'avoir près de lui, lors de la triomphale solennité du 10 décembre au Luxembourg.

XVIII

LA FÊTE DU LUXEMBOURG.

La fête du 10 décembre a lieu au Luxembourg.
Il s'agit, pour les directeurs, de recevoir solen-
nellement le vainqueur d'Italie. Les appartements
du palais ne seraient pas assez vastes en pareille
circonstance. La grande cour est transformée en
une salle immense décorée de trophées et de drapeaux. A onze heures du matin, les membres du
Directoire se réunissent au palais chez leur collègue le citoyen La Réveillère-Lepeaux. Les ministres, les membres du corps diplomatique, les
officiers de la garnison de Paris sont successivement annoncés. A midi, l'artillerie, placée dans
le jardin, donne le signal du commencement de
la fête. Un corps de musique, exécutant les airs
chéris par les républicains français, précède le
cortège, qui traverse les galeries du palais, et arrive dans la grande cour. Au fond, adossé contre
le vestibule principal, s'élève l'autel de la Patrie,

que surmontent les statues de la Liberté, de l'E-
galité et de la Paix. Au-dessous de l'autel, il y a
cinq fauteuils pour les directeurs, vêtus de leur
costume romain, et une estrade pour les membres du corps diplomatique. De chaque côté, en
demi-cercle, s'étend un vaste amphithéâtre destiné aux autorités constituées et au Conservatoire
de musique. A droite et à gauche de cet amphithéâtre est placé un faisceau de drapeaux des
différentes armées de la République. Les murs
de la cour sont ornés de tentures tricolores; un
vaste vélarium est au-dessus de l'autel et de l'amphithéâtre. Une foule immense garnit la cour et
les fenêtres des appartements, transformées en
autant de tribunes. Toutes les sommités du
monde parisien se sont donné rendez-vous à
cette fête, sujet de toutes les conversations. Chacun se promet une grande joie de voir, d'entendre celui dont le nom est dans toutes les bouches.
Les femmes ont leurs plus belles toilettes. Elles
veulent voir et veulent être vues. Les spectatrices
et le spectacle attirent également l'attention. Les
hommes, fiers de leurs uniformes, les beautés à
la mode, fières de leurs parures, se reconnaissent et se saluent. Bruyante et agitée, la foule
attend impatiemment l'arrivée de son favori. Le
président du Directoire donne l'ordre à un huis-
sier d'aller chercher les ministres de la guerre et
des relations extérieures, les généraux Bonaparte
et Joubert, et le chef de brigade Andréassy, qui

étaient restés dans les appartements de La Réveillère-Lepeaux.

Le Conservatoire joue une symphonie. Tout à
coup le son des instruments est couvert par une
explosion de vivats. Les acclamations retentissent
de toutes parts : « Vive la République ! Vive Bonaparte ! Vive la grande nation ! Le voilà s'é-
crie-t-on. Le voilà, lui, si jeune et déjà si célèbre !
Le voilà, le vainqueur de Lodi, de Castiglione,
d'Arcole, le pacificateur du continent, l'émule
des Alexandre et des César, le voilà ! » Sa petite
taille, sa maigreur, son aspect chétif ne l'empè-
chent pas d'être majestueux, car il a la majesté de
la gloire. On ne fait plus aucune attention ni aux
directeurs, ni aux hommes célèbres qui se trouvent dans l'assistance. C'est sur lui, sur lui seul,
que se fixent tous les regards. Il s'avance, d'un
air calme et modeste, accompagné par les ministres
des relations extérieures et de la guerre, et suivi
par ses aides de camp. Le Conservatoire entonne
l'hymne à la Liberté. « L'assemblée, transportée,
en répète en chœur le refrain guerrier. L'invoca-
tion à la Liberté et l'aspect du libérateur de l'I-
talie électrisent toutes les âmes ; le Directoire,
tout le cortège, tous les assistants sont debout et
découverts pendant ce couplet religieux [1]. » Le
général Bonaparte, parvenu au pied de l'autel de
la Patrie, est présenté au Directoire par le citoyen

1. *Moniteur* du 26 primaire an VI.

Talleyrand, ministre des relations extérieures, qui prononce le discours suivant : « Citoyens directeurs, j'ai l'honneur de présenter au Directoire Exécutif le citoyen Bonaparte, qui apporte la ratification du traité de paix conclu avec l'empereur. En nous apportant ce gage certain de la paix, il nous rappelle, malgré lui, les innombrables merveilles qui ont amené un si grand événement ; mais qu'il se rassure, je veux bien taire en ce moment tout ce qui fera l'honneur de l'histoire et l'admiration de la postérité ; je veux même aujourd'hui ajouter, pour satisfaire à ses vœux impatients, que cette gloire, qui jette sur la France un si grand éclat, appartient à la Révolution. Sans elle, en effet, le génie du vainqueur de l'Italie eût langui dans de vulgaires honneurs. » Talleyrand a grand soin de mêler dans ses éloges la République et le général. « Tous les Français, dit-il, ont vaincu en Bonaparte ; sa gloire est la propriété de tous : il n'est aucun républicain qui ne puisse en revendiquer sa part... La grandeur personnelle, loin de blesser l'égalité, en est le plus beau triomphe ; et, dans cette journée même, les républicains français doivent tous se trouver plus grands. »

Le citoyen Talleyrand, comme on appelle alors le futur prince de Bénévent, tient le langage du courtisan le plus raffiné. Sous ses formules démocratiques perce le ton de l'ancien régime, dans ce qu'il avait de plus élégant, de plus quin-

tessencié. Les ministres de Louis XIV, en parlant à leur maître, n'étaient pas plus habiles dans
l'art de la flatterie. Curieuses vicissitudes ! Ce
citoyen Talleyrand, ce ministre des affaires étrangères de la République une et indivisible, c'est
l'ancien évêque qui disait la messe en présence de
Louis XVI et de Marie-Antoinette, sur l'autel du
Champ-de-Mars, pour la fête de la Fédération.
Ce républicain zélé, cet inspirateur du 18 Fructidor, se posera un jour en champion de la légitimité, et ne se souviendra point d'avoir été le
ministre de la République et de l'Empire.

Cependant, Bonaparte est tout particulièrement heureux des hommages si délicats de Talleyrand. Lui, que les émigrés avaient tant de
fois accusé d'être le général des Jacobins, il aime
à se sentir adulé par un grand seigneur, par une
des personnalités les plus en vue de l'ancienne
cour. De son côté, Talleyrand, qui aime les honneurs et les richesses, comprend que le jeune
homme devant lequel il s'incline ainsi en sera
bientôt le dispensateur. Aussi quel raffinement
dans les flatteries que l'ancien évêque adresse à
son héros ! « Et quand je pense, dit l'orateur en
terminant, à tout ce qu'il a fait pour se faire pardonner cette gloire, à ce goût antique de la simplicité qui le distingue, à son amour pour les
sciences abstraites, à ce sublime Ossian qui semble le détacher de la terre, quand personne n'i-
gnore son mépris profond pour l'éclat, pour le

luxe, pour le faste, ces méprisables ambitions des âmes communes : ah ! loin de redouter ce qu'on voudrait appeler son ambition, je sens qu'il nous faudra peut-être le solliciter un jour pour l'arracher aux douceurs de sa studieuse retraite. La France entière sera libre, peut-être lui ne le sera jamais ; telle est sa destinée. Dans ce moment un nouvel ennemi l'appelle : il est célèbre par sa haine pour les Français et par son insolente tyrannie envers tous les peuples de la terre. Que par le génie de Bonaparte, il expie promptement l'une et l'autre, et qu'enfin une paix digne de toute la gloire de la République soit imposée à ces tyrans des mers ; qu'elle venge la France et qu'elle rassure le monde ! »

C'est à peine si l'on écoute Talleyrand. On trouve sa harangue prolixe, parce qu'on est impatient d'entendre Bonaparte, Bonaparte, le dieu du jour. Les instants qui séparent du moment où parlera le vainqueur d'Arcole semblent des instants perdus, et l'on n'excuse la longueur du discours du ministre qu'en raison des louanges hyperboliques qu'il prodigue au héros de la fête. Le citoyen Talleyrand achève sa péroraison en ces termes : « Entraîné par le plaisir de parler de vous, général, je m'aperçois trop tard que le public immense qui vous entoure est impatient de vous entendre, et, vous aussi, devez me reprocher de retarder le plaisir que vous aurez à écouter celui qui a le droit de vous parler au nom de la France entière, et la douceur de vous parler encore au nom d'une ancienne amitié. »

Enfin Bonaparte va prendre la parole. Sa contenance simple et modeste, dit le *Moniteur,* contraste avec sa grande réputation. Chacun croit le voir commandant à la victoire au pont de Lodi, à Arcole, au passage du Tagliamento, ou dictant la paix à Campo-Formio. Il se fait un profond silence. Le négociateur guerrier remet au président du Directoire la ratification donnée par l'empereur au traité de Campo-Formio, et prononce le discours suivant : « Citoyens, le peuple français, pour être libre, avait les rois à combattre. Pour obtenir une Constitution fondée sur la raison, il y avait dix-huit siècles de préjugés à vaincre. La Constitution de l'an III et vous avez triomphé de tous les obstacles. La religion, la féodalité, le royalisme, ont successivement, depuis vingt siècles, gouverné l'Europe ; mais de la paix que vous venez de conclure date l'ère des gouvernements représentatifs. Vous êtes parvenus à organiser la grande nation, dont le vaste territoire n'est circonscrit que parce que la nature en a posé elle-même les limites. Vous avez fait plus. Les deux plus belles parties de l'Europe, jadis si célèbres par les arts, les sciences et les grands hommes dont elles ont été le berceau, voient avec les plus grandes espérances le génie de la liberté sortir du tombeau de leurs ancêtres. Ce sont deux piédestaux sur lesquels les destinées vont placer deux puissantes nations. J'ai l'honneur de vous remettre le traité signé à Campo-Formio et ratifié par S. M. l'empereur. La paix assure la liberté, la prospérité et la gloire de la République. Lorsque le bonheur du peuple français sera assis sur de meilleures lois organiques, l'Europe entière deviendra libre. »

Ce bref discours, prononcé d'une voix saccadée, avec le ton du commandement, produit plus d'impression que n'en produirait la voix des orateurs les plus fameux du siècle. Quand Bonaparte finit de parler, des acclamations retentissent de toutes parts, et, dépassant l'enceinte, se prolongent sur la place, dans les rues adjacentes, pleines d'une foule innombrable.

Le citoyen Barras prend ensuite la parole, en qualité de président du Directoire, et l'on doit avouer que si, comme on le prétend, il nourrit contre Bonaparte une jalousie secrète, il a le talent de la bien cacher, car son discours est de beaucoup plus enthousiaste que celui de Talleyrand lui-même. Qu'on en juge par l'exorde : « Citoyen général, la nature, avare de ses prodiges, ne donne que de loin en loin des grands hommes à la terre ; mais elle doit être jalouse de marquer l'aurore de la liberté par un de ces phénomènes, et la sublime Révolution du peuple français, nouvelle dans l'histoire des nations, devait présenter un génie nouveau dans l'histoire des hommes célèbres. Le premier de tous, citoyen général, vous avez secoué le joug des parallèles, et du même bras vous avez terrassé les ennemis de la République, vous avez écarté les rivaux que l'antiquité vous présentait... Après dix-huit siècles, vous avez vengé la France de la fortune de César; il apporta dans nos champs l'asservissement et la destruction, vous avez porté dans son antique patrie la liberté et la vie. Ainsi se trouve acquittée l'immense dette que le ressentiment des Gaulois avait contractée envers l'orgueilleuse Rome. » Bonaparte vengeant la France de la fortune de César, c'est une pensée au moins étrange. Barras, prenant un ton austère flétrit ensuite « cette tourbe d'intrigants, d'ambitieux, d'ignorants, de dilapidateurs, dont un état de paix anéantit les projets, dévoile la nullité, et démasque les richesses accusatrices ». Puis il s'élève contre le cabinet de Londres, « qui ne connaît pas l'audace de la guerre et n'excelle que dans l'art de broyer des poisons, d'aiguiser des poignards. » Après un long éloge de « l'immortelle journée du 18 Fructidor », Barras termine en invitant Bonaparte à châtier le gouvernement britannique. « Votre cœur, dit-il, est le temple de l'honneur républicain; c'est à ce puissant génie qui vous embrase que le Directoire confie cette auguste entreprise. Que les vainqueurs du Pô, du Rhin et du Tibre marchent sur vos pas;

l'Océan sera fier de les porter. C'est un esclave indompté qui rougit de ses chaînes ; il invoque, en mugissant, le courroux de la terre contre le tyran oppresseur de ses flots. Il combattra pour vous ; c'est à l'homme libre que les éléments sont soumis... Vous êtes le libérateur que l'humanité outragée appelle par ses cris plaintifs... Vous ne trouverez d'ennemi que le crime. Le crime seul soutient ce gouvernement perfide ; terrassez-le, et que bientôt sa chute apprenne au monde que si le peuple français est le bienfaiteur de l'Europe, il est aussi le vengeur des droits des nations. »

Après avoir fini sa harangue longue et ampoulée, Barras, tendant les bras à Bonaparte, lui donne l'accolade fraternelle. « Tous les spectateurs sont attendris, dit le *Moniteur*, tous regrettent de ne pouvoir aussi presser contre leur sein le général qui a si bien mérité de la patrie, et lui payer leur part de la reconnaissance nationale. »

Bonaparte descend alors les marches de l'autel, et le ministre des relations extérieures le conduit à un fauteuil qui lui a été préparé en avant du corps diplomatique. Puis les chœurs et l'orchestre du Conservatoire exécutent le *Chant du retour*, paroles du citoyen Chénier, musique du citoyen Méhul. Il y a un couplet des guerriers, un couplet des vieillards, un couplet des bardes, un couplet des jeunes filles. Le chant se termine ainsi :

LES GUERRIERS

Unissons par l'hymen et nos mains et nos cœurs.

LES JEUNES FILLES

Et l'hymen et l'amour sont le prix des vainqueurs.

LES GUERRIERS

Formons d'autres guerriers, léguons-leur la victoire.

LES GUERRIERS ET LES JEUNES FILLES

Qu'un jour à leurs accents, à leurs yeux enflammés,
On dise : Ils sont enfants des braves !
Que sourds aux tyrans, aux esclaves,
Ils accueillent toujours la voix des opprimés !

Le ministre de la guerre présente ensuite au Directoire le général Joubert et le chef de brigade Andréossi, que Bonaparte, à son départ de l'armée d'Italie, a chargés de rapporter au Directoire le drapeau que le Corps législatif a décerné à cette brave armée, en signe de reconnaissance nationale, et sur lequel des inscriptions en lettres d'or rappellent les principaux exploits des vainqueurs d'Italie. Glorieuses inscriptions ! Elles mentionnent qu'ils ont fait cent cinquante mille prisonniers, qu'ils ont pris cent soixante-dix drapeaux, cinq cent cinquante pièces d'artillerie de siège, six cents pièces de campagne, qu'ils ont gagné dix-huit batailles rangées, qu'ils ont envoyé à Paris les chefs-d'œuvre de Michel-Ange, du Guerchin, du Titien, de Paul Véronèse, du Corrège, de l'Albane, des Carraches, de Raphaël, de Léonard de Vinci ! Le voilà, l'illustre étendard, le voilà l'oriflamme de la République ! « Quel Français, s'écrie le ministre de la guerre, quel Français digne de ce nom ne sentira pas son cœur palpiter à l'aspect de cette bannière ? Eternel monument du triomphe de nos armes, sois à jamais consacré dans le Capitole français, au milieu des trophées conquis sur les nations vaincues ! Gloire à vous, vaillants défenseurs de la patrie, généraux et soldats, qui avez environné de tant d'éclat le berceau de la République ! »

Après un discours du général Joubert et un autre du chef de brigade Andréossi, l'artillerie salue le drapeau triomphal par une décharge de toutes ses pièces. Le président du Directoire le reçoit des mains de deux guerriers. » Au nom de la République française, s'écrie-t-il, je te salue, drapeau révélateur de tant de hauts faits !... Braves soldats, allez sur les bords de la Tamise purger l'univers des monstres qui l'oppriment et qui le déshonorent... Que le palais de Saint-James s'écroule ! La patrie le veut, l'humanité l'exige, votre vengeance l'ordonne... Citoyen général, vous paraissez entouré des rayons de votre gloire dans des murs où, il y a quelques mois, des conspirateurs en délire s'écriaient avec fureur : « Et cet homme vit encore ! » Oui, il vit pour la gloire de la nation et pour la défense de la patrie. » Les chœurs du Conservatoire entonnant le *Chant du Départ*, dont le public répète le refrain, et un officier supérieur, portant avec vénération le drapeau de l'armée d'Italie, va le suspendre à la voûte de la salle des séances du Directoire.

Oh ! quelle fête magnifique ! Quels transports d'enthousiasme sincère et généreux ! On a souvent parlé avec trop de dédain d'un gouvernement qui présidait à de pareilles solennités. N'avait-il pas un talisman qui console de toutes les misères : la victoire ? Ne pouvait-il pas, en face du corps diplomatique, ébloui et fasciné, donner à la France ce beau nom, ce nom glorieux dont le monde entier la jugeait digne : la grande nation ? Oui, oui, cette foule joyeuse prononçait avec un sentiment religieux le mot de liberté. Oui, la Révolution dans un tel jour apparaissait sous un aspect immortel. Oui, les vaillants soldats qui avaient fait des prodiges d'héroïsme se sentaient amplement récompensés de leurs fatigues, de leurs souffrances, de leurs triomphes. Ah ! sans doute il est plus facile de critiquer que d'imiter le Directoire. Un gouvernement qui pouvait tenir un si fier langage à l'Europe a des droits, malgré ses fautes et ses faiblesses, à l'indulgence de la postérité. Un gouvernement qui donnait à la France ses frontières naturelles, et qui avait su conquérir non seulement les territoires, mais le cœur des populations annexées, un tel gouvernement s'appuyait sur des idées et des principes dont on ne peut méconnaître la grandeur.

XIX

UNE FÊTE AU MINISTÈRE DES RELATIONS EXTÉRIEURES

Dans ses *Souvenirs d'un Séxagénaire*, le poète Arnault raconte qu'en juin 1789, se promenant à Versailles, autour de la pièce d'eau des Suisses, il avait remarqué un personnage, qui, solitairement et philosophiquement couché sous un arbre, paraissait plongé dans la méditation. » Sa figure, qui n'était pas sans charmes, ajoute-t-il, m'avait frappé, moins toutefois par ses agréments que par son expression, que par un certain mélange de nonchalance et de malignité, qui lui donnait un caractère particulier, celui d'une tête d'ange animée de l'esprit d'un diable ; c'était évidemment celle d'un homme à la mode, d'un homme plus habitué à occuper les autres qu'à s'occuper des autres, d'un homme, malgré sa jeunesse, déjà rassasié des plaisirs de ce monde. Cette figure-là, je l'aurais prêtée à un colonel en faveur, si la coiffure et le rabat ne m'eussent dit qu'elle appartenait à un ecclésiastique, et si la croix pastorale ne m'eût prouvé que cet ecclésiastique était un prélat. »

Un an plus tard — le 14 juillet 1790 — comme cinq cent mille curieux garnissaient les talus du Champ-de-Mars, Arnault assistait à la fête de la Fédération, quand, sur un monticule où la messe allait être célébrée en plein vent, il vit s'avancer, la chape sur le dos, la mitre en tête, la crosse en main, un évêque qui répandait avec une prodigalité patriotique des flots d'eau bénite et de bénédictions sur la famille royale, sur la cour, sur l'armée, sur le peuple. « Quel fut mon étonnement, a-t-il dit, de reconnaître dans ce pontife de la Révolution mon prélat de Versailles ! Depuis une année, j'avais beaucoup entendu parler de l'évêque d'Autun. Sa physionomie m'expliqua sa conduite, et sa conduite m'expliqua sa physionomie. »

Arnault devait être plus étonné encore de retrouver, en 1797, Sa Grandeur Mgr l'évêque d'Autun transformé en citoyen Talleyrand, ministre des relations extérieures de la République française. Jamais peut-être on n'avait vu pareille métamorphose. C'était un avatar.

Que de choses s'étaient passées depuis la fête de la Fédération ! Au lendemain des massacres de septembre, Talleyrand avait obtenu un passeport pour l'Angleterre, passeport signé de tous les ministres, sur la motion de Danton. De Londres, il continua, dit-on, d'entretenir des rapports avec ce terrible révolutionnaire, ce qui ne l'empêcha pas d'être décrété d'accusation, et inscrit sur la liste des émigrés, à la fin de 1792, parce qu'une lettre, découverte dans la célèbre armoire de fer, prouvait qu'en 1791 il avait offert secrètement ses services à Louis XVI. A Londres, on le regardait cependant comme dangereux, et, au commencement de 1794, on lui appliquait l'*alien bill*. Il s'embarquait sur un vaisseau danois pour les États-Unis, et y attendait les événements.

Après la mort de Robespierre, il fit de nombreuses démarches pour obtenir l'autorisation de rentrer en France. Son ancien grand-vicaire, son acolyte à la messe de la Fédération, Desrenaudes, agit à Paris auprès des personnes influentes, Comme l'a dit M. Frédéric Masson, dans un remarquable ouvrage [1], l'exilé fait rappeler à ses anciennes maîtresses ses bonnes fortunes, aux amis de Danton les rapports qu'il a eus avec leur chef, aux agioteurs d'autrefois les spéculations qui l'ont fait leur maître. Legendre est pour lui, et Mme de Staël et Boissy d'Anglas. Mme de la Bouchardie chante à Chénier la *Romance du Proscrit*, et Chénier se décide à soutenir devant la Convention, dans la séance du 4 septembre 1795, la pétition, datée de Philadelphie, par laquelle Talleyrand sollicite l'autorisation de revenir en France. La Convention accède à sa demande. De

1. *Le Département des affaires étrangères pendant la Révolution.*

retour à Paris, il y reçoit un brillant accueil. Les femmes autrefois à la mode se souvenaient de son esprit et de ses grandes manières; celles dont la vogue était plus récente s'en entretenaient par curiosité. Il devint le familier d'une des puissances du jour, Mme de Staël, qui veut absolument en faire un ministre. Carnot s'y oppose: « Qu'on ne m'en parle pas, dit l'ancien membre du Comité de salut public. Il a vendu son ordre, son roi, son Dieu. Ce Catelan de prêtre vendra le Directoire tout entier. » Mais la baronne de Staël a plus d'influence que Carnot, et l'ex-évêque d'Autun est nommé ministre des relations extérieures en juillet 1797. Sa première pensée, à lui qui sait prévoir, est de se concilier les bonnes grâces de l'homme de l'avenir, du général en chef de l'armée d'Italie. Il lui écrit: « J'ai l'honneur de vous annoncer, général, que le Directoire exécutif m'a nommé ministre des relations extérieures. Justement effrayé des fonctions dont je sens la périlleuse importance, j'ai besoin de me rassurer par le sentiment de ce que votre gloire doit apporter de moyens et de facilités dans les négociations. Le nom seul de Bonaparte est un auxiliaire qui doit tout aplanir. Je m'empresserai de vous faire parvenir toutes les vues que le Directoire me chargera de vous transmettre, et la Renommée, qui est votre organe ordinaire, me ravira souvent le bonheur de lui apprendre la manière dont vous les aurez remplies. »

Quand Bonaparte est de retour à Paris, Talleyrand cherche à le circonvenir, à l'accaparer. Il veut donner en son honneur une grande fête, mais il attend pour cela l'arrivée de Joséphine. L'ex-vicomtesse de Beauharnais fera bien dans un milieu où se rencontrent d'anciens nobles, plus ou moins ralliés à la Révolution. Mme Bonaparte aime le luxe, la toilette, le plaisir. Elle se trouvera dans les salons du ministère des affaires extérieures comme dans son élément. Sa grâce et son amabilité feront merveille. Elle adoucira ce qu'il y a de trop rude, de trop heurté dans les manières de son époux. Elle reconnaîtra, non sans émotion, d'anciens amis qui espèrent, par son influence. obtenir honneurs et argent. Combien elle sera heureuse de voir ressuciter ce qu'elle avait cru perdu : l'élégance, l'urbanité, la vie de salon ! Joséphine, revenant d'Italie, arrive à Paris, le 2 janvier 1798. Le bal du ministère des relations extérieures a lieu le lendemain.

Et d'abord un mot du local : Le ministère est un hôtel du faubourg Saint-Germain, l'hôtel Galliffet, riche et somptueuse demeure, qui n'était pas encore achevée en 1786, et dans laquelle ses anciens propriétaires avaient eu à peine le temps de s'installer. Situé rue du Bac, au coin de la rue de Grenelle, entre cour et jardin, cet hôtel, du côté de la cour, est orné d'un grand péristyle découvert, composé de colonnes ioniques de trente pieds de haut. A gauche, un autre péristyle

en arrière-corps, décoré de colones doriques,
forme passage à couvert pour communiquer avec
le grand escalier. Sur le jardin, la façade est décorée de colonnes ioniques. A gauche se détache
une aile dans laquelle se trouve une galerie de
quatre-vingt-dix pieds de longueur [1]. Talleyrand
a bien fait les choses. La fête sera splendide. Le
bel escalier ovale est couvert de plantes odo-
riférantes. Les musiciens sont placés autour de la
coupole, décorée d'arabesques, par laquelle se termine l'escalier. Tous les murs des salons ont été
repeints à neuf. On a bâti un petit temple étrusque,
dans lequel on a placé le buste de Brutus, présent
du général Bonaparte. Il y a dans le jardin, que
les feux de Bengale illuminent, des tentes sous
lesquelles se trouvent des soldats appartenant à
tous les corps de la garnison de Paris. La fête
commence. Le ministre en fait admirablement les
honneurs. Il a changé d'opinions politiques, mais
il n'a pas changé de manières. C'est un républicain dont toutes les allures sont restées monarchiques. Il aime le faste, l'étiquette. Il a cette
politesse froide, ce calme de bonne compagnie,
cette nonchalance doublée de malice, ce tact
exquis, cette science des nuances qui distinguaient
les hommes d'ancien régime. Il apporte dans le
monde nouveau les habitudes de l'Œil-de-bœuf et
de la cour de Versailles. Cette fête, donnée par un

1. L'hôtel Galliffet, dont l'entrée est maintenant rue de
Grenelle, appartient au vicomte de Courval.

ancien évêque, dans une demeure aristocratique, transformée en bien national et en ministère, est un signe des temps. Depuis bien des années on n'a pas vu pareille pompe et pareil éclat. On ne se croirait plus dans la ville des carmagnoles, des bonnets rouges, de l'échafaud. Les parfums y ont remplacé l'odeur du sang, et l'on ne se souvient des souffrances et des dangers passés que comme d'un mauvais rêve. Que de jolies femmes ! Que de fleurs ! Que de lumières ! Ne dirait-on pas qu'on est revenu aux beaux jours de Marie-Antoinette ?

Mme Bonaparte est éblouie. On la regarde beaucoup, mais son mari produit plus d'effet qu'elle. C'est la présence du vainqueur d'Arcole, du signataire de la paix de Campo-Formio, qui est la grande attraction de la fête. Sa physionomie bizarre, accentuée, son profil romain, à l'œil d'aigle, excite à un plus haut degré l'admiration que le gracieux visage des beautés les plus à la mode. Un regard, une parole, la moindre marque d'attention, venant de lui, est considérée comme une grande faveur.

Le voilà qui entre dans la salle de bal. « Donnez-moi votre bras, dit-il au poète Arnault, je vois là nombre d'importuns tout prêts à m'assaillir ; tant que nous serons ensemble, ils n'oseront pas entamer une conversation qui interromprait la nôtre. Faisons un tour dans la salle ; vous me ferez connaître les masques, car vous connaissez tout le monde, vous. » Quelle est cette belle jeune fille qui s'avance près de sa mère ? *O matre pulchrâ filia pulchrior !* Toutes deux ont la même toilette : robe de crêpe blanc, garnie avec deux larges rubans d'argent, dont le bord est lui-même bordé avec un bouillon gros comme le pouce, en gaze rose, lamée d'argent, et sur la tête une guirlande de feuilles de chêne. La mère a des diamants, la fille des perles. C'est la seule différence qu'il y ait dans leurs parures. La mère est Mme de Permont, la fille est la future duchesse d'Abrantès. L'ambassadeur de Turquie, cet Oriental dont les femmes raffolent, ce personnage exotique, à qui les entrepreneurs de spectacles ont donné fêtes sur fêtes, pour faire de l'argent et pour se sauver de la faillite, le Turc dont la vogue est maintenant si éclipsée par celle du vainqueur d'Italie, s'extasie devant la beauté de Mme de Permont, qui est une Comnène. « Je lui ai dit, murmure Bonaparte, que vous étiez d'origine grecque. »

Arnault, dont le général a quitté le bras, a été s'asseoir sur une banquette placée dans la pièce entre deux fenêtres. A peine est-il là que Mme de Staël, vient prendre place à côté de lui. « On ne peut pas aborder votre général, lui dit-elle, il faut que vous me présentiez à lui. » — Elle s'empare du poète, et le mène droit à Bonaparte, à travers le cercle qui s'écarte, ou plutôt qu'elle écarte. — « Mme de Staël, dit alors Arnault au général, prétend avoir besoin auprès de vous d'une autre recommandation que son nom, et veut que je vous la présente. Permettez-moi, général, de lui obéir. » Le cercle se resserre ; on écoute avec une extrême attention. Mme de Staël accable d'abord le héros de compliments enthousiastes, et, après lui avoir fait clairement entendre qu'à ses yeux il est le premier des hommes, elle lui dit : « Général, quelle est la femme que vous aimeriez le mieux ? — La mienne, répliqua-t-il. — C'est tout simple ; mais quelle est celle que vous estimeriez le plus ? — Celle qui sait le mieux s'occuper de son ménage. — Je le conçois encore. Mais enfin, quelle serait pour vous la première des femmes ? — Celle qui fait le plus d'enfants, madame. » La galerie éclate de rire, et Mme de Staël, toute déconcertée, dit tout bas à Arnault : « Votre grand homme est vraiment un homme bien singulier. »

A minuit, la musique joue le *Chant du Départ*, et toutes les femmes se rendent dans la galerie, où elles se placent près d'une table de trois cents couverts.

Talleyrand porte des toasts, dont chacun est suivi de couplets composés par Desprès et Despréaux, chantés par Laïs, Chenard et Chéron. Dans l'intervalle des chants, Dugazon raconte l'histoire drôlatique d'un baron allemand, genre de farce très apprécié à cette époque.

Après le souper, le bal recommence. Bonaparte

se retire à une heure du matin. Pendant tout le souper, il est resté auprès de sa femme, ne cessant de s'occuper d'elle. Au dire de Girardin, il ne lui déplaît pas qu'on dise qu'il en est très amoureux, et qu'il en est excessivement jaloux.

La fête a coûté 12,730 livres, sans compter les chanteurs, le souper et la police. C'est une forte somme pour un bal, mais c'est de l'argent bien placé. De cette somme-là, l'ex-évêque d'Autun doit retirer de gros intérêts. La fête du ministère des relations extérieures a été un mélange d'ancienne et de nouvelle société, un gracieux et brillant symbole de conciliation et de fusion. Des conventionnels, des régicides, des Jacobins, y figuraient à côté de grands seigneurs et de grandes dames d'autrefois. C'est pour cela qu'elle a tant plu à Bonaparte, qui s'en souviendra jusque sur le rocher de Sainte-Hélène, en disant : « La fête du ministre Talleyrand était marquée au coin du bon goût. » Ce bal avait été un événement politique et social, une vraie restauration, restauration de l'élégance et des mœurs de l'ancien régime, un commencement d'une nouvelle cour. Sous le masque démocratique du citoyen Talleyrand, ministre républicain, perçait déjà le visage du grand-chambellan, et Bonaparte, se persuadant que, sous tous les régimes, les Français aimeront le luxe et les parures, les fêtes et les plaisirs, les honneurs et les décorations, pensait déjà sans doute aux splendeurs futures des Tuileries.

XX

BONAPARTE ET JOSÉPHINE AVANT L'EXPÉDITION
D'ÉGYPTE.

Bonaparte paraissait au comble de la gloire, et cependant il n'était pas satisfait. En vain la foule lui témoignait une sorte d'idolàtrie. Rien ne pouvait remplir le gouffre insondable de son ambition. Le *Moniteur* était pourtant rempli de ses louanges en prose et en vers. On y lisait ce distique de Lebrun, surnommé le Pindare français :

> Héros cher à la Paix, aux Arts, à la Victoire,
> Il conquit en deux ans mille siècles de gloire !

et cet impromptu d'un vieillard, le citoyen Palissot, qui reproduisait à sa manière le cantique de Siméon :

> Des tyrans armés contre nous
> J'ai vu triompher ma patrie.
> J'ai vu le héros d'Italie ;
> Il enchaînait à ses genoux
> D'un triple nœud d'airain la Discorde et l'Envie.
>
> Parque, je brave ton ciseau,
> Après un spectacle si beau
> Que m'offrirait encor la vie ?

Jamais souverain dans sa capitale n'avait produit une plus grande impression que le vainqueur d'Arcole. Son petit hôtel de la rue Chantereine avait plus de prestige que les grands palais. Un soir qu'il y rentrait il fut tout étonné de voir des ouvriers qui changeaient la plaque de la rue ; la nouvelle dénomination était : rue de la Victoire. Chaque fois qu'il allait au spectacle, il avait beau se cacher au fond d'une loge, il était malgré lui, l'objet d'ovations enthousiastes. Un matin, il envoyait son secrétaire Bourrienne demander à un directeur de théâtre la représentation, pour la même soirée, de deux des pièces les plus en vogue, si cela était possible. Le directeur répondit : « Rien n'est impossible pour le général Bonaparte ; il a rayé ce mot-là du dictionnaire. »

Nommé membre de l'Institut le 26 décembre 1797, le vainqueur d'Italie faisait peut-être plus d'effet avec l'habit à palmes vertes qu'avec l'uniforme de général. Le jour de sa réception, dans le palais du Louvre, où l'Institut tenait alors ses séances, le public n'avait de regards que pour ce jeune homme extraordinaire. Chénier lisait, ce jour-là, une pièce de vers, pour célébrer la mémoire de Hoche. Mais le héros du moment ce n'était pas Hoche, c'était Bonaparte, et le passage qui souleva le plus d'applaudissements, ce fut celui où le poète disait en parlant du projet de descente en Angleterre :

Si jadis un Français des rives de Neustrie
Descendit dans leurs ports, précédé de l'effroi,
Vint, combattit, vainquit, fut conquérant et roi,
Quels rochers, quels remparts deviendront leur asile,
Quand Neptune irrité lancera dans leur île
D'Arcole et de Lodi les terribles soldats,
Tous ces jeunes héros, vieux dans l'art des combats,
La grande nation à vaincre accoutumée,
Et le grand général guidant la grande armée ?

Toute l'assistance poussait alors des cris de joie, et, le soir, Bonaparte recevait, entre autres visites, celle de Mme Tallien, qui venait le féliciter de son nouveau triomphe. Joséphine jouissait de la gloire de son époux et rien ne troublait son bonheur. Son fils Eugène était revenu d'Italie. Sa fille Hortense, élevée à Saint-Germain, dans le pensionnat de Mme Campan, annonçait, comme Eugène, d'aimables et brillantes qualités. Au mois de mars 1798, cette charmante jeune fille, que Bonaparte aimait comme si elle eût été son enfant, jouait devant lui, au pensionnat de Saint-Germain, la tragédie d'*Esther*, et rappelait ainsi les représentations de Saint-Cyr, du temps de Louis XIV.

Joséphine n'avait jamais été plus heureuse. Ses beaux-frères, malgré leur malveillance à son égard, n'avaient pu réussir à la brouiller avec son mari, qui n'avait alors ni le temps, ni l'occasion d'être jaloux. Elle aimait beaucoup le monde, et se réjouissait de voir que son petit hôtel de la rue de la Victoire était devenu le rendez-vous des sommités de Paris. Elle y donnait des dîners littéraires, où la conversation étincelante, profonde, originale de son époux éblouissait des savants, tels que Monge, Berthollet, Laplace ; des hommes de lettres, tels que Ducis, Legouvé, Lemercier, Bernardin de Saint-Pierre ; des artistes, tels que David et Méhul.

Le *Moniteur* s'extasiait sur le génie universel de ce jeune général qui faisait l'admiration de ses collègues de l'Institut, et parlait d'une manière merveilleuse de mathématiques avec Lagrange, de poésie avec Chénier, de droit avec Daunou. Mais ni l'affection de Joséphine, ni la pléiade de courtisans dont il se voyait entouré, ni les succès de tout genre, les perpétuelles satisfactions d'amour-propre que lui prodiguait la fortune ne pouvaient distraire cet esprit incapable de repos, à qui les grandes émotions, les grands hasards, les grands périls étaient indispensables. Inquiet, avide d'action, il voyait arriver avec anxiété l'heure où la curiosité publique se blaserait de sa gloire comme de toute autre chose. « On ne conserve à Paris le souvenir de rien, disait-il à Bourrienne. Si je reste longtemps sans y rien faire, je suis perdu. Une renommée dans cette grande Babylone en remplace une autre ; on ne m'aura pas vu trois fois au spectacle que l'on ne me regardera plus ; aussi n'irai-je que rarement. » L'administration de l'Opéra lui offrit une représentation de gala ; il ne l'accepta point. Et comme

Bourrienne lui faisait observer que ce devrait pourtant être une chose douce pour lui que d'entendre les acclamations de ses concitoyens : « Bah, répondait-il, le peuple se porterait avec autant d'empressement au-devant de moi, si j'allais à l'échafaud. » — « Ce Paris, disait-il encore, me pèse comme un manteau de plomb. » Dans cette ville, qui engloutit tant de réputations et où tout s'use si rapidement, il se souvenait de César, qui aurait mieux aimé être le premier dans un village que le second dans Rome. Sans doute, il n'y avait pas dans toute la France un nom aussi célèbre que le sien; mais, au point de vue de la hiérarchie, les Directeurs avaient sur lui le pas, et ils étaient, en réalité, les chefs d'un gouvernement dont lui n'était que le fonctionnaire. Ils auraient pu, par une simple lettre de service, lui retirer son commandement. Le duc de Raguse l'a remarqué avec raison : si Bonaparte, qui devait réussir facilement au 18 Brumaire, avait fait, au commencement de 1798, la moindre tentative contre le Directoire, les neuf dixièmes des citoyens se seraient retirés de lui. Mme de Staël raconte qu'un soir il parlait à Barras de son ascendant sur les peuples italiens, qui avaient voulu le faire duc de Milan et roi d'Italie. « Mais je ne pense, ajouta-t-il, à rien de semblable dans aucun pays. — Vous faites bien de n'y pas songer en France, répliqua Barras ; car si le Directoire vous envoyait demain au Temple, il n'y aurait pas quatre personnes pour s'y opposer. »

Bonaparte sentait au fond que Barras disait vrai. Une capitale telle que Paris ne lui paraîtrait supportable que s'il en était le maître. Compter avec les Directeurs, les Conseils, les ministres, les journaux, était pour lui une gêne intolérable. Habitué, depuis deux ans, à ne relever que de lui-même, à agir comme un souverain absolu, il se trouvait dépaysé dans une ville où tous les rouages du gouvernement n'étaient pas entre ses mains. Il disait, à la fin de janvier 1798 : « Bourrienne, je ne veux pas rester ici ; il n'y a rien à faire. Ils ne veulent entendre à rien. Je vois que si je reste je suis coulé dans peu. Tout s'use ici, je n'ai déjà plus de gloire ; cette petite Europe n'en fournit pas assez. Il faut aller en Orient ; toutes les grandes gloires viennent de là. Cependant, je veux auparavant faire une tournée sur les côtes, pour m'assurer par moi-même de ce que l'on peut entreprendre. Je vous emmènerai, vous, Lannes et Sulkowski. Si la réussite d'une descente en Angleterre me paraît douteuse, comme je le crains, l'armée d'Angleterre deviendra l'armée d'Orient, et je vais en Égypte. »

Commencée le 10 février 1798, la tournée de Bonaparte dans les ports du Nord ne dura que huit jours. Il revint à Paris par Anvers, Bruxelles, Lille et Saint-Quentin. « Eh bien ! général, lui dit alors Bourrienne, que pensez-vous de votre voyage ? Etes-vous content ? Pour moi, je vous avoue que je n'ai pas trouvé de grandes ressources et de grandes espérances dans tout ce que j'ai vu et entendu. » Bonaparte répliqua : « C'est un coup trop chanceux ; je ne le hasarderai pas. Je ne veux pas jouer ainsi le sort de cette belle France. »

A partir de ce moment, l'expédition d'Égypte fut résolue. L'année précédente, quand il était à Passeriano, Bonaparte avait dit : « L'Europe est une taupinière ; il n'y a jamais eu de grands empires et de grandes révolutions qu'en Orient, où vivent six cents millions d'hommes. » Se grandir par l'éloignement, triompher au pays de la lumière, dans la patrie des fondateurs de religions, des fondateurs d'empires, prendre les Pyramides comme le piédestal de sa gloire, arriver à des résultats étranges, colossaux, fabuleux, faire de la Méditerranée un lac français, remonter le Nil dompté, parcourir l'Afrique et l'Asie, arracher les Indes à l'Angleterre, tels étaient les rêves gigantesques de cet homme qui, avec plus de raison que Fouquet, car Fouquet n'avait que de l'argent, et lui avait de la gloire, était tenté de s'écrier, dans un transport d'allégresse fière : « *Quo non ascendam?* Où ne monterai-je pas ? »

Le but de l'expédition qu'il allait entreprendre était inconnu, et cependant chacun aurait voulu l'accompagner. Où irait-il ? On ne le savait pas, mais on le suivait aveuglément, car on croyait à son étoile. Chose étrange ! Bonaparte n'indiquait même pas à ses principaux généraux les rivages où il les ferait aborder. Le *Moniteur*, dans son numéro du 31 mars, ayant eu l'imprudence de prononcer le nom de l'Égypte, le Directoire détruisit l'effet de cette maladresse, en publiant un arrêté par lequel il ordonnait à Bonaparte de se rendre à Brest, pour y prendre le commandement de l'armée d'Angleterre.

Ce n'étaient pas seulement les militaires qui demandaient avec ardeur à faire partie de l'expédition, c'étaient des civils, des savants, des ingénieurs, des artistes. Bonaparte eut toutefois le regret de ne pouvoir emmener avec lui Ducis, le poète, Méhul, le compositeur de musique, et Lays, le chanteur. Mais Ducis était trop vieux pour faire campagne, Méhul dut rester au Conservatoire, Lays à l'Opéra. « Je suis fâché qu'il ne veuille pas nous suivre, disait le général en chef à Arnault, en parlant de ce chanteur, c'eût été notre Ossian ; il nous en faut un, il nous faut un barde, qui, au besoin, chante à la tête de nos colonnes. Sa voix eût été d'un si bon effet sur le soldat ! Personne, sous ce rapport, ne me convenait mieux que lui. » Bonaparte voulait transporter sur les rives du Nil la civilisation de Paris. Il désigna, pour le suivre, comme savants, Monge, Berthollet, Denon, Dolomieu ; comme littérateurs, Arnault et Parceval ; comme artistes, le pianiste Rigel et le chanteur Villeteau, qui doublait Lays à l'Opéra.

Bourrienne, qui était dans le secret de l'expédition, demandait au général combien de temps il avait l'intention de rester en Égypte. — « Peu de mois, ou six ans, répondit Bonaparte ; tout dépend des événements. Je coloniserai ce pays ; je ferai venir des artistes, des ouvriers de tout genre, des femmes, des acteurs. Nous n'avons que vingt-neuf ans, nous en aurons trente-cinq ; ce n'est pas un âge ; ces six ans me suffisent, si tout me réussit, pour aller dans l'Inde. Dites toujours à ceux qui vous parleront de votre départ que vous allez à Brest, dites-le même à votre famille. »

Bonaparte était impatient d'agir. L'odeur de la poudre lui manquait. Pendant le temps qu'il passa à Paris, entre la campagne d'Italie et l'expédition d'Égypte, il ne quitta pas un seul jour ses éperons, quoiqu'il ne portât pas l'habit militaire. Dans son écurie, il avait, nuit et jour, un cheval sellé et bridé.

Un instant, on fut sur le point de renoncer à la campagne d'Égypte, la guerre avec l'Autriche paraissant imminente. Mais, ces complications se trouvant écartées, les préparatifs furent repris avec vigueur. Il ne manquait pas cependant de personnes qui regrettaient le départ de Bonaparte, et soutenaient que sa vraie place était en France. « Le Directoire veut vous éloigner, lui dit le poète Arnault, la France veut vous garder. Les Parisiens vous reprochent votre résignation ; ils crient plus fort que jamais contre le gouvernement; ne craignez-vous pas qu'ils ne finissent par crier après vous ? — Les Parisiens crient, répondit Bonaparte, mais ils n'agiraient pas; ils sont mécontents, mais ils ne sont pas malheureux. Si je montais à cheval, personne ne me suivrait; le moment n'est pas venu. Nous partirons demain. »

XXI

LES ADIEUX DE TOULON

Le 3 mai 1798, Bonaparte et Joséphine, après avoir dîné, en petit comité, au Luxembourg, chez Barras, se rendirent au Théâtre-Français, où Talma jouait le *Macbeth* de Ducis. Le vainqueur d'Italie fut salué par les mêmes acclamations qu'aux premiers jours de son retour. A la fin du spectacle il rentra chez lui, et, à minuit, il se mit en route, emmenant dans sa voiture Joséphine, Eugène, Bourrienne, Duroc et Lavalette. Paris ignorait son départ, et, le lendemain matin, quand tout le monde le croyait rue de la Victoire, il était déjà loin, sur la route du Midi. Voulant déjouer les espions anglais, qui ne savaient pas encore le but de l'expédition, il avait fait silencieusement tous ses préparatifs, et il n'avait pas même permis à Joséphine d'aller à Saint-Germain embrasser sa fille, avant de partir. Et pourtant Joséphine ignorait quelle serait la durée de son absence, et Bonaparte ne lui avait pas dit s'il lui permettrait de le suivre dans l'expédition mystérieuse qu'il était sur le point d'entreprendre.

Marmont a raconté dans ses Mémoires un incident qui faillit être funeste aux voyageurs. Ils étaient arrivés à Aix-en-Provence, à l'entrée de la nuit, se rendant en toute hâte à Toulon. Voulant continuer leur chemin, mais sans passer par Marseille, où ils auraient été probablement retardés, ils prirent une voie plus directe, par Roquevaire, grande route aussi, mais moins fréquentée que l'autre ; les postillons n'y avaient point passé depuis quelques jours. Tout à coup la voiture, à une descente qu'elle parcourait avec rapidité, fut arrêtée par un choc violent. Chacun se réveilla en sursaut, et se hâta de descendre de la berline, pour connaître la cause de l'accident. Que s'était-il passé ? Une forte branche d'arbre, avançant sur la route, avait barré le chemin à la voiture. Or, à dix pas de là, au bas de la descente, un pont placé sur un torrent qu'il fallait traverser, s'était écroulé la veille ; personne n'en savait rien, et la voiture allait infailliblement tomber dans l'abîme, quand la branche d'arbre la retint au bord du précipice. « Ne semble-t-il pas, ajoute Marmont, voir la main manifeste de la Providence ? N'est-il pas permis à Bonaparte de croire qu'elle veille sur lui ? Et sans cette branche d'arbre si singulièrement placée, et assez forte pour résister, que serait devenu le conquérant de l'Égypte, le conquérant de l'Europe, celui dont, pendant quinze ans, la puissance s'exerça sur la surface du monde ? »

A quoi tiennent les destinées de l'homme mortel ? Devant la Providence, les plus grands hommes sont-ils autre chose que des pygmées ? Que la branche d'arbre eût été un peu moins épaisse, c'en était fait de Napoléon. Pas de bataille des Pyramides, pas de 18 Brumaire, pas de Consulat, pas d'Empire, pas de sacre, pas d'Austerlitz, pas de Waterloo. Les anciens avaient-ils raison de dire que celui qui meurt jeune est aimé des dieux ? Et aurait-il été heureux pour Napoléon de mourir à vingt-neuf ans, avant ses plus grandes gloires, mais aussi avant ses malheurs ! Les hommes que l'on proclame indispensables ne vivent-ils pas trop longtemps pour eux-mêmes et pour leur patrie ? Si courte que soit la vie humaine, elle est encore trop longue pour eux.

Mais en 1798 Bonaparte était loin de se faire de pareilles réflexions. Quand il arriva à Toulon, le 9 mai, il n'y avait dans son âme que fierté, enthousiasme, espérance. A Paris, il étouffait. A Toulon, il respire. Né pour le pouvoir absolu, il se retrouve enfin à sa place. A Paris, près des directeurs, il craignait d'avoir l'air d'être leur subordonné, et il essayait tour à tour, dans son attitude avec cette sorte de supérieurs, la dignité ou la familiarité ; mais, comme l'a dit Mme de

Staël, « il manquait le ton vrai de l'une et de l'autre. C'est un homme qui ne saurait être naturel que dans le commandement. » A Toulon, il sent qu'il est le maître. Il va, comme dit encore Mme de Staël, « faire un personnage poétique, au lieu de rester exposé aux commérages des jacobins qui, sous leur forme populaire, ne sont pas moins adroits que ceux des cours. » Paris, malgré son animation et son éclat, lui avait paru un tombeau, dont il était heureux d'avoir soulevé le lourd couvercle. Devant son armée, il se sent revivre. Les acclamations des soldats, des matelots, le bruit des armes, le murmure des vagues, le son des clairons, le roulement des tambours l'exaltent. La guerre ne lui apparaît que sous ses beaux et glorieux côtés. Où va-t-il ? Nul ne le dit encore. Sur quels rivages abordera sa flotte ? En Portugal ou en Angleterre, en Crimée ou en Égypte ? Subjuguera-t-il la terre des Pharaons ? Percera-t-il l'isthme de Suez ? Veut-il prendre Jérusalem, comme Godefroi de Bouillon, et pénétrer dans l'Inde, comme Alexandre ? Les choses mystérieuses ont surtout le don de frapper les masses. Le plus grand prestige de l'expédition, c'est que la foule en ignore le but. L'incertitude plane sur l'Europe, sur l'Afrique, sur l'Asie. L'Angleterre, anxieuse, se demande où tombera le tonnerre.

Plus l'aventure qu'il va tenter sera périlleuse, plus elle aura d'attraits pour Bonaparte. Il ressemble à ces cavaliers qui ne se plaisent que sur un cheval rétif. C'est pour lui une joie âpre de jouer le tout pour le tout et de défier la fortune. On retrouvera dans toute sa carrière le goût de l'extraordinaire, de l'inconnu, cette passion de lutter contre des obstacles jugés insurmontables. Il poursuivra toujours la victoire, comme le chasseur poursuit sa proie, et comme le joueur poursuit son gain, avec une ardeur dévorante. A l'heure où il va quitter sa femme et sa patrie, tout sentiment de tristesse lui paraîtrait indigne d'un homme. Il se reprocherait une larme comme une défaillance. Sa véritable compagne, ce n'est plus Joséphine, c'est la gloire.

Quelques mois auparavant, il se serait peut-être fait suivre par sa femme à la guerre. Mais l'amoureux a fait place au héros. Il n'écrira plus de lettres d'amour dans le style de ses lettres d'Italie. Ce n'est plus Jean-Jacques Rousseau qui le préoccupe, c'est Plutarque, c'est la Bible, c'est le Coran. Dès son arrivée à Toulon, il déclare à Joséphine qu'il ne peut l'emmener en Égypte, ne voulant pas l'exposer aux fatigues et aux dangers de la traversée, du climat et de l'expédition. Joséphine lui répond que rien de tout cela ne peut effrayer une femme comme elle ; qu'en trois voyages, elle a déjà fait sur mer plus de cinq mille lieues ; qu'elle est créole et que la chaleur de l'Orient ne pourra lui faire aucun mal. Bonaparte, pour la consoler, lui promet de la faire venir dans deux mois, quand il serait établi en Égypte, et de lui envoyer, pour la chercher, la frégate la *Pomone*, qui lui avait fait faire sa première traversée de la Martinique en France. Joséphine écrit donc à sa fille le 15 mai : « Je suis à Toulon depuis cinq jours, ma chère Hortense : je n'ai point été fatiguée de la route, mais bien chagrine de t'avoir quittée précipitamment, sans pouvoir te dire adieu, non plus qu'à ma chère Caroline. Mais, ma chère fille, je suis un peu consolée par l'espoir que j'ai de t'embrasser bientôt. Bonaparte ne veut pas que je m'embarque avec lui ; il désire que j'aille aux eaux avant que d'entreprendre le voyage d'Égypte. Il m'enverra chercher dans deux mois. Ainsi, mon Hortense, j'aurai encore le plaisir de te presser contre mon cœur et de t'assurer que tu es bien aimée. Adieu, ma chère fille. »

Bonaparte savait, par les mouvements des Anglais, qu'il n'y avait pas un moment à perdre pour partir ; mais les vents contraires le retinrent pendant dix jours à Toulon. Il employa ce temps à haranguer l'armée, à terminer l'embarquement, à organiser une tactique. Cinq cents voiles allaient flotter à la fois sur la Méditerranée. La flotte, qui avait de l'eau pour un mois, des vivres pour deux, portait environ quarante mille hommes de toutes armes et dix mille marins. Cinq cents grenadiers, exercés à la manœuvre du canon, furent placés sur chaque bâtiment de haut bord, avec ordre, en cas de rencontre de la flotte anglaise, de courir sus, vaisseau contre vaisseau, et d'aborder. Jamais on n'avait vu aussi grande expédition maritime. Soldats et matelots étaient pleins de confiance. Et cependant, les esprits froids, ceux qui ne se laissaient pas entraîner par leur ardeur martiale et par la double fougue de la jeunesse et du courage, n'ignoraient pas les immenses dangers qui rendaient le succès de l'expédition sinon impossible, du moins peu probable.

Arnault, qui s'embarqua avec l'armée, a dit que c'en était fait si la flotte eût rencontré l'ennemi dans la traversée, non que cette élite de l'armée d'Italie ne fût assez nombreuse, mais précisément pour le motif opposé. Distribuées sur des vaisseaux dont l'équipage était déjà complet, les troupes de terre triplaient sur chaque bord le nombre des hommes nécessaires à sa défense. Or, en pareil cas, tout ce qui est superflu est nuisible. Le combat engagé, il y aurait eu confusion dans les mouvements, gêne dans les manœuvres, et le canon de l'ennemi aurait nécessairement rencontré trois hommes là où, d'après les données ordinaires, il devait n'en rencontrer qu'un, et même aucun. Arnault ajoute qu'à l'embarras produit par le trop grand nombre d'hommes se joignait celui que produisait le matériel d'artillerie ; les haubans en étaient encombrés, les ponts en étaient obstrués. « En cas d'attaque, il eût fallu

jeter tout cela à la mer, et commencer par sacrifier à la défense les moyens de conquête. Une
victoire même eût ruiné l'expédition. Plût à Dieu
que le généralissime ne se trouvât pas dans la nécessité d'en remporter une ! »

Les appréciations de Marmont sont les mêmes.
Il dit qu'il n'entreprendra pas de justifier une
expédition faite avec des chances contraires si
multipliées. Il fait remarquer que les vaisseaux
étaient mal armés, les équipages incomplets et
peu instruits, les bâtiments de guerre encombrés
de troupes et de matériel d'artillerie qui gênaient
la manœuvre ; que cette flotte immense, composée de tartanes et de bâtiments de toute espèce,
aurait été nécessairement dispersée et même détruite par la seule rencontre d'une escadre; qu'on
ne pouvait compter sur une victoire navale, et
qu'une victoire même n'eût pas sauvé le convoi.
« Pour que l'expédition réussît, ajoute Marmont,
il fallait avoir une navigation paisible, et ne faire
aucune rencontre fâcheuse, mais comment compter
sur un pareil bonheur, avec la lenteur forcée de
notre marche, et la station que nous avions à
faire devant Malte ? Toutes les probabilités étaient
donc contre nous, il n'y avait pas une chance favorable sur cent ; ainsi, nous allions de gaieté de
cœur à une perte presque certaine. Il faut en convenir, c'était jouer un jeu extravagant, et le succès
même ne saurait le justifier. »

Et pourtant Bonaparte ne voulait pas admettre

que la fortune pût lui résister. Il lui avait arraché tant de faveurs qu'il croyait l'avoir asservie. Il ne redoutait pas plus les tempêtes que les vaisseaux de Nelson. Les obstacles, à ses yeux, n'étaient que des chimères. Au retour comme au départ, il n'aura pas même la pensée de redouter les croisières anglaises. Il se disait à lui-même : Que peut-il y avoir à craindre pour le navire qui me porte, moi et ma fortune ? Mais ce n'était pas lui seul qui avait une telle foi dans sa destinée. Il trouvait le moyen de la communiquer à ses compagnons d'armes. Il croyait en lui-même, et l'on croyait en lui. Il était, en effet, arrivé à une de ces époques où les grands hommes électrisés se regardent sincèrement comme au-dessus de la nature humaine, et s'imaginent être des demi-dieux.

Le 19 mai, jour du départ, l'amiral anglais Nelson était en observation. Un violent coup de vent, qui n'endommagea qu'une seule des frégates de la France, chassa au loin l'escadre de l'Angleterre, et l'endommagea à un tel point que, forcé d'aller se radouber, Nelson ne put reprendre que le 1er juin sa station devant Toulon, depuis douze jours vide de la flotte française.

Les adieux de Bonaparte et de Joséphine furent très tendres. « Quiconque a connu Mme Bonaparte, dit Bourrienne, sait qu'il a existé peu de femmes aussi aimables. Son mari l'aimait avec passion. Pour jouir plus longtemps des charmes de sa société, il l'avait amenée avec lui à Toulon. Pouvait-il savoir, en se séparant d'elle, quand il la reverrait, si même il la reverrait jamais ? »

Voici l'heure du départ. La proclamation de Bonaparte retentit dans le cœur de ses compagnons d'armes. « Soldats, vous avez fait la guerre de montagnes, de plaines, de sièges ; il vous reste à faire la guerre maritime. Les légions romaines, que vous avez quelquefois imitées, mais pas encore égalées, combattaient Carthage tour à tour sur cette mer et aux plaines de Zama. La victoire ne les abandonna jamais, parce que constamment elles furent braves, patientes à supporter la fatigue, disciplinées et unies entre elles. Le génie de la liberté, qui a rendu, dès sa naissance, la République l'arbitre de l'Europe, veut qu'elle le soit des mers et des nations les plus lointaines. » La flotte attend le signal. Le canon des vaisseaux répond à ceux des forts. Une foule innombrable, couvrant les hauteurs qui dominent le port de Toulon, contemple avec une émotion patriotique cet imposant spectacle, éclairé par les feux d'un soleil magnifique. Joséphine est au balcon de l'Intendance, d'où elle essaye, avec une lorgnette, d'apercevoir encore son époux, déjà embarqué. Que deviendra la flotte de la France ? Pourra-t-elle se ravitailler à Malte ? L'imprenable forteresse ouvrira-t-elle ses portes ? Arrivera-t-on jusqu'en Égypte ? Le débarquement sera-t-il possible ? N'aura-t-on pas à lutter, non seulement contre les Mamelucks, mais encore contre les hordes innombrables de la Turquie? Qu'importe! Bonaparte se croit le maître de la fortune. Joséphine est à la fois craintive et fière: craintive de voir son époux braver les flots et les destins, également changeants, fière d'entendre les acclamations qui saluent le départ des héros. A un signal parti du vaisseau amiral, voici les voiles qui s'abaissent, les navires qui s'ébranlent, poussés par une forte brise de nord-ouest. Mais ce n'est pas sans difficulté que la flotte sort de la rade. Plusieurs navires labourent le fond, sans pourtant s'arrêter. L'*Orient*, vaisseau de cent vingt canons, qui porte Bonaparte, penche assez visiblement pour donner de l'inquiétude aux spectateurs qui couvrent le rivage. Joséphine tressaille; mais bientôt elle est rassurée, le navire se dégage, et, pendant que les acclamations de la foule se mêlent aux fanfares de la musique des troupes embarquées et au bruit de l'artillerie des forts et de la flotte, il reprend, majestueux, sa course en pleine mer.

XXII

PARIS PENDANT L'AN VII

De même que dans les natures les plus irascibles
une détente succède toujours aux grandes colères,
de même une ville, si inflammables que puissent
être ses passions, ne saurait rester constamment
dans le paroxysme de l'énergie ou de la haine.
Après les plus terribles crises populaires, il y a
une lassitude qui souvent aboutit à l'indifférence
et au scepticisme. Tel hymne révolutionnaire, la
Marseillaise, par exemple, qui, à certains moments,
électrise les esprits, et résonne comme un chant
sublime, ne paraît plus, à d'autres moments,
qu'un refrain vieilli et démodé. Tels orateurs
qui, quelques mois auparavant, soulevaient les
masses, ressemblent tout à coup à de vieux acteurs,
qui ne font plus recette. De toutes les villes du
monde, Paris est peut-être celle qui persiste le
moins dans ses goûts et dans ses passions. Pendant l'an VII, Paris était blasé de tout, excepté
du plaisir et de la gloire militaire. Politique,

littérature, journaux, débats parlementaires, n'avaient plus qu'un médiocre intérêt pour une population qui, depuis près de dix ans, assistait à des spectacles si variés et qui avait passé par des émotions si poignantes.

Ainsi que l'a dit Théophile Lavallée, « on se moquait de la République, et non seulement de ses fêtes et costumes ridicules, mais de ses institutions les plus sages, de ses hommes les plus purs. » Une déesse de la Raison n'aurait pu se promener dans les rues sans exciter les quolibets de la foule. Les processions patriotiques étaient désormais considérées comme des mascarades. On ne regardait plus les orateurs de clubs que comme de fastidieux prêcheurs. La grande majorité des Parisiens ne se souciait pas plus des Jacobins que des émigrés, et ne prêtait l'oreille ni aux invectives des uns ni aux doléances des autres. Il n'y avait place ni pour la légende royaliste, ni pour la légende républicaine. Ce qui dominait Paris, ce n'était pas une idée, c'était l'égoïsme, le goût des jouissances matérielles, l'indifférence moqueuse pour tous les régimes, excepté pour le régime du sabre. Seuls, quelques républicains sincères, honnêtes, convaincus, tels que le probe Gohier, restaient fidèles à leurs principes, et se proposaient de lutter énergiquement contre toute tentative de dictature. Mais, mal soutenus par l'opinion, qui, après avoir eu la liberté pour idéal, avait changé d'idole, et se prosternait devant la force ; ces hommes dont la rigidité ne concordait plus avec les mœurs du jour, étaient dépaysés dans le milieu où ils vivaient.

Trop royaliste pour les républicains, trop républicain pour les royalistes, le Directoire n'était plus pris au sérieux. Le sentiment qu'il inspirait, ce n'était pas même la colère, c'était le dédain. Les flatteurs de Barras ne le courtisaient que du bout des lèvres, et lui, qui était perspicace, sentait bien qu'il arrivait au bout de son rôle. On faisait circuler les vers suivants sur ce gentilhomme démocrate :

> Plus que Néron, mon vicomte est despote ;
> Se pavanant sous sa rouge capote,
> Ce roi bourru pérore sur un ton
> Dont rit tout bas le badaud dans sa crasse ;
> C'est Arlequin, Pantalon ou Paillasse,
> Contrefaisant les airs d'Agamemnon.

Les fêtes du Luxembourg n'avaient plus de prestige, et chacun regardait le côté de l'horizon où devait paraître le soleil levant.

Paris ne brillait point par la moralité. La renaissance du sentiment religieux, dont la publication du *Génie du Christianisme* devait être le symptôme, était encore à peine visible. Le culte des théophilanthropes, inauguré par un des directeurs, La Réveillère-Lepaux, n'était qu'une parodie. La nouvelle religion imposait à ses adeptes un *Credo* fort court. Comme l'ont dit MM. de

Goncourt, « c'était une croyance sous le plus petit format. Elle annonçait ses temples par une inscription : « Silence et respect, ici l'on adore Dieu. » Elle recommandait la vertu avec des écriteaux. Compilant jusqu'aux moralistes grecs et chinois, la théophilanthropie avait dépouillé la sagesse des nations pour en faire un code moral. Elle reposait sur une bibliothèque au lieu de reposer sur un tabernacle. Son *Pater*, tel qu'il avait été proposé par un des membres de la secte, avait proscrit la phrase *qui êtes aux cieux*, parce que Dieu est partout ; la phrase *pardonnez-nous nos offenses comme nous pardonnons à ceux qui nous ont offensés*, parce que c'est lui dire : imite-nous ; enfin la phrase *et ne nous induisez point en tentation*, comme changeant Dieu en diable. Catholique, protestant, juif, mahométan, chacun pouvait être théophilanthrope, tout en conservant ce qu'il voulait de sa religion. Les fêtes du nouveau culte étaient celles de la fondation de la République, de la souveraineté du peuple, de la jeunesse, des époux, de l'agriculture, de la liberté, de la vieillesse. Les prêtres de la théophilanthropie, priant pour tous les actes du gouvernement, attirèrent sur eux le bon vouloir officiel. Les temples catholiques leur furent accordés de moitié avec les premiers possesseurs, et les mêmes églises servirent, de six heures du matin jusqu'à onze, au culte catholique, et depuis onze heures aux rites des théophilanthropes. Mais la secte du directeur bossu — Mahomet-théophilanthrope, La Réveillère-laid-peau, comme on l'appelait — devait durer quatre ans à peine, et succomber sous le ridicule. Cette contre-façon mesquine du christianisme ne devait pas plus plaire aux impies qu'aux dévots, et les rieurs allaient désigner l'Esope officiel sous la dénomination de pape des citoyens filoux-en-troupe.

Assurément, ce n'est pas la nouvelle secte qui pourrait corriger les mœurs. Il faudrait d'autres sources pour purifier la société. Le scandale est partout à l'ordre du jour. De la fange est sorti un essaim de parvenus, enfants de l'agiotage et de l'immoralité, qui étalent leurs habitudes cyniques, leur luxe de mauvais goût, et leur outrecuidance grotesque. La République a d'innombrables Turcarets. Les nouveaux riches s'ingénient à singer les anciens fermiers généraux. Royalistes et républicains rivalisent de vices et de frivolité. Les modes des femmes sont indécentes jusqu'à l'infamie. La parodie de l'antiquité continue ses ravages. « A la restauration de l'Olympe, ont dit MM. de Goncourt, les Impossibles de la nouvelle France se trouvent tellement bénéficier qu'elles se mettent à gagner tout doucement le nu. La robe se retire peu à peu de la gorge, et les bras habillés jusqu'aux coudes, suspectés d'être de vilains bras, accusés de s'envelopper dans une robe hypocrite, se dénudent jusqu'à l'épaule. Puis les jambes et les pieds font comme les bras. Des lanières gemmées s'enroulent autour des chevilles,

> Le diamant seul doit parer
> Des attraits que blesse la laine,

et des anneaux d'or cerclent les doigts de pied. » Pendant quelque temps, la chemise même est abandonnée comme une mode vieillie. « La chemise, dit-on, déparait la taille, s'arrangeait gauchement ; un *juste* bien fait perdait de sa grâce et de sa précision par les plis ondulants et maladroits de ce vêtement antique.... Voilà près de deux mille ans que les femmes portaient des chemises ; cela était d'une vétusté à faire périr. »

Rien de plus fatal à la santé que ces modes pour lesquelles il faudrait le soleil de la Grèce, et que les Aspasies françaises portent sous les brumes et les frimas de nos hivers. Le docteur Delessarts affirme, vers la fin de 1798, qu'il a vu mourir plus de jeunes filles depuis le système des nudités gazées que dans les quarante années précédentes. Ces modes extravagantes ne dureront pas plus que la secte des théophilanthropes. Le poète Panard raconte qu'au dernier conseil de l'Olympe, Vénus s'est opposée aux costumes par trop transparents :

> Les attraits qu'en tous lieux
> Sans voile aujourd'hui l'on admire,
> A force de parler aux yeux,
> Au cœur ne laissent rien à dire.

Les femmes ont repris leur chemise, et la décence a repris ses droits.

La société se réorganise peu à peu, mais avec

quelle lenteur et quelle peine ! Quelques salons aristocratiques s'entr'ouvrent, mais on ne s'y réunit guère que pour persifler les institutions nouvelles, et se moquer des hommes et des choses. Le monde officiel, dans lequel se faufilent quelques gentilshommes ambitieux, regorge d'intrigants, de spéculateurs, de parasites, courtisans de tout pouvoir, quel qu'il soit. Si les salons sont rares, les salles de spectacle, les bals par souscription, les jardins publics, les cafés, les guinguettes abondent. Le café Véry, les bals de Richelieu, de Tivoli, de Marbeuf, le Pavillon de Hanovre, Frascati ont la vogue, et la société bigarrée qui s'y presse n'empêche pas la bonne compagnie d'y venir et de s'y amuser. Les familles des victimes ne s'inquiètent pas de rencontrer les bourreaux. A quoi bon, d'ailleurs, se haïr ? Qui sait si les ennemis de la veille ne seront pas les alliés du lendemain ? Royalistes et jacobins n'ont-ils pas le même adversaire, ce Directoire qui les a persécutés alternativement ? Vainqueurs et vaincus, proscripteurs et proscrits se font vis-à-vis dans les mêmes contredanses.

Les personnes de l'ancien régime s'amusent, comme les autres, avec verve et entrain, mais non sans un restant de frayeur. Qui pourrait passer sur la place de la Révolution sans se souvenir de l'échafaud ? Ne dirait-on pas qu'il y a encore sur les pavés des taches de sang ? Et le 18 Fructidor, la déportation à Cayenne, la guillotine sèche, comme on dit alors, tout cela ne donne-t-il pas le frisson ? Le Parisien a beau être oublieux, les catastrophes sont de date trop récente pour que le passé ne fasse pas craindre l'avenir. Les survivants des Jacobins ont ouvert le club du Manège. Ce club n'a plus la vogue des anciens jours. Mais il effraye encore, et la voix de ses orateurs sonne comme un glas funèbre. Les adversaires de la liberté, les amis de la prochaine dictature, auront bien soin d'invoquer le spectre rouge pour combattre la République. Sans qu'ils s'en doutent, tous les partis vont faire le jeu de Bonaparte. Cet homme, qui ensorcelle la France, va persuader à tous, et cela sans dire une parole, qu'il est le protecteur et le sauveur de tout le monde. Tout va tomber en ruines ; il ne restera plus qu'un homme. De la légende républicaine il ne subsiste plus que le côté militaire. Si l'on est fatigué de discours, on est avide de bulletins de victoires. Le public parisien se préoccupe plus des rives du Nil que de celles de la Seine. Les nouvelles que Bonaparte envoie intéressent d'autant plus que les croisières anglaises en rendent l'arrivée plus difficile, plus rare. Ainsi que l'a dit Mme de Staël, « des lettres datées du Caire, des ordres qui partaient d'Alexandrie pour arriver jusqu'aux ruines de Thèbes, vers les confins de l'Éthiopie, accroissaient la réputation d'un homme qu'on ne voyait plus, mais qui semblait de loin un phénomène extraordinaire..... Bonaparte, s'emparant avec habileté de l'enthousiasme des Français pour la gloire militaire, associa leur amour-propre à ses victoires, comme à ses défaites. Il prit par degrés la place que tenait la Révolution dans toutes les têtes, et reporta sur son nom seul tout le sentiment national qui avait grandi la France aux yeux des étrangers. »

La période d'incubation de la dictature est particulièrement curieuse à étudier. Le Paris de l'an VII explique le Paris du Consulat et de l'Empire. Le changement était fait dans les mœurs avant de l'être dans la politique. C'est une chose étrange que le goût alternatif des Parisiens pour la liberté jusqu'à la licence, et pour l'ordre jusqu'à l'absolutisme. Cette population inconséquente et versatile est tour à tour, presque sans transition, la plus ingouvernable et la plus facile à gouverner de toutes les populations du monde. Le tout consiste à savoir si elle est dans une période d'agitation ou dans une période de repos. Quand elle s'agite, elle briserait toutes les épées et tous les sceptres. Quand elle se repose, elle ne demande à ses maîtres que de protéger son sommeil.

XXIII

JOSÉPHINE PENDANT LA CAMPAGNE D'ÉGYPTE

Nous venons de jeter un coup d'œil sur le Paris de l'an VII. Voyons maintenant la place qu'y occupaient Mme Bonaparte, les parents, les amis, la société dont elle y était entourée.

Après l'embarquement de son mari à Toulon, Joséphine n'était pas revenue directement à Paris, elle avait été prendre les eaux de Plombières, où elle resta trois mois. Elle y courut un grand danger. Un balcon de bois, sur lequel elle se trouvait avec plusieurs dames de ses amies, s'étant écroulé, elle fut blessée dans la chute, et, le corps couvert de meurtrissures, elle fut quelques jours en danger. Elle reçut à Plombières les premières nouvelles de l'expédition d'Égypte, depuis la prise de Malte jusqu'à celle du Caire, et apprit, par les lettres de Bonaparte, qu'elle devait renoncer à se rendre dans cette terre lointaine. Elle sut plus tard que la frégate la *Pomone*, qui était revenue en France, et sur laquelle elle voulait s'embarquer pour l'Égypte, avait été capturée par la croisière anglaise, à sa nouvelle sortie de Toulon.

A la fin du mois de septembre 1798, Joséphine fut de retour à Paris, et acheta le domaine de la Malmaison, situé à côté du village de Rueil. Elle en fit l'acquisition moyennant une somme de cent soixante mille francs, qui fut payée en partie avec sa dot, en partie avec les ressources de son mari, et passa dans cette jolie propriété la fin de l'automne de 1798, ainsi que la belle saison de 1799. L'hiver, elle habita Paris, dans son petit hôtel de la rue de la Victoire.

Sa situation, pendant cette période, ne fut pas sans difficultés. On ne savait pas quand son mari reviendrait d'Égypte. En partant, il avait dit lui-même qu'il pouvait y rester cinq ou six ans, et peut-être avait-il emporté contre sa femme des soupçons alimentés par Joseph et Lucien, jaloux de l'influence de leur belle-sœur sur leur frère. Les détracteurs de Joséphine prétendaient qu'elle n'était pas fidèle à son époux ; mais ils ne parvinrent pas à justifier leurs insinuations. D'ailleurs, quand il n'y a pas scandale public, l'alcôve est la limite que l'histoire n'a pas le droit de franchir. Malgré leur malveillance, les frères de Bonaparte ne purent ternir la réputation d'une femme qui, loin de son époux et de son fils, n'avait personne pour la défendre.

Mme de Rémusat raconte, dans ses Mémoires,

une visite qu'elle et sa mère, Mme de Vergennes, firent à Joséphine, à la Malmaison. « Mme Bonaparte, dit-elle, naturellement expansive, et même souvent un peu indiscrète, n'eut pas plus tôt retrouvé ma mère, qu'elle lui livra un grand nombre de confidences sur son époux absent, sur ses beaux-frères, enfin sur tout un monde qui nous était absolument étranger. On croyait presque Bonaparte perdu pour la France ; on négligeait sa femme ; ma mère eut pitié d'elle ; nous lui donnâmes quelques soins ; elle n'en a jamais perdu le souvenir. » Ne sent-on pas percer dans ce langage quelque chose du dédain dont les personnes d'ancien régime n'étaient pas encore revenues pour le régime nouveau ?

La société légitimiste ne ménageait pas plus Bonaparte que les autres personnages de la Révolution, et tentait de ridiculiser cette famille de petits gentilshommes corses, qui, à la cour de Louis XIV, aurait fait si médiocre figure. Elle reprochait à Mme Bonaparte ses relations avec des femmes comme Mme Tallien et avec les gens du Directoire. Les habitués du petit Coblentz ne respectaient pas même la gloire militaire, et les personnes qui devaient, quelques années plus tard, entrer dans la maison de l'empereur, parlaient dédaigneusement du général républicain. Si le vainqueur d'Arcole avait des admirateurs fanatiques, il avait, en revanche, d'impitoyables détracteurs. Au moment de son départ pour la campagne d'Égypte, on faisait circuler ce couplet satirique :

> Que de talents jetés à l'eau,
> Et que de fortunes perdues !
> Que de gens courent au tombeau,
> Pour porter Bonaparte aux nues !
> Ce guerrier vaut son pesant d'or,
> En France, personne n'en doute,
> Mais il vaudrait bien plus encor,
> S'il valait tout ce qu'il nous coûte.

Mme Bonaparte, qui se préoccupait tout particulièrement des débris du faubourg Saint-Germain, souffrait beaucoup de ces coups d'épingle. Elle redoutait surtout la belle et caustique Mme de Contades, fille et sœur de MM. de Bouillé, dont le nom est inséparable de l'affaire de Varennes. « Tout en elle était fantastique, a dit la duchesse d'Abrantès, au sujet de cette grande dame, revenue depuis peu de l'émigration... Elle n'était pas mélancolique, il s'en fallait certes de beaucoup, et pourtant on n'aurait pas osé rire dans la chambre où elle se trouvait, si elle-même n'en avait donné l'exemple. La haine qu'elle avait pour Bonaparte était amusante. Elle ne lui accordait pas même de mériter sa renommée. — Allons, disait-elle, lorsque ma mère lui parlait de toutes ses victoires d'Italie et d'Égypte, j'en ferais autant avec un regard. »

Écoutons encore la duchesse d'Abrantès nous raconter une conversation qui eut lieu au bal de l'hôtel Thélusson (au bout de la rue Cerutti, actuellement rue Laffitte). « Qui sont ces deux femmes-là? demanda Mme de Damas au vieux marquis d'Hautefort, qui lui donnait le bras. — Comment! vous ne reconnaissez pas Mme la vicomtesse de Beauharnais? C'est elle et sa fille. Elle est aujourd'hui Mme Bonaparte. Eh! mais, tenez; voici une place à côté d'elle; venez vous y asseoir; vous renouvellerez connaissance. » Mme de Damas, pour toute réponse, donna une telle secousse au vieux marquis, qu'elle l'entraîna, malgré lui, dans un des petits salons qui précédaient la grande rotonde. « Êtes-vous fou? lui dit-elle, lorsqu'ils furent dans l'autre pièce. Une belle place, vraiment! à côté de Mme Bonaparte! Ernestine aurait donc été forcée de faire connaissance avec sa fille! Mais la tête vous tourne, marquis! — Ma foi non! Que diable trouvez-vous de mal à ce qu'Ernestine fasse connaissance, se lie même d'amitié avec Mlle Hortense de Beauharnais? C'est une charmante personne, elle est douce, aimable. — Qu'est-ce que tout cela me fait à moi? Je ne veux pas me lier avec de pareilles femmes. Je n'aime pas les gens qui déshonorent leur malheur. » Le marquis d'Hautefort leva les épaules, et ne répondit pas.

Il y avait bon nombre de royalistes qui ne pardonnaient à Bonaparte ni le 13 Vendémiaire, ni sa participation indirecte au 18 Fructidor, qui reprochaient à Joséphine d'être l'amie de régicides, qui trouvaient que ses relations, à elle, femme d'un noble guillotiné, ne convenaient ni à sa naissance, ni à ses antécédents, et qu'il y avait dans son nouveau rôle une sorte d'apostasie. Elle se consolait, au surplus, des critiques de certains légitimistes, parce que d'autres, mieux avisés, la courtisaient déjà et pressentaient] sa prochaine fortune. Le marquis de Caulaincourt (père du futur duc de Vicence) la voyait très souvent, et lui donnait de bons conseils. Dans le salon de Mme de Permon (mère de la future duchesse d'Abrantès) elle rencontrait tout ce qui restait de l'ancienne société du faubourg Saint-Germain, et la brillante pléiade des jeunes gens à la mode, MM. de Noailles, de Montcalm, de Périgord, de Montron, de Rastignac, de l'Aigle, de Montaigu, de la Feuillade, de Sainte-Aulaire. Joséphine faisait très bonne figure au milieu de cet état-major de l'élégance. La vie de Paris lui convenait à merveille. Elle aimait le bal, les dîners, les concerts, le théâtre, les parties de plaisir. Femme de salon, elle présidait avec un véritable talent un cercle d'amis et d'admirateurs. Ses réceptions du jeudi, dans son hôtel de la rue de la Victoire, avaient une juste renommée. On remarquait, parmi les femmes de son intimité, la comtesse Fanny de Beauharnais, Mme Caffarelli, la comtesse d'Houdetot, Mme Andréossi, et les deux beautés à la mode qui se disputaient le sceptre de la célébrité, Mme Tallien et Mme Regnault de Saint-Jean-d'Angély. Sans être instruite, Joséphine avait une vague notion de la littérature, et s'entourait avec plaisir des écrivains et des artistes en vogue. Ce fut chez elle, pendant l'expédition d'Égypte, que Legouvé lut son *Mérite des Femmes*, et que Bailly déclama son drame de l'*Abbé de l'Épée*. On retrouvait dans son salon Bernardin de Saint-Pierre, Ducis, Lemercier, Joseph Chénier, Méhul, Talma, Volney, Andrieux, Picard, Colin d'Harleville, Baour-Lormian, Alexandre Duval.

Avec les Bonaparte, Joséphine faisait de la diplomatie. Elle louvoyait, elle dissimulait son mécontentement, et avait l'art de ne se brouiller ostensiblement avec aucun des membres de cette famille un peu vindicative et jalousant quiconque pouvait avoir de l'influence sur Napoléon. Avant de partir pour l'Égypte, il avait voulu voir sa mère, ses frères et ses sœurs, établis convenablement à Paris. Bien qu'il fût plus jeune que Joseph, il se considérait déjà comme le chef de la famille Bonaparte, et entendait la soumettre à son irrésistible puissance. En son absence, sa mère, Mme Lætitia, née à Livourne en 1750, et conservant encore les restes d'une rare beauté, exerçait sur les siens une grande autorité. Femme énergique, douée d'un caractère impérieux et d'une volonté de fer, ferme jusqu'à l'entêtement, économe jusqu'à l'avarice pour elle-même, mais généreuse pour les pauvres, et prodigue pour ce qui touchait à la gloire de son fils Napoléon, bonne au fond avec un extérieur froid, mais sans

rien de ce qu'on est convenu d'appeler l'esprit du
monde, Mme Lætitia, Romaine des temps antiques
bien plus que femme moderne, ne pardonnait à
Joséphine ni ses allures frivoles, ni son goût pour
la dépense, ni sa passion exagérée pour la toilette.
Elle aurait souhaité à Napoléon une femme
plus grave, plus économe, plus sérieuse, et regrettait un mariage qui, à ses yeux, ne faisait pas
le bonheur de son fils.

Joseph, l'aîné des enfants de Mme Lætitia, était
un honnête homme, doux, sympathique, bien
élevé, ayant l'esprit droit, les manières cour-
toises, la figure agréable. Né en 1768, il avait
épousé, à la fin de 1794, une jeune fille riche de
Marseille, Mlle Marie-Julie Clary, et il possédait
une fortune considérable pour l'époque. Après
avoir été ambassadeur de la République française à Rome, il était revenu à Paris, ramenant
avec lui la sœur de sa femme, Mlle Désirée Clary,
cette jeune personne que Napoléon avait voulu
épouser, et qui était alors dans un deuil profond,
par suite de la mort tragique du général Duphot,
massacré à Rome, presque sous ses yeux, au
moment où elle allait se marier avec lui. Après
quelques mois de tristesse, elle se consola, et,
le 16 août 1798, demeurant chez son frère Joseph,
rue du Rocher, elle épousa le futur roi de Suède,
Bernadotte.

Lucien, né en 1775, était le plus jeune des
députés du conseil des Cinq-Cents. Il avait une

rare intelligence, une instruction solide, une véritable passion pour la littérature. Il écrivait, faisait des vers, aspirait à toutes les renommées. Orateur plein de faconde, familiarisé avec l'antiquité, tour à tour homme d'action et d'imagination, il servit très habilement les intérêts et la gloire de son frère. Actif, ardent, plein de ressources, il exerçait, malgré son jeune âge, une influence réelle sur ses collègues du conseil des Cinq-Cents. On le croyait républicain ; il l'était en effet, et même au 18 Brumaire, il s'imagina qu'il restait fidèle à la cause de la Révolution. En 1794, il avait rempli un modeste emploi de garde-magasin dans un petit village de Provence du nom de Saint-Maximin, qu'on affublait, depuis 1793, du nom de Marathon. Quant à lui, il prenait le surnom de Brutus. Le citoyen Brutus Bonaparte — on désignait ainsi le futur prince de Canino — s'éprit alors d'une jolie et honnête fille, Christine Boyer, dont le père tenait une auberge à Saint-Maximin. Lucien ne put être heureux avec Christine qu'en l'épousant, et Napoléon s'irrita violemment de ce mariage qu'il considérait comme une scandaleuse mésalliance. Mais Mme Lucien Bonaparte, qui était belle et douce, s'acclimata facilement aux manières de la bonne compagnie, et sut fort bien tenir sa place dans les meilleurs salons.

Louis Bonaparte, né en 1779, avait accompagné Napoléon à l'armée d'Égypte ; mais, pendant le cours de l'expédition, il vint à Paris pour y apporter des nouvelles. S'il était destiné, dans l'avenir, à se montrer plus hostile encore à Joséphine que Joseph et Lucien, il entretenait, avant le 18 Brumaire, des relations amicales avec sa belle-sœur, qui pensait peut-être déjà à en faire son gendre.

Quant au dernier des frères de Napoléon, Jérôme, né en 1784, c'était un espiègle, aimable, intelligent, spirituel, mais étourdi, turbulent, avide de plaisirs, et ennuyé d'entendre toujours citer comme modèle le jeune Eugène de Beauharnais.

Mme Lætitia demeurait rue du Rocher, avec son fils Joseph et sa belle-fille, femme agréable et respectable. Des trois sœurs de Napoléon, la première, Élisa, née en 1777, et mariée, en 1797, à Félix Bacciochi, logeait grande rue Verte, comme Lucien. La seconde, Pauline, née en 1780, et mariée, pendant la campagne d'Italie, au général Leclerc, demeurait rue de la Ville-l'Évêque. La troisième, Caroline, née en 1782, terminait son éducation à Saint-Germain, dans le pensionnat de Mme Campan, où elle était la compagne d'Hortense de Beauharnais.

Les demoiselles Bonaparte avaient hérité de la beauté de leur mère, surtout Pauline, qui passait pour la plus jolie femme de Paris, et qui était la reine de tous les bals où elle assistait. Ambitieuse comme une princesse de la famille des Césars, ayant dans sa personne je ne sais quoi d'irrésistible, elle triomphait dans les salons, comme son frère sur les champs de bataille. C'était une de ces femmes coquettes qui, dès qu'elles paraissent, arrachent au public un cri d'admiration et de surprise, qui préparent savamment leurs effets, regardent le monde comme un théâtre, et sont, pour ainsi dire, des artistes en beauté. Mme Leclerc aimait modérément sa belle-sœur Joséphine, qui, bien que moins jeune et moins jolie qu'elle, avait cependant à Paris une situation plus importante. Quant à Caroline Bonaparte, elle annonçait déjà, avec une grande beauté, un esprit plus ambitieux encore que sa sœur Pauline.

Ce n'était pas chose facile, pour Joséphine, que de rester en termes convenables, sinon affectueux, avec cette nombreuse et puissante famille. Déjà commençait à percer l'antagonisme des Bonaparte et des Beauharnais, et les intrigues, les jalousies, les rivalités d'influence qu'on rencontre dans toutes les cours se produisaient en pleine République, avant même que Napoléon fût au pouvoir. L'hôtel de la rue de la Victoire était, pour ainsi dire, un palais des Tuileries sur une petite échelle ; on y pouvait reconnaître les germes à peine naissants des ambitions, des convoitises, des luttes qui devaient se développer sous le Consulat et sous l'Empire.

Outre ses ennuis de famille, Joséphine avait des embarras d'argent. Elle dépensait pour sa toilette des sommes exorbitantes, et l'on remarquait chez elle ce mélange de luxe et de misère qui caractérise les personnes habituées à ne pas compter. Elle avait des bijoux superbes, et souvent elle manquait d'argent pour payer les dettes les plus minimes. Mme de Rémusat raconte qu'à cette époque Mme Bonaparte lui montra à la Malmaison « cette prodigieuse quantité de perles, de diamants et de camées qui composaient dès lors son écrin, digne déjà de figurer dans les contes des *Mille et une Nuits* et qui, pourtant, devait tant s'augmenter depuis. L'Italie, envahie et reconnaissante, avait concouru à toutes ces richesses, et particulièrement le pape, touché des égards que lui témoigna le vainqueur en se refusant au plaisir de planter ses drapeaux sur les murs de Rome. » Mme de Rémusat ajoute que la femme qui possédait tant de trésors, et dont le domaine était rempli de tableaux, de statues, de mosaïque, se trouvait parfois dans la gêne.

Mais Joséphine ne prenait pas ses contrariétés au tragique, et les difficultés pécuniaires contre lesquelles elle luttait ne l'affligeaient pas outre mesure, car elle ne doutait pas de sa prochaine fortune. Aimable, affectueuse, insinuante, ayant les manières douces, le caractère égal, le son de voix pénétrant, le regard plein de bienveillance, Joséphine était ce qu'on appelle une charmeuse. Ne froissant personne, n'entrant jamais en discussion ni sur la politique, ni sur aucun autre sujet, dévouée à ses amis et pardonnant à ses ennemis, essentiellement obligeante et serviable, douée de cette grâce nonchalante qui distingue les créoles, cherchant à se concilier la sympathie de quiconque l'approchait, et plaisant aux personnes de tous les rangs de la société; elle avait au suprême degré cette qualité qui fait oublier tous les défauts, et qui est pour les femmes une si grande force : la bonté. Des royalistes excusaient les origines républicaines du héros du 13 Vendémiaire en disant : « Sa femme est si bonne ! » Des gens qui auraient hésité à se faire présenter à Bonaparte rendaient hommage à Joséphine. On verra sous le Consulat des personnages d'ancien régime faire des visites à Mme Bonaparte, au rez-de-chaussée du palais des Tuileries, sans jamais monter jusqu'à l'étage, où demeurait le premier consul. Joséphine avait soin, tout en recherchant la société légitimiste, de se faire bien venir de la société républicaine. Elle figurait à toutes les fêtes du Directoire, et se ménageait les bonnes grâces du monde officiel. Ses relations avec Barras, qui avait été l'un des témoins de son mariage et le principal auteur de la haute fortune de son époux, continuaient à être excellentes. Elle cultivait tout particulièrement l'amitié d'une républicaine, dont la vertu austère était incontestable, Mme Gohier, femme d'un des membres du Directoire. Elle se disait avec raison que son intimité avec une personne d'une réputation si excellente la protégeait contre ses détracteurs. En outre, le ménage Gohier lui conciliait ceux des républicains qui, ayant une crainte instinctive de l'ambition de son mari, avaient besoin d'être rassurés.

A en croire Joséphine, Bonaparte était le meilleur des patriotes, et ceux qui s'avisaient de douter de son civisme n'étaient que des méchants et des envieux. Cette femme, en apparence si frivole, si futile, manœuvrait comme un diplomate consommé. Elle ne se croyait pas habile, et elle l'était, tandis que d'autres croient l'être, et ne le sont pas. Les plus grands hommes ont été, volontairement ou à leur insu, servis par des femmes. Sans Joséphine, il est plus que probable que Napoléon ne serait jamais devenu empereur. Il avait eu beau lui défendre de parler politique, lui ordonner de ne se mêler de rien, elle n'en était pas moins l'auxiliaire le plus efficace de ses projets, et, en son absence, elle lui préparait adroitement le terrain où il allait se montrer en maître.

XXIV

BONAPARTE EN ÉGYPTE.

Tacite a exprimé une pensée profonde, quand il a dit : *Major è longinquo reverentia,* ce qu'on pourrait traduire ainsi : l'éloignement augmente le prestige. Bonaparte, en Égypte, n'était plus pour les Parisiens qu'un personnage épique. Le piédestal de sa gloire, c'étaient les Pyramides. Les quarante siècles de leur histoire devenaient comme le prologue de sa légende. Égypte, Palestine, Syrie, quels noms plus merveilleux et plus célèbres ! Que de souvenirs ils évoquent : les Pharaons, la Terre Sainte, le Christ, les Croisades, la Bible, l'Évangile, la Jérusalem délivrée ! Bonaparte, qui se drapait dans son illustration, comme Talma dans une toge romaine ; Bonaparte, qui a dit : « C'est l'imagination qui gouverne le monde, » Bonaparte, qui, en jouant les grands drames de son existence, pensait sans cesse aux habitants de Paris, comme Alexandre aux habitants d'Athènes, avait deviné l'effet qu'une telle expédition devait produire sur la chevalerie démocratique, issue de la Révolution, et se sentait la même ardeur, le même courage, la même soif d'aventures que la vieille noblesse française. Les Croisés avaient-ils plus d'audace et d'héroïsme que les compagnons du vainqueur des Pyramides, et y a-t-il un livre d'or préférable au recueil des proclamations où sont inscrits les noms impérissables de tant de braves ?

Chauffé par le soleil, surexcité par l'habitude de la victoire, le cerveau du jeune général concevait des plans gigantesques. Nulle part, ce poète en action ne s'est trouvé aussi à l'aise que dans cette antique terre d'Égypte, qui ouvrait devant lui d'immenses et radieux horizons. Même après le sacre, même après Austerlitz, il regrettera cette terre de ses rêves, où il avait médité la conquête de l'Afrique, de l'Asie, puis de l'Europe prise à revers. Plutarque n'était plus assez pour son âme travaillée par une ambition colossale. Ses livres, c'étaient la Bible et le Coran. Pénétrée par la poésie hébraïque et la poésie musulmane, son imagination de Titan se plaisait dans des espaces inconnus et illimités. Plus tard, il racontera lui-même à Mme de Rémusat les impressions qu'il ressentit dans cette période étrange de sa carrière, où rien ne lui semblait impossible.

« En Égypte, dira-t-il, je me trouvais débarrassé du frein d'une civilisation gênante, je rêvais toutes choses, et je voyais les moyens d'exécuter tout ce que j'aurais rêvé. Je créais une religion ; je me voyais sur le chemin de l'Asie, parti sur un éléphant, le turban sur ma tête, et, dans ma main, un nouvel Alcoran, que j'aurais composé à mon gré. J'aurais réuni dans mes entreprises les expériences des deux mondes, fouillant à mon profit le domaine de toutes les histoires, attaquant la puissance anglaise dans les Indes, et renouant par cette conquête mes relations avec la vieille Europe. »

Quelle succession de tableaux éblouissants ! Que d'aspects variés, que de spectacles pittoresques : le Nil, les Pyramides, les Mamelucks ; leur cavalerie terrible qui se brise contre les bataillons carrés ; l'entrée triomphale au Caire, les Arabes qui chantent la litanie dans la grande mosquée : « Chantons la miséricorde du grand Allah ! Quel est celui qui a sauvé des dangers de la mer et de la fureur de ses ennemis le favori de la Victoire ? Quel est celui qui a conduit sains et saufs sur les rives du Nil les braves de l'Occident ? C'est le grand Allah, le grand Allah qui n'est plus irrité contre nous ! » Écoutez dans la Pyramide le dialogue oriental de Bonaparte et du mufti :

Bonaparte. — Gloire à Allah ! Il n'y a de vrai Dieu que Dieu, et Mahomet est son prophète. Le pain dérobé par le méchant se réduit en poussière dans sa bouche.

Le Mufti. — Tu as parlé comme le plus docte des mullahs.

Bonaparte. — Je puis faire descendre du ciel un char de feu, et le diriger sur la terre.

Le Mufti. — Tu es le plus grand capitaine dont la puissance ait armé le bras.

> Vainqueur, enthousiaste, éclatant de prestiges,
> Prodige, il étonna la terre des prodiges.
> Les vieux scheiks vénéraient l'émir jeune et prudent ;
> Le peuple redoutait ses armes inouïes ;
> Sublime, il apparut aux tribus éblouies,
>   Comme un Mahomet d'Occident [1].

La situation de Bonaparte en Égypte est à la fois pleine de grandeurs et de misères. Si, à certains moments, son ambition et son orgueil s'exaltent à ce point qu'il se croit non seulement un conquérant, mais un prophète, un fondateur de religion, un demi-Dieu, à d'autres heures il est ramené à la réalité par les cruelles exigences du sort. Dans son âme existe un mélange d'enivrement et de tristesse, de passion frénétique pour la gloire et de dédain profond pour toutes les vanités de la terre. Le sentiment de mélancolie, éprouvé déjà par le jeune vainqueur pendant la campagne d'Italie, se retrouve en Égypte, peut-être plus accentué encore. Il lui inspire cette lettre adressée à son frère Joseph, et datée du Caire, le 25 juillet 1798 : « Tu verras dans les papiers publics le résultat des batailles et la

1. Victor Hugo. *Les Orientales.*

conquête de l'Égypte, qui a été assez disputée pour ajouter une feuille à la gloire militaire de cette armée... J'ai beaucoup de chagrins domestiques... Ton amitié m'est bien chère ; il ne me reste plus, pour devenir misanthrope, qu'à te perdre et te voir me trahir. C'est une triste position d'avoir à la fois tous les sentiments pour une même personne dans un seul cœur. Fais en sorte que j'aie une campagne à mon arrivée, soit près de Paris, soit en Bourgogne ; je compte y passer l'hiver et m'y enfermer ; je suis ennuyé de la nature humaine ; les grandeurs m'ennuient, le sentiment est desséché. La gloire est fade à vingt-neuf ans ; j'ai tout épuisé ; il ne me reste plus qu'à devenir bien vraiment égoïste. Je compte garder ma maison ; jamais je ne la donnerai à qui que ce soit. Je n'ai plus de quoi vivre. Adieu, mon unique ami ; je n'ai jamais été injuste envers toi. »

En Égypte, comme en Italie, c'est l'amour jaloux qui déchire le cœur de Bonaparte. Il doute des sentiments de Joséphine, de sa fidélité, et cette pensée le trouble jusqu'en Syrie dans ses préoccupations belliqueuses. Au milieu de tant d'aventures et de périls, son imagination se retourne souvent du côté de Paris. Il oublie les horizons de l'Orient pour la petite maison de la rue de la Victoire, et la douce image de Joséphine lui apparaît, toujours séduisante, mais inquiétante parfois. Il croit la voir brillant au Luxembourg, dans les fêtes de Barras, entourée de jeunes muscadins, d'adorateurs que peut-être elle distingue et encourage. Écoutons le récit de son secrétaire, Bourrienne, qui assiste à une explosion de soupçons et de colère, près des fontaines de Messoudiah, devant El-Arish :

Bonaparte se promène seul avec Junot. Sa figure, ordinairement très pâle, est devenue tout à coup plus pâle encore que de coutume. Il y a quelque chose de convulsif dans ses traits, d'égaré dans ses regards. Après un quart d'heure de conversation avec Junot, il le quitte, et va rejoindre Bourrienne. « Vous ne m'êtes point attaché, lui dit-il d'un ton brusque. Les femmes !... Joséphine !... Si vous m'étiez attaché, vous m'auriez informé de tout ce que je viens d'apprendre par Junot. Voilà un véritable ami. Joséphine !... et je suis à six cents lieues... Vous deviez me le dire. Joséphine !... m'avoir ainsi trompé !... Elle !... Malheur à eux ! J'exterminerai cette race de freluquets et de blondins !... Quant à elle ! le divorce !... oui, le divorce ! un divorce public, éclatant !... Il faut que j'écrive ! Je sais tout... C'est votre faute. Vous deviez me le dire. »

Cette scène ne fait-elle pas penser à l'*Othello*, de Shakespeare ? « Regarde, Iago, je livre aux vents mon fol amour. Il n'est plus. Debout, noire vengeance, quitte ta sombre demeure. Amour, abandonne à la haine tyrannique la couronne et le trône de mon cœur. Gonfle-toi, ô mon sein, sous le poids qui t'oppresse, sous la morsure empoisonnée des vipères [1]. » La figure de Bonaparte se décompose, sa voix s'altère « Oh ! gardez-vous de la jalousie ! C'est le dragon aux yeux verts qui a horreur des aliments dont il se nourrit. Ce mari trompé vit protégé du ciel, qui, sûr de son sort, n'aime pas son épouse parjure, mais quels moments ne passe-t-il point, celui qui aime ardemment et doute, celui qui soupçonne, tout en adorant ! » Bourrienne essaie de calmer le général. Il lui dit que la conduite de Junot est blâmable, que ce n'est pas une chose généreuse d'accuser aussi légèrement une femme qui n'est pas là pour se défendre. « Non, ajoute-t-il, Junot ne vous donne pas une preuve d'attachement en venant ajouter des tribulations domestiques aux inquiétudes assez graves déjà que vous cause la situation de ses frères d'armes au commencement d'une entreprise hasardeuse. » Bonaparte n'est pas encore calmé. Le mot de divorce revient sur ses lèvres. Bourrienne lui parle de sa gloire. « Ma gloire ! répond-il. Eh ! je ne sais ce que je donnerais pour que ce que Junot m'a dit ne fût pas vrai, tant j'aime cette femme ! Si Joséphine est coupable, il faut que le divorce m'en sépare à jamais... Je ne veux pas être la risée de tous les inutiles de Paris. Je vais écrire à mon frère Joseph ; il fera prononcer le divorce. »

1. *Othello*, scène III, acte III.

Cependant Bonaparte se radoucit un peu, et Bourrienne en profite pour lui dire : « La lettre peut être interceptée ; elle se ressentira du moment d'irritation qui l'aura dictée ; quant au divorce, il sera temps d'y penser plus tard, mais avec réflexion. » Bourrienne fut, dans cette circonstance, un meilleur conseiller que Junot, et Bonaparte fit bien d'écouter son secrétaire, de préférence à son compagnon d'armes.

Sa jalousie, à cette époque, était, d'ailleurs, si vive, qu'il en entretenait son beau-fils, le propre enfant de Joséphine, Eugène de Beauharnais, qui a dit, dans ses Mémoires : « Le général en chef commença à avoir de grands sujets de chagrins, soit à cause du mécontentement qui régnait dans une partie de l'armée, surtout parmi quelques généraux ; soit à cause de nouvelles qu'il recevait de France, où l'on s'efforçait de troubler son bonheur domestique. Quoique je fusse jeune, je lui inspirais assez de confiance pour qu'il me fît part de son chagrin. C'était ordinairement le soir qu'il me faisait ses plaintes et ses confidences, en se promenant à grands pas dans sa tente. J'étais le seul avec lequel il pût librement s'épancher. Je cherchais à adoucir ses ressentiments ; je le consolais de mon mieux, et autant que pouvaient le permettre mon âge et le respect qu'il m'inspirait. »

La situation d'un jeune homme de dix-sept ans recevant de pareilles confidences était pour le moins délicate. Il montra dans tout cela une sagesse précoce et un tact dont Bonaparte lui sut beaucoup de gré. « La bonne harmonie qui régnait entre mon beau-père et moi, a-t-il dit, faillit être troublée par une circonstance que je vais rapporter. Le général Bonaparte avait distingué la femme d'un officier, et se promenait quelquefois en calèche avec elle. Cette femme avait de l'esprit et quelques agréments extérieurs. Dès lors, on ne manqua pas de dire que c'était sa maîtresse, en sorte que ma position, et comme aide de camp, et comme fils de la femme du général en chef, devint assez pénible. Obligé, par mon service, d'accompagner le général, qui ne sortait jamais sans aide de camp, je m'étais vu déjà une fois à la suite de cette calèche, lorsque, ne pouvant plus tenir à l'humiliation que j'en éprouvais, je fus trouver le général Berthier pour lui demander à passer dans un régiment. Une scène assez vive entre mon beau-père et moi fut la suite de cette démarche, mais il cessa dès ce moment ses promenades en calèche avec cette dame Je continuai à rester près de lui, et il ne m'en traita pas plus mal. »

Des huit aides de camp amenés par Bonaparte en Egypte, quatre y périrent : Julien, Sulkowski, Croisier et Guibert; deux y furent blessés : Duroc et Eugène de Beauharnais; seuls Merlin et Lavalette en sortirent sains et saufs. Dès qu'il s'agissait d'une mission périlleuse, pour aller dans le désert reconnaître des partis d'Arabes ou

de Mamelucks, Eugène était toujours le premier
à s'offrir. Un jour qu'il s'avançait avec empressement, comme de coutume, Bonaparte le renvoya en lui disant : « Jeune homme, apprenez
que, dans notre métier, il ne faut jamais courir
au devant du danger; il faut se borner à faire son
devoir, le bien faire, et arrive ce qu'il plaît à
Dieu ! »

Une autre fois, le général en chef, pendant le
siège de Saint-Jean-d'Acre, envoya un officier
d'ordonnance porter un ordre au poste le plus
dangereux. L'officier fut tué. Bonaparte en envoya un second qui fut également tué. Un troisième partit, qui eut le même sort. Il fallait
cependant que l'ordre parvînt, et Bonaparte n'a-
vait plus auprès de lui que deux aides de camp,
Eugène de Beauharnais et Lavalette. D'un signe
il fit avancer ce dernier, et, tout bas, sans être
entendu d'Eugène, il lui dit : « Lavalette, allez
porter cet ordre. Je ne veux pas envoyer cet enfant et le faire tuer si jeune ; sa mère me l'a
confié. Vous savez ce que c'est que la vie... Allez ! »

Un autre jour, également devant Saint-Jean-
d'Acre, un éclat de bombe vint frapper à la tête
Eugène de Beauharnais ; le jeune homme tomba,
et resta quelque temps enseveli sous les décombres
d'un mur que la bombe avait renversé. Bonaparte le crut mort, et laissa échapper un cri de
douleur. Eugène n'était que blessé, et, au bout
de dix-neuf jours, il demanda à reprendre son

service, afin de participer aux autres assauts qui échouèrent, comme les premiers, malgré l'opiniàtreté de Bonaparte. « Cette misérable bicoque, disait-il à Bourrienne, m'a coûté bien du temps et du monde ; mais les choses sont trop avancées, je dois tenter un dernier assaut. S'il réussit, les trésors, les armes de Djezzar, dont la Syrie maudit la férocité, me fourniront de quoi armer trois cent mille hommes. Damas m'appelle ; les Druses m'attendent ; j'en grossirai mon armée ; j'annoncerai l'abolition de la tyrannie des pachas, et j'arrive à Constantinople à la tête de ces masses. J'y renverse l'Empire turc ; j'y fonde un nouvel et grand empire ; j'y marque ma place dans la postérité, et peut-être alors retournerai-je à Paris par Vienne, en anéantissant la maison d'Autriche. » Tout cela n'était qu'un rêve. En vain l'opiniâtreté de Bonaparte s'exalte jusqu'à la fureur. En vain, sur une redoute, les bras croisés, le regard fixe, en butte à tous les feux de la place, il ordonne un suprême effort. Son armée, dépourvue d'artillerie, est obligée de lever le siège et de regagner l'Egypte. Adieu la conquête de l'Asie-Mineure, l'entrée à Constantinople, l'Europe prise à revers, le retour triomphal en France par les rives du Danube et l'Allemagne ! Bonaparte ne sera pas empereur d'Orient, et, en parlant avec dépit du commodore anglais qui a défendu Saint-Jean-d'Acre, il s'écriera : « Ce Sidney-Smith m'a fait manquer ma fortune. »

Mais avec quelle adresse il parvient à dissimuler son échec, et à représenter l'expédition de Syrie sous de brillantes couleurs! Quelle habileté dans sa proclamation du 17 mai 1799 : « Soldats, vous avez traversé le désert qui sépare l'Afrique de l'Asie avec plus de rapidité qu'une armée arabe. L'armée qui était en marche pour envahir l'Egypte est détruite; vous avez pris son général, son équipage de campagne, ses outres, ses chameaux. Vous vous êtes emparés de toutes les places fortes qui défendent les puits du désert. Vous avez dispersé aux champs du Mont-Thabor cette nuée d'hommes accourus de toutes les parties de l'Asie, dans l'espoir de piller l'Egypte... Encore quelques jours, et vous aviez l'espoir de prendre le pacha même au milieu de son palais ; mais, dans cette saison, la prise du château d'Acre ne vaut pas la perte de quelques jours ; les braves que je devrais d'ailleurs y perdre sont aujourd'hui nécessaires pour des opérations plus essentielles. »

Malgré de grandes privations et une chaleur qui s'élève jusqu'à 33 degrés Réaumur, l'armée ne met que vingt-cinq jours, dont dix-sept de marche, à franchir les cent dix-neuf lieues qui séparent Saint-Jean-d'Acre du Caire. Bonaparte rentre dans cette ville comme un triomphateur antique. Le cortège ne ressemble-t-il pas à celui d'un Pharaon vainqueur! Quelle pompe orientale ! Quelles fanfares ! Quelles acclamations !

Les vaincus captifs ouvrent la marche. Des soldats portent les drapeaux pris aux Turcs. La garnison française du Caire et les notables de la ville vont jusqu'au faubourg de Coublé, au devant de cet homme que les Arabes appellent sultan Kébir, sultan du Feu. Le scheik El Békri, descendant vénéré du Prophète, lui offre un cheval magnifique, à la selle brodée d'or et de perles, avec le jeune esclave qui le tient par la bride. Cet esclave, c'est Roustan, le mameluck du futur empereur. D'autres présents sont aussi offerts : esclaves blanches, esclaves noires, armes superbes, riches tapis, dromadaires célèbres par leur vitesse, cassolettes remplies d'encens et d'aromates. Précédé des muftis et des ulémas de la mosquée de Gama-El-Azhar, le vainqueur du Mont-Thabor, majestueux comme un Sésostris, entre au Caire par la porte des Victoires, Bab-El-Nasr.

Quelques jours après, l'armée turque, réunie à Rhodes, apparaît, escortée par la division navale de Sidney-Smith, en vue d'Alexandrie, et vient mouiller à Aboukir. Les Turcs débarquent, au nombre de dix-huit mille. Bonaparte marche à leur rencontre, et, le 24 juillet, il détruit leur armée tout entière. Le soir de la bataille, Kléber lui dit en l'embrassant : « Général, vous êtes grand comme le monde ! » Mais l'heure approche où le vainqueur d'Aboukir va retourner en Occident. Le destin lui arrache sa gloire orientale. Sa fortune doit changer de théâtre. Il ne sera ni Alexandre, ni Mahomet, il sera Charlemagne. Depuis six mois, il est sans nouvelles de France. Il envoie à la flotte ennemie un parlementaire, qui, sous prétexte de négocier un échange de prisonniers, essaiera d'obtenir quelques informations. Sidney-Smith éprouve un malin plaisir à faire connaître à Bonaparte tant de désastres : la coalition victorieuse, les frontières naturelles de la France abandonnées, le Rhin repassé, l'Italie perdue, les résultats de tant d'efforts et de tant de victoires anéantis. « Sachant le général Bonaparte privé de nouvelles, dit le commodore anglais, je crois lui être agréable en lui envoyant une liasse toute fraîche de papiers publics. » Bonaparte les reçoit dans la nuit du 3 au 4 août, et les lit jusqu'au. lendemain avec un mélange de curiosité et de colère. Dès lors, sa résolution est prise. Il va retourner en France, malgré la surveillance des croisières anglaises. Le besoin d'eau et un accident survenu à l'un des navires ennemis vont suspendre le blocus et favoriser son départ. En attendant, il garde son secret, remonte le Nil jusqu'au Caire, y reste six jours, fait semblant d'être appelé par une inspection dans la province de Damiette, et revient mystérieusement dans les parages d'Alexandrie. Il a fait préparer par le contre-amiral Gantheaume deux frégates, *la Muiron* et *la Carrière* et deux avisos, *la Revanche* et *la Fortune*. C'est entre l'anse de Canope et le Pharillon qu'il doit s'embarquer avec un petit nombre de compagnons : Murat, Berthier, Eugène de Beauharnais, Bourrienne et quelques autres, dans la nuit du 22 au 23 août; Sidney-Smith n'a même pas soupçonné un projet si téméraire et si invraisemblable.

Le prince Eugène nous racontera dans ses Mémoires ce départ qui ressemble à un épisode de roman : « En approchant d'Alexandrie, nous dira-t-il, je fus envoyé en reconnaissance au bord de la mer, pour savoir si l'on n'apercevait pas de préparatifs de débarquement. A mon retour, le général m'interrogea avec une sorte d'anxiété, mais l'expression de la satisfaction se peignit bientôt sur son visage, lorsque je lui eus fait connaître que j'avais, à la vérité, aperçu deux frégates, mais qu'elles me paraissaient porter le pavillon français. Il avait lieu, en effet, d'être content, puisqu'il voyait réussir ses projets, car ces frégates devaient nous transporter en France. Il me l'apprit tout de suite, en me disant : « Eugène, tu vas revoir ta mère. » Ce mots ne me causèrent pas toute la joie que j'aurais dû éprouver. Nous nous embarquâmes la nuit même, et je remarquai que mes compagnons de voyage éprouvaient à peu près les mêmes sentiments de gêne et de tristesse. Le mystère qui enveloppait notre départ, le regret de quitter nos braves camarades, la crainte d'être pris par les Anglais et le peu d'espoir que nous concevions de revoir la France, peuvent expliquer ce mouvement de l'âme. »

Seul, Bonaparte ne doute pas d'une heureuse traversée. Un calme plat retenant immobile la frégate sur laquelle il vient de s'embarquer, Gantheaume, découragé, lui propose de redescendre à terre. « Non, répond-il à l'amiral, soyez tranquille, nous passerons. » Le lendemain 23 août, au lever du soleil, le calme plat continue encore ; mais, à neuf heures du matin, la brise souffle, et Bonaparte, après avoir dit à l'Égypte un éternel adieu, vogue en pleine mer, certain que sa fortune ne le trahira pas.

XXV

LE RETOUR D'ÉGYPTE

La campagne d'Égypte ne fut pas utile à la France, elle le fut à Napoléon. Elle donna quelque chose d'étrange, de mystérieux à la gloire du vainqueur des Pyramides, et le plaça sur la même ligne que les hommes qui frappèrent le plus l'imagination des peuples : les Alexandre, les César, les Mahomet. Napoléon eut d'ailleurs le talent de ne mettre en lumière que les succès, et de laisser dans l'ombre les revers. Revenu de Syrie, après un grave échec, il se fit recevoir par les autorités du Caire avec autant d'éclat que s'il se fût emparé de Saint-Jean-d'Acre. Il effaça le souvenir du désastre naval d'Aboukir, en remportant sur le continent une victoire qu'on désigna par le même nom. L'Égypte est loin. Les Français restés dans leur patrie ne devaient remarquer que les côtés brillants de l'expédition. Les côtés sombres disparaissaient dans un succès que l'on croyait définitif, et qui, cependant, devait être bien éphémère.

En quittant son armée, Bonaparte joua le tout pour le tout. Pris par les croisières anglaises, il aurait été, dans le public, l'objet de toutes les critiques, de toutes les accusations, et peut-être, pour nous servir de l'expression d'un grand poète, ses adversaires auraient-ils écrasé dans l'œuf son aigle impérial. Si les grands hommes, au lieu d'être infatués d'eux-mêmes, analysent consciencieusement leur propre gloire, ils reconnaissent que le hasard y tient souvent une plus grande place que le bien joué ; qu'ils gagnent des parties qu'ils auraient dû perdre, en perdent qu'ils auraient dû gagner, et que les applaudissements de la foule se donnent au succès plus qu'au mérite. De toutes les conceptions de Napoléon, la campagne de France est peut-être la plus belle, et cependant elle a échoué. Son expédition d'Égypte, au dire de ses plus grands admirateurs, était mal calculée, et cependant elle lui a servi de marche-pied pour le trône. Quand les hommes de ce caractère réussissent, ils excusent les imprudences commises par eux et justifiées par l'événement, en disant qu'ils n'avaient jamais douté du résultat, parce qu'ils croyaient à leur étoile. Ce fatalisme n'a rien de vraiment sérieux. Combien de ces prétendues étoiles s'éteignent, et disparaissent du firmament de la politique ! Au fond, ces hommes-là sont des joueurs qui donnent à leur amour des aventures je ne sais quel prétexte tiré de leur imagination, afin d'excuser leur audace et de frapper l'esprit populaire. Pour nous, nous ne croyons guère à cette espèce de fatalisme dont finissent par être dupes ceux-là mêmes qui l'avaient inventé.

Que d'imprudences, que de témérité, que de risques dans toute cette entreprise d'Égypte ! C'est par miracle que les bâtiments portant le corps expéditionnaire ont pu arriver jusqu'à la terre des Pharaons, sans être dispersés par la flotte anglaise, contre laquelle, au dire des meilleurs juges, ils auraient été incapables de lutter. C'est par miracle que Bonaparte va revenir d'Égypte en France, sans être arrêté par les croisières ennemies. Combien de fois, dans cette longue traversée, si hardie et si périlleuse, sera-t-il sur le point d'être surpris ! Et, s'il l'était, comment résister aux vaisseaux formidables de la flotte anglaise, avec deux frégates, telles que la *Muiron* et la *Carrière*, et deux avisos, tels que la *Revanche* et la *Fortune ?* Ces quatre vieilles embarcations vénitiennes sont de lourdes et mauvaises voilières, qui ne pourraient soutenir quelques heures de chasse. Quelle figure feraient-elles contre les premiers vaisseaux du monde ? Bonaparte n'a donc qu'une seule chance de succès : n'être pas rencontré par les croisières anglaises. Et l'on sait combien elles sont actives dans les parages de l'Égypte et dans toute la Méditerranée. Un premier coup de vent porte les quatre embarcations sur la gauche d'Alexandrie, en vue de la grande Cyrénaïque, à cent lieues de l'amiral anglais Sidney-Smith. Puis elles tournent au nord-ouest et sont retenues vingt-quatre jours de suite, sur cette côte aride et déserte, où nul ne soupçonne leur présence. Bonaparte a prescrit à l'amiral Gantheaume de serrer de près la côte d'Afrique, parce que, s'il est surpris par la croisière anglaise, il aura le temps de débarquer, et alors, dit-il, avec une poignée d'hommes et la petite somme de dix-sept mille francs, seul trésor qu'il rapporte d'Égypte, il gagnera soit Tunis, soit Oran, et s'y rembarquera. Le 15 septembre, le vent, qui se retourne, souffle fortement du sud-ouest. On en profite. Le 19 septembre, on s'engage entre le cap Bon et la Sicile, passage dangereux, parce que toujours les navires britanniques y abondent. Par bonheur, on y arrive à la chute du jour. Plus tôt, on aurait été aperçu par l'ennemi. Plus tard, il aurait fait trop sombre pour qu'on pût s'aventurer dans le détroît. Les quatre embarcations, favorisées par les circonstances, poursuivent leur traversée, et après avoir distingué dans les ténèbres les feux de la croisière anglaise, elles se trouvent hors de vue, le lendemain, au lever du soleil. Un coup de vent les porte d'un seul souffle jusqu'en face d'Ajaccio.

La Corse est-elle encore française ? Bonaparte ne le sait pas. S'il y aborde, peut-être sera-t-il pris. Il hésite. Un des avisos prend langue d'une barque de pêcheurs, et apprend que la Corse appartient encore à la France. Mais les pêcheurs ne peuvent pas dire si la Provence est libre, ou si elle est envahie par les Autrichiens. Bonaparte se décide donc à débarquer en Corse, où il saura ce qu'il en est. Un navire sort en ce moment du port d'Ajaccio. A la nouvelle que Bonaparte est presque en rade, il le salue en faisant feu de toutes ses pièces, et retourne rapidement dans le port, pour prévenir les habitants de la ville. Aussitôt tous les canons tonnent. Soldats, ouvriers, bourgeois, paysans, accourent sur le rivage ; la mer se couvre de barques qui vont à la rencontre du Corse illustre.

Sur l'une de ces barques se trouve une vieille femme, vêtue de noir, qui tend les bras vers le grand homme, en s'écriant toute joyeuse : *Caro figlio !* C'est sa nourrice. Sans se soucier des lois de la quarantaine, dont on le dispense, il débarque, se rend dans sa maison natale, dans la maison des Bonaparte, et, comme s'il était déjà souverain, on le voit rendre la justice et délivrer des prisonniers.

Les jours suivants, le vent est contraire. Pendant neuf jours, Bonaparte se voit forcé de rester en Corse, où il craint que sa présence ne soit connue des Anglais. Enfin, le 7 octobre, le vent redevenant favorable, il se décide à gagner la côte de Provence, malgré tous les obstacles, et faisant remorquer la *Muiron* par une chaloupe armée de vigoureux rameurs, il lève l'ancre.

Si Bonaparte aime les émotions fortes, il doit être satisfait. Plus il approche du port, plus le péril augmente. Qui sait? Dans quelques heures, dans quelques minutes, il sera peut-être entre les mains des Anglais. Lui, ce puissant génie, il dépend du souffle du vent. Qu'il aborde sur la terre de France, et rien n'arrêtera sa fortune. Mais s'il n'y aborde pas; si, après avoir abandonné son armée en Égypte, il est fait prisonnier par les Anglais, qu'est-ce que ses adversaires ne diront pas de sa folle équipée? Alternative poignante : d'un côté le ridicule, de l'autre la toute-puissance, la réputation d'un aventurier ou la gloire d'un héros. Ce grand joueur qui engage sans cesse des parties contre le destin, et qui jusqu'à présent les a gagnées toujours, se plaît dans ces crises extrêmes qui servent d'aliment à son imagination dévorante et à sa nature téméraire. Pendant toute la journée du 7 octobre, la navigation a été bonne. Bonaparte et ses compagnons aperçoivent déjà les montagnes de Provence, et se réjouissent à la pensée de toucher dans quelques heures le sol de la patrie, quand tout à coup, du haut d'un mât, un adjudant de l'amiral Gantheaume s'écrie que, par le reflet des rayons du soleil couchant, il aperçoit, à six lieues en mer, plusieurs voiles. Evidemment ce sont des navires ennemis. On se croit perdu. Gantheaume déclare que Bonaparte n'a d'autre parti à prendre que de se jeter dans la chaloupe que remorque la

Muiron et de rentrer à Ajaccio. Mais lui, calme, impassible, répond à l'amiral : « Croyez-vous que je consentirai à m'échapper comme un malheureux, quand le sort n'a cessé de m'être favorable ? Ma destinée n'est pas d'être pris et de mourir ici... Le conseil que vous me donnez ne pourrait être suivi qu'en dernier recours, après l'échange au moins de quelques boulets, et quand toute autre voie de salut serait impossible. » C'est le fatalisme qui donne à l'homme des Pyramides cette attitude imperturbable. Son instinct ne le trompe pas. Sûr d'aborder en France, il ne fait pas à sa fortune l'injure de douter d'elle un seul instant. D'un coup d'œil, il rend la confiance à tout l'équipage. Il fait remarquer que c'est le soleil couchant qui éclaire les vaisseaux ennemis à l'horizon et que ce même soleil doit laisser dans l'ombre la *Muiron* et la *Carrière*. « Nous voyons, dit-il, et nous ne sommes pas vus. Courage donc ! » Ne dirait-on pas que les vents lui obéissent, soufflent comme il le veut, et que le soleil lui obéit aussi en éclairant la flotte anglaise et en cachant dans l'obscurité le navire qui porte le futur César ? Arrière les défaillances et les conseils pusillanimes ! « Faites force de voiles, crie Bonaparte. Tout le monde à son poste ! Au nord-ouest ! Au nord-ouest ! » Tout l'équipage est rassuré. On gouverne sur le mouillage le plus prochain, et le lendemain, 9 octobre, à huit heures du matin, on entre dans la baie de Saint-Raphaël, à huit cents mètres du village de ce nom, distant d'une demi-lieue de Fréjus. La traversée a duré quarante-quatre jours.

Bonaparte va-t-il faire la quarantaine prescrite ? Il a l'air de vouloir s'y soumettre, mais au fond c'est une feinte. L'établissement de la Santé est situé à environ un kilomètre de Fréjus. Un officier de la frégate la *Muiron* se dirige en canot vers le rivage, pour annoncer l'arrivée de Bonaparte et son intention d'entrer en quarantaine. Mais à peine cet officier est-il aperçu qu'un mouvement se produit sur le littoral, bientôt couvert d'une multitude. Ce sont les habitants de Fréjus qui accourent, montent sur des barques aux cris de « vive Bonaparte! » et se jettent par les sabords dans la frégate où est le général. « Point de quarantaine pour vous, disent-ils ! La peste plutôt que les Autrichiens ! Point de quarantaine pour notre sauveur, pour le héros qui vient défendre la Provence ! » Bonaparte descend à terre. On lui amène un cheval blanc, il monte sur ce cheval, et, acclamé par une foule ivre de joie, il entre dans Fréjus, où il reste quatre heures seulement. Puis il poursuit sa route, qui n'est qu'un long triomphe. A Aix, à Avignon, à Valence, il est reçu avec d'indescriptibles transports d'enthousiasme. Arrivé à Lyon, il y passe toute une journée. Une multitude innombrable se presse sous ses fenêtres, le suppliant de se montrer. Le soir, il va au spectacle, et se cache dans le fond de la loge, ordonnant à Duroc de se mettre sur le devant. « Bonaparte ! Bonaparte ! » crient les spectateurs en délire. « Bonaparte ! Bonaparte ! » Et les instances deviennent si vives qu'il est obligé de se montrer. Dès qu'on le voit, c'est un tonnerre d'applaudissements. A minuit, il poursuit son voyage, et, au lieu de se diriger vers Mâcon, comme on paraissait le croire, il prend la route du Bourbonnais, dans une voiture de poste, qui va à grande vitesse, ne s'arrêtant ni jour ni nuit.

Paris a été averti par le télégraphe du débarquement de l'homme prédestiné. En quinze jours, on a appris la victoire de Masséna en Suisse, celle de Brune en Hollande, celle de Bonaparte à Aboukir, et le débarquement du vainqueur en France. L'allégresse est à son comble. Les cloches sonnent à toute volée dans les villes et dans les villages où passe celui qui est si impatiemment attendu. La nuit, on allume, sur sa route, des feux de joie. Dans les théâtres, à Paris, les acteurs annoncent en scène la bonne nouvelle, et les représentations sont interrompues par des cris, des transports, des chants patriotiques. Au Conseil des Anciens, Lucien Bonaparte, quoique le plus jeune des députés, est porté par acclamation à la présidence. En apprenant que le vainqueur des Pyramides est de retour, il y a des républicains, des patriotes, qui meurent de plaisir. C'est le 10 octobre que, dînant au

Luxembourg chez le président du Directoire, Gohier, Joséphine est informée du débarquement de son mari. S'apercevant que la nouvelle cause à son hôte plus de surprise que de joie : « Président, lui dit-elle, ne craignez pas que Bonaparte vienne avec des intentions fatales à la liberté. Mais il faudra vous réunir pour empêcher que des misérables ne s'en emparent. Je vais au devant de lui ; il est important pour moi que je ne sois pas prévenue par ses frères qui m'ont toujours détestée. Au reste, ajouta-t-elle, en regardant la femme de Gohier, je n'ai rien à craindre de la calomnie, quand Bonaparte apprendra que ma société particulière a été la vôtre, et il sera aussi flatté que reconnaissant de l'accueil que j'ai reçu de votre maison pendant son absence. » Se rassurant ainsi elle-même, Joséphine quitte immédiatement Paris pour voler au devant de son époux ; mais comme elle prend la route de Bourgogne, tandis que lui a pris la route du Bourbonnais, elle ne pourra le rejoindre dans le trajet, et il sera de retour à Paris avant elle.

XXVI

Bonaparte arrive à Paris le matin du 24 vendémiaire an VIII (16 octobre 1799). Il se rend
directement à sa maison de la rue de la Victoire,
où il rentre seul, comme à son retour d'Italie.
Mais alors il savait qu'il n'y trouverait pas Joséphine, tandis qu'aujourd'hui il était convaincu
qu'elle y serait. Cette maison vide lui fait faire
d'amères réflexions. Où est sa femme ? Se sent-
elle coupable ? Craint-elle donc les regards d'un
époux irrité ? Tout ce qu'on a dit d'elle est donc
vrai ? L'esprit soupçonneux de Bonaparte s'irrite
et se passionne. Ses frères, qui sont les ennemis
de Joséphine, moins par moralité que par rivalité
d'influence, exploitent avec habileté ce sentiment
de jalousie et de colère. Bonaparte, troublé dans
les profondeurs de son âme, médite déjà des projets de séparation, de divorce. Son ancien amour,
aiguisé par le dépit, et stimulé par la fureur,
se réveille et le torture. Un instant, il oublie le

pouvoir suprême dont il va se saisir, pour ne songer qu'à ses infortunes conjugales.

De son côté, Joséphine est inquiète. Elle a voulu aller au devant de son mari pour prévenir l'effet des dénonciations contre elle. Sûre de la puissance de ses charmes, elle s'était dit à elle-même : « Que je le voie la première, il se jettera dans mes bras. » Mais elle n'est pas parvenue à le rejoindre en route. Et lui, en arrivant, aura trouvé la solitude. Et qu'aura-t-il pensé dans son appartement désert ? Il y est déjà depuis l'avant-veille quand Joséphine rentre à Paris. Elle tressaille. Que se passera-t-il ? Aura-t-elle devant ses yeux le visage d'un amant ou le visage d'un juge ? Retrouvera-t-elle le Bonaparte d'autrefois, si épris et si tendre ? Ou verra-t-elle un Bonaparte sombre, haineux, terrible ? Cruelle perplexité, doute plein d'angoisses ! Pauvre femme ! Elle est agitée à la fois par la joie et par l'inquiétude, ne sachant si elle approche du bonheur ou du malheur suprême. Avec la rapidité de l'éclair, elle gravit le petit escalier qui conduit à la chambre de son époux. O douleur ! elle trouve porte close. Elle frappe, il n'ouvre pas. Elle frappe, elle parle, elle supplie. Lui, défendu par les verrous, répond de sa chambre que cette porte ne s'ouvrira plus jamais pour elle. Alors elle pleure, elle tombe à genoux. Ses sanglots retentissent dans toute la maison. Elle prie, elle implore, mais en vain. La nuit se passe. Elle est toujours inutilement sur le seuil de cette chambre interdite, qui est pour elle une sorte de paradis perdu. Elle ne se décourage pas. Toujours des supplications et des larmes. Les larmes ne sont-elles pas l'argument suprême de la femme? Ne viendra-t-il pas le moment où ces larmes-là se sècheront sous des baisers? Elle ne peut pas s'imaginer qu'après avoir été tant adorée, elle ne parviendra point à reconquérir son empire. Bonaparte peut bien résister à sa voix, quand il n'a pas devant lui son visage; il ne résistera point à son sourire mêlé de pleurs. Au moment où elle semble le plus accablée, Joséphine espère encore. Elle espère, et elle a raison d'espérer.

Cependant l'attente est si longue, Bonaparte est si inflexible, qu'un instant elle hésite à continuer la lutte. Brisée de fatigue et d'émotions, elle va se retirer, quand une de ses femmes a l'heureuse idée de lui dire : « Faites venir votre fils et votre fille. » Elle suit ce sage conseil. Eugène et Hortense arrivent. Ils joignent leurs voix à celle de Joséphine : « Je vous en supplie... N'abandonnez pas notre mère... Elle en mourra... Et nous, pauvres orphelins, dont l'échafaud a pris le père, serons-nous privés de celui que la Providence nous avait envoyé pour le remplacer ? »

Bonaparte se décide enfin à ouvrir la porte. Son visage est encore sévère. Il fait des reproches. Joséphine tremble. Se tournant du côté d'Eugène : « Quant à vous, dit-il, vous ne porterez point le poids des torts de votre mère. Vous serez toujours mon fils ; je vous garderai près de moi. — Non, mon général, répond le brave jeune homme : je dois partager la triste fortune de ma mère ; dès ce moment, je vous fais mes adieux. » Bonaparte commence à s'adoucir. Il presse Eugène contre son cœur, et, voyant tomber à ses genoux Joséphine et Hortense, il pardonne. Il pardonne, et ses yeux brillent de joie, et il se laisse persuader par Joséphine qui se justifie. La réconciliation est complète. A sept heures du matin, il fait appeler son frère Lucien, le dénonciateur, et Lucien, entrant dans la chambre, y trouve les deux époux raccommodés, et couchés dans le même lit.

Bonaparte fut bien inspiré, en se réconciliant avec sa femme. Une séparation aurait été un scandale qui eût servi d'aliment à la malignité des royalistes. Bonaparte n'était pas encore un César. Sa femme avait pu être soupçonnée. D'ailleurs, dans les idées de la société du Directoire, des soupçons de cette nature ne nuisaient guère à une femme à la mode, et l'opinion publique avait des questions plus graves à éclaircir que de se demander si la citoyenne Bonaparte avait été ou non fidèle à son époux. Le vainqueur des Pyramides fut sage de couper court aux accusations intéressées de ses frères, et d'employer son activité à des choses plus sérieuses que les récriminations d'un mari qui, à tort ou à raison, se croit trompé. Joséphine allait une fois de plus être utile aux projets de son époux. Elle était fine, avait du tact, connaissant parfaitement la société de Paris et le monde politique. Au courant de toute chose, elle allait jouer, en actrice consommée, son rôle dans la préparation du coup d'État de Brumaire.

Dès l'instant de son retour, Bonaparte s'est aperçu de la défiance du Directoire. Le jour même de son arrivée, il s'est rendu au Luxembourg avec Monge, ami du président du Directoire, Gohier. « Que je suis aise, mon cher président, a dit Monge, de trouver la République triomphante. » — « Je me réjouis également, a dit Bonaparte, d'un air un peu embarrassé. Les nouvelles qui nous sont parvenues en Égypte étaient tellement alarmantes, que je n'ai pas balancé à quitter mon armée pour venir partager ses périls. » — « Général, a répondu Gohier, ils étaient grands ; mais nous en sommes glorieusement sortis. Vous arrivez à propos pour célébrer avec nous les glorieux triomphes de vos compagnons d'armes. » Le lendemain, 25 vendémiaire, Bonaparte a fait une seconde visite au Directoire. « Citoyens Directeurs, s'est-il écrié, en mettant la main sur le pommeau de son épée, je jure que cette épée ne sera jamais tirée que pour la défense de la République et de son gouvernement. » Gohier a répondu : « Général, votre présence ranime dans tous les cœurs français le sentiment glorieux de la liberté. C'est aux cris de : « Vive la République ! » que Bonaparte a été et devait être reçu. » La cérémonie s'est terminée par l'accolade fraternelle, qui n'a été ni donnée, ni acceptée fraternellement.

Le moment de la crise est proche. Où Bonaparte cherchera-t-il son point d'appui ? Du côté des révolutionnaires ardents ou du côté des modérés ? Le chef des modérés, c'est l'un des directeurs, Sieyès. Il a pour cet ancien abbé une répugnance instinctive ; mais, toute réflexion faite, comme il sent qu'il en a un besoin absolu, il se décide à s'en servir. Moreau, célèbre par ses victoires, pourrait être son rival. Il se le concilie. Gohier nous racontera leur entrevue. Il a invité à dîner Bonaparte, Joséphine et Sieyès. En apercevant celui-ci dans le salon : « Qu'avez-vous fait ? dit Joséphine au bon Gohier, Sieyès est l'homme que Bonaparte déteste le plus. C'est sa bête noire. » En effet, Bonaparte, pendant le dîner, ne dit pas un mot à Sieyès, il affecte même de ne pas le regarder. Sieyès sort de table furieux. « Avez-vous remarqué, dit-il à l'amphitryon, la conduite de ce petit insolent envers le membre d'une autorité qui aurait dû le faire fusiller ? »

Après le dîner, Moreau arrive. C'était la première fois que lui et Bonaparte se voyaient. Les deux illustres généraux paraissent aussi flattés l'un que l'autre de se rencontrer. C'est Bonaparte qui fait le plus d'avances. Quelques jours après, il offre à Moreau, en signe d'amitié, un sabre enrichi de diamants, et le 18 Brumaire, il le décidera à être, au Luxembourg, le geôlier des directeurs qui n'auront point voulu coopérer au coup d'État.

Mme Bonaparte n'est jamais inutile dans les rapports de son époux avec les hommes dont il peut avoir besoin. Elle séduit quiconque approche d'elle par sa grâce exquise, son aménité pleine de charme. Ce qu'il peut y avoir de brusque, d'impérieux dans les manières ou l'extérieur de Bonaparte est tempéré par la douceur si insinuante, si persuasive de son aimable et bienveillante compagne. Elle exercera une réelle influence sur les victimes et les complices du coup d'État : Barras, Gohier, Sieyès, Fouché, Moreau, Talleyrand. Qui sait ? Sans l'habileté, sans le tact de Joséphine, Bonaparte ferait peut-être un éclat, se brouillerait prématurément avec Barras, se démasquerait trop tôt, et il n'aurait pas le temps d'organiser un complot solidement tramé. Le 8 brumaire (30 octobre), dînant chez Barras, il a grand'peine à se contenir. Barras, imitant son exemple, et, comme lui, jouant le désintéressement, la fatigue, le mauvais état de santé, le besoin de repos, parle de se retirer, et de faire mettre à la tête du gouvernement un personnage obscur, le général Hédouville. Bonaparte est sur le point d'éclater. Il quitte avec colère les appartements de Barras, et, avant de sortir du Luxembourg, il passe dans ceux de Sieyès. « C'est avec vous, lui dit-il, avec vous seul, que je veux marcher, » et l'on convient de tout préparer pour le 18 ou le 20 brumaire.

En attendant, Bonaparte redouble d'astuce. Se disant fatigué des hommes et des choses, souffrant, très éprouvé par la transition brusque d'un climat sec à un climat humide, il pose pour un Cincinnatus qui veut retourner à sa charrue, et se dérobe à la curiosité publique, l'excitant d'autant plus qu'il a l'air de la fuir. S'il va au théâtre, c'est à l'improviste, dans une loge grillée. Sa mise est plus simple encore que de coutume. Au lieu d'un uniforme à galons ou à épaulettes, il endosse la redingote grise, destinée à devenir légendaire. Il affecte de préférer à tous les autres entretiens les conversations scientifiques ou littéraires de ses collègues de l'Institut. Crédule de nature, et circonvenu par Joséphine, l'austère Gohier ne veut pas croire aux projets illégaux d'un tel homme. Patriote et républicain dans l'âme, il s'imagine que la Constitution de l'an III est pour tout le monde, comme pour lui, l'arche sainte. Pendant ce temps, Bonaparte combine ses manœuvres politiques, comme s'il faisait un plan de bataille. Chaque parti croit trouver en lui son soutien. Chaque parti se trompe. Bonaparte compte bien se servir de l'un d'eux, peut-être de tous, mais il n'en servira aucun. Comme il le dira plus tard à Mme de Rémusat, en se reportant, dans ses récits, à cette période de son histoire : « Le Directoire frémit de mon retour ; je m'observai beaucoup ; c'est une des époques de ma vie où j'ai été le plus habile. Je voyais l'abbé Sieyès, et lui promettais l'exécution de sa verbeuse Constitution ; je recevais les chefs des Jacobins, les agents des Bourbons ; je ne refusais de conseils à personne, mais je n'en donnais que dans l'intérêt de mes plans. Je me cachais au peuple, parce que je savais que lorsqu'il en serait temps, la curiosité de me voir le précipiterait sur mes pas. Chacun s'enferrait dans mes lacs, et, quand je devins le chef de l'État, il n'existait point en France un parti qui ne plaçât quelque espoir sur mon succès. »

L'heure approche où va se réaliser ce vœu, cette prédiction que faisait Suleau, en 1792, dans le numéro 9 de son journal, au milieu des soldats de Condé, à Coblentz. « Je répète froidement que le dieu tutélaire que j'invoque pour ma patrie, c'est le despote, pourvu qu'il soit d'ailleurs homme de génie. C'est l'entière inflexibilité d'un Richelieu que je réclame ; il ne faut à un pareil homme que de la terre et des bras pour créer un empire. La France ne peut être recomposée en corps de nation qu'après avoir été courbée en silence sous la verge d'airain d'un maître farouche et intraitable. Quand j'appelle à grand cris le despotisme au secours de ma malheureuse patrie, j'entends l'unité de pouvoirs dans les mains d'un maître impérieux, d'une capacité féroce, jaloux de la domination, et réellement absolu. Je veux un usurpateur magnanime, qui sache, par un superbe et éclatant cromwellisme, faire admirer et redouter un peuple qu'il force à respecter et à bénir sa servitude. » Le dénouement va se produire. La longue trame ourdie par la réaction depuis 1795 est achevée.

XXVII

Quelques jours avant le 18 Brumaire, Bonaparte se trouvait dans la propriété de son frère Joseph, à Mortefontaine. Voulant parler plus librement avec Regnault de Saint-Jean-d'Angély des événements qui se préparaient, il lui proposa de venir se promener avec lui à cheval. Comme les deux cavaliers galopaient, à bride abattue, le long des étangs, à travers les rochers, le cheval de Bonaparte, se heurtant contre une pierre que le sable recouvrait, s'abattit, et voilà le général lancé avec une violence effrayante à douze ou quinze pieds de sa monture. Regnault saute à bas de la sienne, court à lui, le trouve sans connaissance; plus de pouls, plus de respiration; il le croit mort. Ce n'était qu'une fausse alerte. Au bout de quelques minutes, Bonaparte, sans fracture, sans blessure, sans contusion, reprend connaissance, et remonte à cheval. « Ah ! général, s'écrie son compagnon, quelle peur vous m'avez faite ! » — Et Bonaparte dit en riant : « Voici pourtant une petite pierre contre laquelle tous nos projets ont failli se briser. » Cela était vrai : cette petite pierre pouvait changer le sort du monde.

La conjuration est organisée. Le dénouement approche. Conspirateur autant qu'homme de guerre, Bonaparte le prépare avec une finesse et une astuce tout italiennes. Avec quelle habileté il pressent l'opinion publique, en ayant l'air de ne pas vouloir d'un coup d'État, qui est son plus ardent désir. Depuis plusieurs jours, les officiers présents à Paris demandent à lui offrir leurs hommages. Il n'a pas encore consenti à les recevoir. Les officiers s'en plaignent. Et, dans le public, chacun de répéter : « Il n'en fera pas plus qu'à son retour d'Italie. Qui nous tirera du bourbier où nous sommes ? » Il s'entoure jusqu'au bout d'une société républicaine. Joséphine et lui redoublent de prévenances pour l'austère Gohier et sa femme. Et, en même temps, comme il sait adroitement évoquer les souvenirs de la Terreur, effrayer les imaginations, faire se dresser à l'horizon le spectre rouge, qui a toujours le don d'affoler la bourgeoisie !

Ainsi que l'a dit Edgar Quinet, le 18 Brumaire sera l'accord de la peur et de la gloire. Chacun se trouble. On se croit menacé des éventualités les plus terribles : émeutes, proscriptions, échafauds. On se persuade que seul Bonaparte peut prévenir le retour de 1793. On le presse, on le supplie d'agir. Et lui, en agissant, semblera faire une concession à l'opinion publique. Le coup d'État est dans l'air. Bonaparte trouve partout des auxiliaires et des complices. Pour qu'il soit assuré de l'approbation générale, il ne lui faudra qu'une seule chose : le succès.

Dans la journée du 15 brumaire (le plan définitif de la conjuration doit être arrêté le même jour), Bonaparte assiste à un banquet par souscription, qui lui est offert par cinq à six cents membres des deux Conseils. « Jamais banquet civique, dira Gohier dans ses Mémoires, ne fit éclater moins de sentiments républicains. » Point de gaieté. Point de félicitations mutuelles. Le local est le temple de la Victoire, autrefois l'église Saint-Sulpice. On dirait qu'on ose à peine parler dans ce sanctuaire. Il semble qu'on cherche à s'interroger sur quelque pressentiment grave. Chacun observe, et se sent observé. Assis à la droite de Gohier, président du Directoire, Bonaparte a l'air sombre et gêné. Il ne boit et mange que le pain et le vin apportés par son aide de camp. Craindrait-il d'être empoisonné ? Des toasts de commande, portés sans enthousiasme, sont répétés sans chaleur. Bonaparte ne reste même point jusqu'à la fin du repas. Il se lève brusquement de table, en fait le tour, dit quelques mots saccadés à plusieurs des principaux convives, et se retire.

Arnault va nous montrer ce qui, le soir, se passe chez le général. Joséphine fait les honneurs de son salon avec plus de grâce que jamais. On y rencontre des hommes de tous les partis, des généraux, des députés, des royalistes, des Jacobins, des abbés, un ministre, et le président même du Directoire. A voir l'air de supériorité du maître de la maison, ne dirait-on pas que c'est déjà un monarque au milieu de sa cour! Voici le ministre Fouché qui arrive, et prend place sur le canapé, à côté de Mme Bonaparte.

Gohier. — Quoi de nouveau, citoyen ministre?

Fouché. — De neuf? Rien en vérité.

Gohier. — Mais encore?

Fouché. — Toujours les mêmes bavardages.

Gohier. — Comment?

Fouché. — Toujours la conspiration.

Gohier (haussant les épaules). — La conspiration!

Fouché. — Oui, la conspiration! mais je sais à quoi m'en tenir. J'y vois clair, citoyen directeur; fiez-vous à moi; ce n'est pas moi qu'on attrape. S'il y avait conspiration depuis qu'on en parle, n'en aurait-on pas eu la preuve sur la place de la Révolution ou dans la plaine de Grenelle? (Fouché, en disant cela, éclate de rire.)

Mme Bonaparte. — Fi donc, citoyen Fouché; pouvez-vous rire de ces choses-là?

Gohier. — Le ministre parle en homme qui

sait son affaire. Mais tranquillisez-vous, citoyenne, dire ces choses-là devant les dames, c'est penser qu'il n'y a pas lieu à les faire. Faites comme le gouvernement, ne vous inquiétez pas de ces bruits-là. Dormez tranquille.

Bonaparte écoute en souriant.

La soirée se passe comme à l'ordinaire. Point d'agitation, point d'inquiétude sur les visages. Le salon se vide peu à peu. Fouché et Gohier prennent congé de Joséphine, qui remonte dans son appartement. Arnault reste le dernier. Voici sa conversation avec Bonaparte :

— Général, je viens savoir si la chose tient toujours pour demain, et recevoir vos instructions.

— La chose est remise au 18.

— Au 18, général ?

— Au 18.

— Quand l'affaire est éventée ! Ne voyez-vous pas que tout le monde en parle ?

— Tout le monde en parle, et personne n'y croit. D'ailleurs, il y a nécessité. Ces imbéciles du Conseil des Anciens n'ont-ils pas des scrupules ? Ils m'ont demandé vingt-quatre heures pour faire leurs réflexions !

— Et vous les leur avez accordées ?

— Où est l'inconvénient ? Je leur laisse le temps de se convaincre que je puis faire sans eux ce que je veux faire avec eux. Au 18, donc, venez demain prendre le thé ; s'il y a quelque chose de changé, je vous le dirai ; bonsoir.

Deux jours ne seront pas de trop pour terminer tous les préparatifs. « Joséphine était dans le secret, dit le général de Ségur. Rien ne lui fut caché. Dans toutes les conférences dont elle fut témoin, sa discrétion, sa douceur, la grâce et l'adresse pleine d'à-propos de son esprit fin et mesuré intervinrent utilement. Elle justifia le retour de confiance en elle de Bonaparte. »

Le 16 et le 17, Bonaparte et ses adhérents achèvent l'élaboration de leur programme, qui est simple et ingénieux. Une disposition de la Constitution en vigueur, la Constitution de l'an III, autorise le Conseil des Anciens, en cas de danger pour la chose publique, à convoquer le Corps Législatif (Conseil des Anciens et Conseil des Cinq-Cents) hors de la capitale pour le soustraire à l'influence de la multitude, et à choisir un général pour lui confier le commandement des troupes militaires destinées à protéger la législature. La Constitution stipule également qu'à partir du moment où la translation de résidence est votée par le Conseil des Anciens, toute discussion au sein des deux Conseils est interdite, jusqu'à ce que cette translation soit effectuée. Telle sera la pierre angulaire pour l'édifice de la conjuration. Le prétendu danger public c'est une soi-disant conspiration jacobine qui, au dire des partisans de Bonaparte, menace le Corps législatif. On désigne le 18 brumaire comme le jour où le Conseil des Anciens devra voter la translation à

Saint-Cloud et investir Bonaparte du commandement des troupes. Le Conseil sera convoqué pour huit heures du matin, aux Tuileries, où se tiennent ses séances. Un orateur insistera sur les dangers du soi-disant complot jacobin, et le vote de translation une fois rendu, le Conseil des Cinq-Cents, qui ne sera convoqué que pour onze heures, n'aura qu'à s'y soumettre, sans discussion.

Mais comment grouper, dès le matin, et avant le vote, des troupes autour de Bonaparte, qui, pour réussir, a besoin de l'élément militaire, dès le début de l'entreprise ?

La 17e division, dont le chef-lieu est Paris, n'est pas sous ses ordres. Il n'est pas ministre de la guerre. Il n'a pas de commandement. Comment, sans éveiller les soupçons, réunir, sous les yeux mêmes du gouvernement, l'armée qui doit le renverser ? Quel prétexte inventer pour rassembler un état-major dans l'hôtel de la rue de la Victoire et des régiments autour des Tuileries ? Depuis plusieurs jours, les officiers de l'armée de Paris et de la garde nationale ont exprimé le désir de présenter leurs devoirs au général Bonaparte. On décide qu'il les recevra chez lui, le 18 brumaire, à six heures du matin, et l'on explique cette heure matinale, par un soi-disant projet de voyage du général. Trois régiments de cavalerie ont sollicité l'honneur de défiler devant lui. On les avertit qu'il les passera en revue à sept heures du matin, le même jour. Pour se rendre de sa maison de la rue de la Victoire aux Tuileries, il lui faut une escorte de cavaliers. On prévient un de ses plus dévoués partisans, un Corse, le colonel Sébastiani, et on l'invite à être à cheval, à cinq heures du matin, rue de la Victoire, avec deux cents dragons de son régiment, le 9ᵉ. Sébastiani, sans prendre les ordres de ses supérieurs hiérarchiques, accepte cette mission. Avec un brillant état-major de généraux et d'officiers à cheval, précédés et suivis par les dragons d'escorte, Bonaparte se rendra le matin aux Tuileries au moment où le décret de translation aura déjà été voté par le Conseil des Anciens ; il recevra le commandement en chef de toutes les troupes en garnison à Paris et dans les environs, et sera chargé de veiller sur les deux conseils qui siègeront, le lendemain 19, à Saint-Cloud. Dans la journée du 18, on décidera Barras à donner sa démission ; venant après celle de Sieyès et de Roger-Ducos, elle désorganisera le Directoire, qui, ne se trouvant plus composé que de deux membres, Moulins et Gohier, gardés à vue dans le palais du Luxembourg par le général Moreau, fera place à un nouveau gouvernement, dont la constitution est toute prête et dont Bonaparte sera l'âme. On espère que le Conseil des Cinq-Cents ne résistera pas à ces combinaisons, et que la révolution, se masquant sous des apparences légales, s'accomplira sans violence. Quoi qu'il

en soit, Bonaparte ira jusqu'au bout. Si les Cinq-
Cents lui refusent leur approbation, il est résolu
de s'en passer. Les pièges sont tendus. La Législature y tombera. Toutes les mesures sont prises.
Les conjurés disent : « A demain ! »

XXVIII

Il est cinq heures du matin. Sébastiani, colonel du 9ᵉ dragons, fait occuper le jardin des Tuileries et la place de la Révolution par huit cents hommes. Lui-même vient se ranger, avec deux cents dragons à cheval, devant l'hôtel de la rue de la Victoire, où demeure Bonaparte. A six heures, on voit arriver Lefebvre, le commandant de la division militaire. Les ordres ont été envoyés aux divers régiments sans qu'il en ait été prévenu, et il s'étonne d'apercevoir les dragons de Sébastiani. Mais Bonaparte n'a pas de peine à le gagner à sa cause. « Voici, dit-il, le sabre turc que je portais à la bataille des Pyramides. Acceptez-le, vous qui êtes l'un des plus intrépides soutiens de la patrie, voulez-vous la laisser périr dans les mains de ces avocats qui la perdent ? » Lefebvre, transporté de joie, s'écrie : « S'il s'agit de cela, je suis prêt. Il faut jeter sur-le-champ tous ces avocats-là à la rivière. »

L'hôtel et le jardin se remplissent rapidement d'officiers en grand uniforme. Un seul est en bourgeois. C'est Bernadotte. Repoussant les séductions de Bonaparte : « Non ! non ! dit-il, vous échouerez. Je vais ailleurs, où peut-être alors je vous sauverai. »

Huit heures viennent de sonner. Une femme entre, c'est la femme du président du Directoire, Mme Gohier. La veille au soir, son mari avait reçu le billet suivant apporté par le jeune Eugène de Beauharnais :

« Ce 17 Brumaire, an VIII.

» Venez, mon cher Gohier, vous et votre femme, déjeuner avec moi demain, à huit heures du matin. N'y manquez pas ; j'ai à causer avec vous de choses très intéressantes. Adieu, mon cher Gohier, comptez toujours sur ma sincère amitié.

» LA PAGERIE-BONAPARTE. »

L'heure matinale indiquée a paru suspecte à Gohier : « Tu iras au rendez-vous, a-t-il dit à sa femme, et tu diras à Mme Bonaparte que je ne puis me rendre à son invitation, mais que, dans la matinée, j'aurai l'honneur de la voir. »

Bonaparte, voyant Mme Gohier arriver seule, fronce le sourcil :

— Quoi ! dit-il, le président ne vient pas ?

— Non, général, il ne lui est pas possible.

— Il faut absolument qu'il vienne. Écrivez-lui, madame, et je vais lui faire porter votre lettre.

— Je vais lui écrire, général, et j'ai des gens ici qui se chargeront de ma lettre.

Mme Gohier prend la plume et adresse à son mari ce billet :

« Tu as bien fait de ne pas venir, mon ami ; tout ce qui se passe ici m'annonce que l'invitation était un piège. Je ne tarderai pas à te rejoindre. »

Dès que Mme Gohier a fait porter cette lettre, Mme Bonaparte vient à elle, et lui dit :

— Tout ce que vous voyez doit vous faire pressentir, madame, ce qui doit infailliblement arriver. Je ne puis vous exprimer combien je suis désolée de ce que Gohier ne se soit pas rendu à mon invitation concertée avec Bonaparte, qui désire que le président du Directoire soit un des membres du gouvernement qu'il se propose d'établir. En lui envoyant ma lettre par mon fils, c'était assez lui marquer toute l'importance que j'y attachais.

— Je vais, madame, aller le rejoindre ; ma présence est de trop ici.

— Je ne vous retiendrai pas. En vous rendant auprès de votre mari, dites-lui qu'il réfléchisse bien, et réfléchissez vous-même avec lui sur le vœu que j'ai été autorisée à vous manifester.... Employez, je vous en conjure, madame, toute votre influence pour l'engager à venir.

Mme Gohier retourne au Luxembourg, et laisse Bonaparte au milieu des officiers de tout grade qui vont être les auxiliaires du coup d'État.

Que se passe-t-il en même temps aux Tuileries ? Le Conseil des Anciens y est entré en séance, à huit heures. Cornet prend la parole. Il parle de conjuration, de poignards, de terroristes. « Si le Conseil des Anciens, dit-il, ne met pas la patrie et la liberté à l'abri des plus grands dangers qui les aient encore menacées, l'embrasement devient général... On ne pourra plus en arrêter les dévorants effets. La patrie sera consumée... Représentants du peuple, prévenez cet affreux incendie, ou la République aura existé. Et son squelette sera entre les mains des vautours, qui s'en disputeront les membres décharnés ! »

Ce langage déclamatoire produit un effet décisif. Le Conseil des Anciens, s'appuyant sur les articles de la Constitution qui autorisent, en cas de péril public, le changement de résidence du Corps législatif, décrète ce qui suit :

« Article premier. — Le Corps législatif est transféré dans la commune de Saint-Cloud ; les deux Conseils y siègeront dans les deux ailes du palais.

» Art. 2. — Ils y seront rendus demain, 19 brumaire, à midi. Toute continuation de fonctions, de délibération est interdite ailleurs et avant ce terme.

» Art. 3. — Le général Bonaparte est chargé

de l'exécution du présent décret... Le général commandant la 17ᵉ division militaire, la garde du Corps législatif, les gardes nationales' sédentaires, les troupes de ligne qui se trouvent dans la commune de Paris, sont mis immédiatement sous ses ordres.

» Art. 4. — Le général Bonaparte est appelé dans le sein du Conseil pour y recevoir une expédition du présent décret et prêter serment. »

Le vote à peine rendu, Cornet va l'annoncer à Bonaparte, rue de la Victoire. Il est environ neuf heures du matin. Le général, du haut du perron de son petit hôtel, harangue les officiers : « La République est en danger, dit-il ; il s'agit de la secourir. » Et, après avoir donné lecture du décret des Anciens, il s'écrie : « Puis-je compter sur vous pour sauver la République ? » On lui répond par des acclamations. Alors, il monte à cheval, et, suivi d'une brillante escorte, où l'on distingue Moreau, Macdonald, Lefebvre, Berthier, Lannes, Beurnonville, Marmont, Murat, il se rend aux Tuileries. Les dragons de Sébastiani ouvrent et ferment la marche.

Il y a peu de monde autour du palais, le peuple ignorant ce qui va se passer. Les grilles du jardin occupé par les troupes sont fermées. Le temps est magnifique. Le soleil fait reluire les casques et les baïonnettes. Bonaparte traverse le jardin, et, mettant pied à terre en face du pavillon de l'Horloge, il se présente devant le Conseil des Anciens, dont la barre lui est ouverte.

« Citoyens représentants, s'écrie-t-il, la République allait périr; votre décret vient de la sauver ! Malheur à ceux qui voudraient s'opposer à son exécution ! Aidé de tous mes compagnons d'armes rassemblés autour de moi, je saurai prévenir leurs efforts. On cherche en vain des exemples dans le passé pour inquiéter vos esprits. Rien dans l'histoire ne ressemble au dix-huitième siècle, et rien dans ce siècle ne ressemble à sa fin. Nous voulons la République ; nous la voulons fondée sur la vraie liberté, sur le régime représentatif. Nous l'aurons, je le jure en mon nom et au nom de mes compagnons d'armes. »

Un seul député fait remarquer que dans ce serment la Constitution ne figure pas. Le président, voulant éviter à Bonaparte un parjure par trop scandaleux, retire au député la parole et lève la séance.

Bonaparte redescend dans le jardin, et passe en revue les troupes, qui poussent des acclamations enthousiastes.

Il est onze heures. C'est l'heure fixée pour la convocation du Conseil des Cinq-Cents. Les députés de ce Conseil apprennent avec indignation le décret des Anciens. Mais leur président, Lucien Bonaparte, leur ferme la bouche. La Constitution est formelle. Toute délibération est interdite. Il n'y a plus qu'à se donner rendez-vous à Saint-Cloud, pour le lendemain matin.

Des cinq directeurs, deux, Sieyès et Roger-Ducos, ont déjà donné leur démission ; le troisième, Barras, sur les instances de Bruix et de Talleyrand, vient d'imiter cet exemple, et de partir, sous escorte, pour sa terre de Grosbois. Les deux autres, Gohier et Moulins, tentent un dernier effort. Ils se rendent aux Tuileries, et y trouvent Bonaparte dans la salle des inspecteurs du Conseil des Anciens. Après une vive altercation, ils retournent au Luxembourg, n'ayant rien obtenu.

Quelques instants auparavant, Bonaparte a lancé cette apostrophe à Bottot, secrétaire de Barras : « Qu'avez-vous fait de cette France que je vous avais laissée si brillante ? Je vous ai laissé la paix, j'ai retrouvé la guerre ! Je vous ai laissé des victoires, j'ai retrouvé des revers ! Je vous ai laissé des millions d'Italie, j'ai trouvé partout des lois spoliatrices et la misère !... Qu'avez-vous fait de cent mille Français que je connaissais, mes compagnons de gloire ? Ils sont morts ! Cet état de choses ne peut durer. Avant trois ans, il nous mènerait au despotisme. »

Mme de Staël a dit dans ses *Considérations sur la Révolution française :* « Bonaparte s'est chargé de hâter l'accomplissement de sa prédiction. Ne serait-ce pas une grande leçon pour l'espèce humaine si ces directeurs, hommes très peu guerriers,

se relevaient de leur poussière et demandaient
compte à Napoléon de la barrière du Rhin et des
Alpes conquise par la République ; compte des
étrangers arrivés deux fois à Paris ; compte des
Français qui ont péri depuis Cadix jusqu'à
Moscou ? »

Mais qui, le 18 Brumaire, prédirait les désastres futurs ? Les soldats de Bonaparte se croient
invincibles pour toujours. Le militarisme triomphe. Les camps ont remplacé le Forum. Plus de
bonnets rouges, des bonnets de grenadiers ; plus
de piques, des baïonnettes. Les Jacobins ont fait
leur temps. Les ardentes diatribes du club du
Manège restent sans écho. Le terrible Santerre
n'est plus qu'un brasseur inoffensif. Les faubourgs
sont calmés. C'est le bruit du tambour qui étouffe
la voix des tribuns. Les hommes d'ancien régime
eux-mêmes sont fascinés par la carrière des armes.
Écoutez ce récit d'un jeune aristocrate, qui sera
un jour le général de Ségur, historien des épo-
pées de la grande armée :

« C'était à l'heure même où, dans les Tuileries,
Napoléon, appelé par le Conseil des Anciens,
commençait la révolution du 18 Brumaire et ha-
ranguait la garnison de Paris, pour s'assurer
d'elle contre l'autre Conseil. La grille du jardin
m'arrêta. Je me collai contre elle ; je plongeai
d'avides regards sur cette scène mémorable. Puis
je courus autour de l'enceinte ; j'essayai toutes les
entrées ; enfin, parvenu à la grille du Pont-Tour-

nant, je la vis s'ouvrir. Un régiment de dragons en sortit, c'était le 9ᵉ ; ces dragons marchaient vers Saint-Cloud, les manteaux roulés, le casque en tête, le sabre en main, et dans cette exaltation guerrière, avec cet air fier et déterminé qu'ont les soldats lorsqu'ils vont à l'ennemi, décidés à vaincre ou à périr. A cet aspect martial, le sang guerrier que j'avais reçu de mes pères bouillonna dans toutes mes veines. Ma vocation venait de se décider. Dès ce moment, je fus soldat ; je ne rêvai que combats, et je méprisai toute autre carrière. »

Mᵐᵉ de Staël raconte que, le jour même du 18 Brumaire, elle arrivait de Suisse à Paris. Comme elle changeait de chevaux à quelques lieues de la ville, on lui annonça que le directeur Barras venait de passer, retournant à sa terre de Grosbois, accompagné par des gendarmes. « Les postillons, dit-elle, racontaient les nouvelles du jour, et cette façon populaire de les apprendre leur donnait encore plus de vie. C'était la première fois, depuis la Révolution, qu'on entendait un nom propre dans toutes les bouches. Jusqu'alors on disait : l'Assemblée constituante a fait telle chose, le peuple, la Convention, maintenant on ne parlait plus que de cet homme qui devait se mettre à la place de tous. Le soir, la ville entière était agitée par l'attente de la grande journée du lendemain, et, sans aucun doute, la majorité des honnêtes gens, craignant le retour des Jacobins, souhaitait alors que le général Bonaparte eût l'avantage. Mon sentiment, je l'avoue, était fort mélangé. La lutte étant une fois engagée, une victoire momentanée des Jacobins pouvait amener des scènes sanglantes; mais j'éprouvais néanmoins, à l'idée du triomphe de Bonaparte, une douleur que je pourrais appeler prophétique. »

Lui, satisfait de la journée, rentre dans sa maison de la rue de la Victoire, où il retrouve Joséphine heureuse et rassurée. Tous les préparatifs militaires sont achevés : Moreau occupe le Luxembourg, Lannes les Tuileries, Sérurier le Point-du-Jour, Murat le château de Saint-Cloud. Bonaparte s'endort avec le même calme que la veille d'une grande bataille.

XXIX

La révolution faite par Bonaparte s'appellera
le 18 Brumaire. Et cependant le 18 Brumaire
n'est qu'un prélude. La journée décisive sera
celle du 19. Mais le 18 est encore la légalité, tandis que le 19 est la violation de la loi. C'est
pour cela que le vainqueur, voulant s'excuser
devant l'histoire, choisira le 18 comme la date
officielle de son coup d'État.

La nuit s'est passée tranquillement ; les faubourgs n'ont pas osé se soulever. Les habitants
de Paris assistent aux événements comme à un
spectacle qu'ils contemplent avec intérêt, mais
sans passion et sans colère.

Le 19, au matin, la route de Paris à Saint-
Cloud est couverte de troupes, de curieux, de
voitures. On prédit le succès de Bonaparte ; mais
la chose n'est pas sûre encore, et cette incertitude est un stimulant de plus pour la curiosité
publique. Il a été décidé que chacun des deux

Conseils entrerait en séance à midi. Les repré-
.sentants sont exacts, et, un peu avant midi,
Bonaparte, à cheval, est en face du château de
Saint-Cloud, à la tête des troupes. Les Anciens
doivent se réunir au premier dans la galerie
d'Apollon, décorée par Mignard, et les Cinq-
Cents à l'Orangerie. Mais les préparatifs d'installation n'ont pas été terminés à l'heure dite, et
les séances ne pourront commencer qu'à deux
heures de l'après-midi. En attendant, les députés
se promènent dans les cours et dans le parc. Les
dispositions que témoignent les Cinq-Cents ne
sont rien moins que favorables à Bonaparte. Lui,
fâché du retard, va et vient, donnant des ordres
multipliés, et ne cachant pas son impatience.

Il est deux heures. Les séances des deux Conseils sont ouvertes. Celle des Anciens débute par
des préliminaires sans importance. Celle des
Cinq-Cents commence par le déchaînement des
passions. C'est Lucien Bonaparte qui préside.
Gaudin demande qu'une commission de sept
membres soit nommée pour faire un rapport sur
les mesures de salut public qu'il conviendrait de
prendre. Des murmures hostiles se font entendre.
De sa place, Delbel s'écrie : « Avant tout la
Constitution ! La Constitution ou la mort ! Les
baïonnettes ne nous effraient pas ; nous sommes
libres ici ! » Une clameur formidable retentit.
« Point de dictature ! A bas les dictateurs ! »
Grandmaison demande qu'à l'instant même tous

les membres du Conseil des Cinq-Cents soient tenus de renouveler leur serment de fidélité à la
Constitution de l'an III. La proposition est adop-
tée avec enthousiasme. On procède à l'appel nominal pour la prestation du serment par chaque
député. Lucien Bonaparte lui-même jure fidélité
à cette Constitution qu'il va détruire.

Une lettre de Barras lui arrive. Au milieu de
la curiosité générale, un secrétaire donne lecture
de cette lettre par laquelle le directeur annonce
sa démission, et qui se termine ainsi : « La gloire
qui accompagne le retour du guerrier illustre à
qui j'eus l'honneur d'ouvrir le chemin, les marques éclatantes de la confiance que lui donne le
Corps législatif et le décret de la représentation
nationale, m'ont convaincu que quel que soit le
poste où m'appelle désormais l'intérêt public,
les périls de la liberté sont surmontés et les intérêts des armées garantis. Je rentre avec joie dans
les rangs des simples citoyens, heureux, après
tant d'orages, de remettre entiers et plus respec-
tables que jamais les destins de la République,
dont j'ai partagé le dépôt. »

Cette lettre excite la surprise, la colère. Sur
cinq directeurs, trois ont donné leur démission.
Le gouvernement est dissous. La résistance à
Bonaparte n'a plus de point d'appui. Grandmaison dit à la tribune : « Avant tout, il faut savoir
si la démission de Barras n'est pas l'effet des circonstances extraordinaires où nous nous trou-

vons. Je crois bien que, parmi les membres qui sont ici, il en est qui savent d'où nous sommes partis et où nous allons. »

Tandis que la séance des Cinq-Cents a commencé ainsi, que s'est-il passé aux Anciens ? Bonaparte vient de s'y montrer, et il y a parlé en maître. « Citoyens représentants, a-t-il dit, vous n'êtes point dans des circonstances ordinaires, mais sur un volcan. Déjà on nous abreuve de calomnies, moi et mes compagnons d'armes. On parle d'un nouveau Cromwell, d'un nouveau César. Si j'avais voulu d'un tel rôle, il m'eût été facile de le prendre au retour d'Italie... Sauvons les deux choses pour lesquelles nous avons fait tant de sacrifices : la liberté et l'égalité. » Et comme un député lui criait : « Parlez donc de la Constitution. — De Constitution, a-t-il dit, vous n'en avez plus. C'est vous qui l'avez détruite, en attentant, le 18 fructidor, à la représentation nationale ; en annulant, le 22 floréal, les élections populaires ; en attaquant, le 30 prairial, l'indépendance du gouvernement. Cette Constitution dont vous parlez, tous les partis veulent la détruire. Ils sont tous venus me faire la confidence de leurs projets, et m'offrir de les seconder. Je ne l'ai pas voulu ; mais, s'il le faut, je nommerai les partis et les hommes. » Alors il a cité Barras. Puis le nom de Moulins lui a échappé. De bruyantes dénégations ont accueilli cette révélation inexacte.

Plus homme d'action qu'homme de parole, Bonaparte s'est un instant troublé. Le tumulte allait grandissant. Mais lui, n'essayant pas plus longtemps de persuader, a eu recours à la menace. Prenant le ton d'un protecteur qui se fait craindre de ceux qu'il protège, il a dit : « Environné de mes frères d'armes, je saurai vous seconder. J'en atteste ces braves grenadiers dont j'aperçois les baïonnettes, et que j'ai si souvent conduits à l'ennemi. Et si quelque orateur, payé par l'étranger, parlait de me mettre hors la loi, alors j'en appellerais à mes compagnons d'armes. Songez que je marche accompagné du Dieu de la fortune et de la guerre. » Le Conseil des Anciens a répondu à cette apostrophe foudroyante en accordant respectueusement les honneurs de la séance à Bonaparte, et lui, sortant de la salle, est retourné au milieu de ses soldats ; il a fait écrire à Joséphine d'être tranquille, que tout allait bien.

Il apprend, en même temps, le déchaînement de colères qui a fait explosion au Conseil des Cinq-Cents. Alors il se fait suivre par une compagnie de grenadiers, et, la laissant à la porte de la salle, il en franchit le seuil, s'avançant seul, le chapeau à la main. C'est le moment où Grandmaison, à la tribune, parle de la lettre de Barras. Il est cinq heures du soir. Des lampes éclairent l'Orangerie. A l'aspect de Bonaparte, les Cinq-Cents poussent un long cri d'indignation : « A bas le dictateur ! A bas le tyran ! » On se précipite au-devant du général; on le presse; on l'apostrophe; on le repousse quelques pas en arrière. Plusieurs bras lèvent des poignards et le menacent. C'est, dira-t-il lui-même plus tard, le plus grand danger qu'il ait jamais couru. Il est préservé par Beauvais, député normand d'une force herculéenne, qui écarte de lui les assaillants et le remet aux grenadiers qui viennent à son secours. Un de ses soldats, le grenadier Thomé, a son habit percé d'un coup de poignard. Le tumulte est indescriptible. L'Orangerie ressemble à un champ de bataille.

Lucien essaie en vain de justifier son frère. On crie : « Hors la loi ! Hors Bonaparte et ses complices. » Le bureau est envahi. « Marche, président, dit un député, mets aux voix le *hors la loi.* »

Lucien descend de l'estrade. On l'accable de reproches. « Reprends ton fauteuil. Ne nous fais pas perdre de temps ! Aux voix le hors la loi, le dictateur. » Debout, au pied de la tribune, il aperçoit l'un des inspecteurs, le général Frégeville. — « Faites avertir mon frère, lui dit-il, que j'ai été réduit à abandonner le fauteuil. Demandez-lui de requérir la force armée pour protéger ma sortie. » Frégeville court prévenir le général Bonaparte qui, défendu par les grenadiers, vient de quitter l'Orangerie, est remonté à cheval, disant aux soldats que des conspirateurs ont failli l'assassiner. Les troupes acclament leur général, agitent les armes. Il n'a qu'un mot à dire, et les Cinq-Cents seront dispersés. Ce mot, il hésite encore à le prononcer. Lui, l'homme de toutes les audaces, il se trouble, il ressemble à César, tel que le poète Lucain le montre, indécis devant le Rubicon.

Pendant ce temps, le tumulte augmente à l'Orangerie. Après deux discours, l'un de Bertrand (du Calvados), l'autre de Talet, tous deux hostiles à Bonaparte, Lucien prend la parole : « Je ne viens pas, dit-il, m'opposer directement à la proposition (la mise hors la loi) ; mais il est temps de faire observer au Conseil que les soupçons élevés si légèrement ont amené de bien tristes excès. Une démarche, même irrégulière, pourrait-elle faire oublier si vite tant de hauts faits, tant de services rendus à la patrie ? » Des murmures interrompent Lucien. On crie : « Le temps passe. Aux voix la proposition ! — Non, reprend Lucien, vous ne pouvez voter une pareille mesure avant d'entendre le général ; je demande qu'il soit appelé à la barre... Ces interruptions intempestives qui étouffent la voix de vos collègues sont indécentes. Elles continuent, elles augmentent. Je n'insisterai donc pas davantage. Quand le calme sera rétabli parmi vous, quand l'inconvenance extraordinaire qui s'est manifestée aura complètement disparu, vous rendrez justice vous-mêmes à qui elle est due, dans le silence des passions. »

Les cris deviennent tellement violents que Lucien ne peut plus tenir tête à l'orage. Alors, se dépouillant de sa toge et la déposant sur la tribune : « Il n'y a plus ici de liberté, s'écrie-t-il. N'ayant plus le moyen de me faire entendre, vous verrez au moins votre président, en signe de deuil public, déposer ici les marques de la magistrature populaire. »

« Chose lamentable, a dit Edgar Quinet, dans son livre *la Révolution*, chose lamentable que cette dernière Assemblée déjà menacée, enveloppée, dénoncée, sous la pointe des épées, et qui n'a pour se défendre contre les armes des soldats que les armes émoussées de la conscience, de nouveaux serments, un appel nominal, des promesses de mourir, des clameurs, et ces vaines protestations par lesquelles une Assemblée, abandonnée de la nation au moment du péril, trompe le désespoir, et amuse sa dernière heure. Il y eut là quelques moments d'attente indescriptibles, où l'histoire est suspendue entre deux destinées contraires, la liberté ne trouvant aucune issue pour se sauver, et le général, embarrassé d'en finir, n'osant encore usurper à ciel ouvert. »

Lucien, après avoir déposé sa toge sur le bord de la tribune, vient de renoncer à la parole. Il aperçoit la compagnie de grenadiers qu'il a fait demander à son frère. A l'officier qui la commande, et qui lui dit : « Citoyen président, nous voici par l'ordre du général », il répond à haute voix : « Nous vous suivrons, ouvrez-nous le passage. » Et, se retournant vers le vice-président, il lui fait signe de lever la séance. Sorti de l'Orangerie, il se précipite dans la cour, où il trouve son frère, immobile et silencieux, à cheval, au milieu de groupes de soldats. « Un cheval pour moi, s'écrie-t-il, et un roulement de tambour ! » En un clin d'œil, il prend la monture d'un dragon, et, après un roulement de tambour suivi d'un profond silence : « Citoyens soldats, dit-il avec colère, moi, le président du Conseil des Cinq-Cents, je vous déclare que l'immense majorité de ce Conseil est en ce moment sous la terreur de quelques représentants à stylets. Ces brigands, sans doute soldés par l'Angleterre, veulent mettre hors la loi votre général ! Chargé de l'exécution du décret des Anciens, contre lequel ils sont en révolte, au nom du peuple, j'en appelle aux guerriers ! Citoyens soldats, sauvez les représentants du peuple des représentants du poignard, et que la majorité du Conseil soit délivrée du stylet par les baïonnettes ! Vive la République ! » A ce cri, les soldats répondent par celui de « Vive Bonaparte ! » Et Lucien, agitant une épée, s'écrie : « Je jure de percer avec cette épée le sein de mon propre frère, si jamais il portait atteinte à la liberté française. » Le général n'hésite plus. Il donne ordre aux grenadiers commandés par Murat et Leclerc d'envahir la salle des Cinq-Cents. Le tambour bat. Son bruit, de même qu'il étouffa la voix de Louis XVI, étouffe celle des représentants du peuple. En un instant la salle est vide. Les députés s'échappent en sautant des fenêtres de l'Orangerie dans le jardin. Un seul se cramponne à son siège, en disant qu'il y veut mourir. On le raille, et lui aussi finit par s'enfuir comme les autres.

A Paris, on attend avec impatience les nouvelles. Tantôt on y répand le bruit que Bonaparte est proscrit, hors la loi ; tantôt qu'il est vainqueur, que les Cinq-Cents sont dispersés. Écoutons Mme de Staël nous décrire les diverses impressions par lesquelles elle passa, dans cette journée si mouvementée : « Un de mes amis, présent à la séance de Saint-Cloud, m'envoyait des courriers d'heure en heure. Une fois il me manda que les Jacobins allaient l'emporter, et je me préparais à quitter de nouveau la France ; l'instant d'après, j'appris que le général Bonaparte avait triomphé, les soldats ayant dispersé la représentation nationale ; et je pleurai, non la liberté, elle n'exista jamais en France, mais l'espoir de cette liberté sans laquelle il n'y a pour ce pays que honte et que malheur ! »

Pendant toute la journée, Mme Bonaparte la mère a été fort inquiète, bien que très calme en apparence. Trois de ses fils se trouvaient engagés dans la lutte, et, en cas d'échec de Napoléon, voués tous trois à la proscription et au supplice. Cependant elle cachait, avec son énergie habituelle, les émotions de son âme ardente. Le soir, alors que le résultat définitif des séances de Saint-Cloud demeurait encore inconnu, elle eut le courage de se rendre, avec ses filles, au théâtre à la mode, le théâtre Feydeau, où l'on jouait l'*Auteur dans son ménage*. Pendant la représentation, quelqu'un s'avança sur la scène et dit à très haute voix : « Citoyens, le général Bonaparte a manqué d'être assassiné à Saint-Cloud par les traîtres à la patrie ! » Mme Leclerc poussa un cri d'effroi. Il était neuf heures et demie du soir. Alors Mme Bonaparte et ses filles quittèrent le théâtre, et se rendirent en toute hâte rue de la Victoire, où elles trouvèrent Joséphine, qui les rassura.

La famille Bonaparte n'a plus rien à craindre. Toute résistance est désormais impossible à Paris ou à Saint-Cloud. Les soldats de celui qui va être le premier consul ressemblent à des vainqueurs qui campent, la nuit, sur le champ de bataille. A onze heures du soir, il appelle son secrétaire. « Je veux, lui dit-il, dès demain, à son réveil, occuper de moi toute la capitale. Écrivez ! » Et il lui dicte une de ces proclamations à effet, dont il a le secret pour agir sur les masses. Il donne au coup d'État une trompeuse apparence de légalité. Les deux Conseils viennent de se réunir en séance de nuit. La plupart des Cinq-Cents ne sont point là. Peu importe ! La minorité sera prise pour une majorité. Bonaparte, Sieyès et Roger-Ducos sont nommés consuls, et chargés de préparer une nouvelle Constitution, avec l'aide de deux commissions législatives. Soixante et un députés des Cinq-Cents, coupables d'avoir voulu faire respecter la loi, sont déclarés incapables de représenter désormais le peuple. Lucien met fin par cette harangue à la séance de nuit : « La liberté française est née dans le Jeu-de-Paume de Versailles. Depuis cette immortelle séance, elle s'est traînée jusqu'à nous, en proie tour à tour à l'inconséquence, à la faiblesse et aux maladies convulsives de l'enfance. Elle vient aujourd'hui de prendre la robe virile. A peine venez-vous de l'asseoir sur la confiance et l'amour des Français, et déjà le sourire de la paix et l'abondance brillent sur ses lèvres ! Représentants du peuple, entendez les bénédictions du peuple et de ses armées, longtemps le jouet des factions, et que tous leurs cris pénètrent jusqu'au fond de vos âmes ! Entendez aussi le cri sublime de la postérité ! Si la liberté naquit dans le Jeu-de-Paume de Versailles, elle fut consolidée dans l'Orangerie de Saint-Cloud. Les constituants de 89 furent les pères de la Révolution, mais les législateurs de l'an VIII seront les pères et les pacificateurs de la patrie. » Rien de plus facile en ce monde que de montrer sous des couleurs brillantes toute entreprise qui réussit. En Brumaire, comme en Fructidor, la force a primé le droit, et la force a toujours d'innombrables adorateurs. C'en est fait, la partie est gagnée. Il est trois heures du matin. Bonapaete monte en voiture, et retourne de Saint-Cloud à Paris, dont les habitants ont illuminé leurs maisons, pour saluer son illégale victoire.

XXX

Bonaparte revient de Saint-Cloud à Paris, entre trois et quatre heures du matin, ayant dans sa voiture son frère Lucien, Sieyès et le général Gardanne. Il est, pendant le trajet, absorbé, rêveur, silencieux. Est-ce la fatigue, physique et morale, qui succède à tant d'émotions ? Est-ce le pressentiment de l'avenir, la conception des rôles futurs, qui travaillent l'imagination de ce grand acteur de l'histoire ? Que de réflexions doit-il se faire sur les caprices de la fortune ! Vaincu, il était hors la loi. Vainqueur, il n'y a plus d'autre loi que sa volonté. Vaincu, ce n'était qu'un apostat, un renégat, un misérable ; ses lauriers tombaient en poussière, on le traînait aux gémonies. Vainqueur, il gravira le Capitole, en jurant qu'il est le sauveur de la patrie. Vaincu, ce n'était qu'un Corse funeste, indigne du nom de Français. Vainqueur, c'est l'homme prédestiné, le génie tutélaire. Au lieu d'invectives, les cantiques d'actions de grâces ; les anciens partis qui désarment, les jeunes royalistes qui accourent avec enthousiasme se ranger sous le drapeau tricolore ; l'armée et le peuple qui font retentir l'air de leurs acclamations ; les prêtres qui chantent des hymnes ; au forum, dans les camps, dans les églises, dans les palais, dans les chaumières, partout la même explosion de joie. Et cependant les auteurs de coups d'État savent très bien que les ovations qui leur sont faites ne dépendent absolument que du succès, et que le succès dépend des circonstances les plus minimes. Réussissez, vous êtes un héros ; échouez, vous êtes un traître. Quelle dérision que la justice humaine, et combien les arrêts de l'histoire elle-même sont précaires et incertains ! La postérité, comme le suffrage universel, se déjuge sans cesse. Vérité en telle année, erreur en telle autre. La voix du peuple n'est pas la voix de Dieu.

Voilà Bonaparte de retour dans sa maison de la rue de la Victoire, dans cette maison, qui lui a toujours porté bonheur, où il s'est marié, d'où il est parti pour l'Italie et pour l'Égypte ; où il est revenu toujours victorieux, où l'avant-veille encore, il assurait d'avance le succès du coup d'État, origine de son pouvoir suprême. Il embrasse tendrement Joséphine, et lui conte en détail les péripéties de la journée. Il passe rapidement sur les dangers qu'il a courus à l'Orangerie, et plaisante lui-même pour le trouble que d'action a éprouvé comme orateur. Puis, il prend l'homme quelques heures de repos, et, le matin, il se réveille maître de Paris et de la France.

Le sort a prononcé. Qui donc résisterait à l'homme avec qui marche « le dieu de la fortune et de la guerre » ? Ecoutons le grand écrivain démocrate, Edgar Quinet, qui nous montre l'adhésion passive de tout un peuple. « Ce fut, dit-il, je l'imagine, la suprême douleur des derniers représentants de la liberté en France ; après quoi toute douleur est un jeu. Ils se croyaient suivis d'un peuple dont ils possédaient l'àme. Pendant quelques jours, il allèrent çà et là, le cherchant des yeux dans les carrefours et les places publiques. Où étaient les orateurs superbes à la barre des anciennes Assemblées ? Où étaient les forêts de piques dressées tant de fois, et les serments répétés par les quatorze armées, et cette nation magnanime que l'ombre seule d'un maître avait jetée si souvent dans le délire de la fureur ? Où était la fierté ? Où était l'indignation romaine ? Comment, en si peu d'années, étaient tombés ces grands cœurs ? Nul écho ne répondit. Les Cinq-Cents ne trouvèrent que des visages étonnés, des esprits convertis subitement à la force, des incrédules ou des muets. Tout se dissipa en un moment ; eux-mêmes semblèrent poursuivre un rêve. »

Le temps approche où la simplicité républicaine fera place à l'étiquette savante et raffinée des monarchies ; où la femme qui avait gémi dans la prison des Carmes, sous la Terreur, sera entourée du luxe et de l'attirail d'une souveraine asiatique ; où Lucien Bonaparte se félicitera, suivant ses propres expressions, « de n'être pas entré dans cette bagarre de princes et de princesses, remorquée par tous les renégats de la République. » Car, « qui sait, ajoute-t-il, si l'exemple de tant d'apostasies ne m'aurait pas moi-même démoralisé politiquement, et même philosophiquement ? »

Plus on approfondit l'histoire, plus elle attriste. Les illusions des peuples font sourire. Illusions de la liberté, illusions de l'absolutisme, chaque gouvernement se croit immortel ; aucun ne voit, avant d'y tomber, l'abime qui est creusé sous ses pas. Si l'on compare les résultats aux efforts, on se prend à déplorer le cercle vicieux dans lequel tourne la malheureuse humanité. Qu'aurait dit Bonaparte, qu'auraient dit ses admirateurs, ses séides, si on leur avait annoncé quelle serait la fin de l'épopée ? Et les républicains, autrefois si fiers, si convaincus, que devaient-ils penser de leurs palinodies ? La France a payé cher ses apostasies continuelles. A force de brûler ce qu'elle avait adoré, d'adorer ce qu'elle avait brûlé, elle en est arrivée à douter de ses propres gloires, à effacer les plus illustres légendes des siècles, à bafouer tour à tour la royauté, l'empire, la république, à se débarrasser de ses idées, de ses dévouements, de ses principes, comme une actrice se débarrasse de ses costumes fanés.

C'en est fait. Joséphine change de rôle. Elle ne se nommera plus la citoyenne Bonaparte. On l'appellera Madame, comme les femmes de l'ancien régime, en attendant qu'on l'appelle Impératrice et Majesté. La République n'existe plus que de nom. Les institutions disparaissent. Un homme reste. Bonaparte, premier consul, est plus qu'un souverain constitutionnel, et bien des reines n'ont pas autant d'influence et de prestige que sa femme. Et cependant la période vraiment républicaine de la carrière des deux époux aura été la plus belle partie de leur existence. Avant Brumaire, Bonaparte pouvait être considéré comme le soldat de la liberté, et l'on représentait sa femme comme une véritable patriote. Pendant cette période, elle aura servi avec une rare intelligence les intérêts de son ambitieux époux. Sans elle, aurait-il obtenu des résultats si surprenants ? N'est-ce pas elle qui lui a valu l'appui de Barras, et lui a fait avoir, à vingt-six ans, le commandement en chef de l'armée d'Italie ; elle, qui lui a été aussi utile à Milan qu'à Paris, qui lui a concilié tour à tour la haute société italienne et la haute société française; elle qui, pendant l'expédition d'Egypte, est parvenue à amortir la jalousie du Directoire ; elle qui a su se faire bien venir des royalistes et des républicains ; elle

qui, le matin du 18 Brumaire, couvrait de fleurs
l'épée de Bonaparte, et qui, dans un billet par-
fumé, adressé au directeur Gohier, cachait un
piège ? Le mouvement est irrésistible ; les souri-
res de Mme Bonaparte achèveront l'œuvre de son
époux.

Après le 18 brumaire, Lucien se fait encore
des illusions, au point de vue libéral, tout comme
Daunou, Cabanis, Grégoire, Carnot et Lafayette
lui-même. Il demeure convaincu que la République ne se transformera jamais en monarchie,
et il s'imagine de bonne foi qu'il a sauvé la
liberté. Il écrira plus tard au général Gouvion
Saint-Cyr : « Ne convenez-vous pas, cher général, que ce guerrier, naguère votre égal, aujour-
d'hui votre empereur, vous l'avez connu zélé et
sincère républicain ? Non, me répondrez-vous ; il
nous abusait par de fausses apparences. Eh
bien ! moi, je vous affirme qu'il s'abusait lui-
même ; le général Bonaparte a été longtemps
aussi républicain que vous et moi. Il servit la
République conventionnelle avec l'ardeur que
vous connaissez, et que vous n'auriez peut-être
pas osé déployer vous-même sur un pareil terrain et contre une pareille population... Le caractère indépendant des altiers montagnards qui nous
ont vus naître lui avait appris à respecter la dignité
de l'homme ; et ce ne fut que lorsque la magistrature consulaire fut remplacée par le Consulat
à vie, lorsqu'on pensa à former une espèce de

cour aux Tuileries, et que l'on entoura Mme Bonaparte de préfets et de dames du palais, ce fut alors seulement que l'on put s'apercevoir de quelque changement dans l'esprit du maître, et qu'il se laissa aller à traiter tout ce monde-là, comme d'ailleurs tout ce monde-là le désirait. »

Napoléon fut peut-être un César malgré lui. Le soir du 18 brumaire, il espérait encore obtenir l'assentiment des deux Conseils, et ne rien faire d'illégal. Qui sait ? Si les directeurs avaient consenti à abaisser pour lui la limite d'âge, et à le prendre pour collègue, bien qu'il n'eût que trente ans, et que la Constitution exigeât, pour les directeurs, l'âge de quarante ans, le coup d'État n'aurait peut-être pas eu lieu. A quoi tiennent les destins des républiques et des empires ?

A l'origine, Bonaparte était républicain et Joséphine légitimiste. Ils deviendront impérialistes, en étant l'un empereur, l'autre impératrice. Mais les pompes monarchiques ne feront pas oublier la période républicaine. Le modeste uniforme du vainqueur d'Arcole est peut-être préférable à l'éblouissant costume du sacre, et, plus d'une fois, sous les lambris d'or des palais impériaux, la bonne Joséphine regrettera la modeste maison de la rue de la Victoire, qui fut le sanctuaire de son amour. Le soleil du Midi ne lui fera pas oublier les premiers feux de l'aurore. Comme la France elle-même, elle perd en liberté ce qu'elle gagne en grandeur. A une vie presque indépendante succèdent pour elle les assujettissements du rang suprême. Elle est déjà reine, moins le nom. Quittant son petit hôtel de la rue de la Victoire, au lendemain du 18 brumaire, elle s'installe dans le palais du Luxembourg. Mais la résidence de Marie de Médicis n'est pas assez vaste pour le premier consul et Mme Bonaparte. Au bout de quelques jours, ils iront remplacer aux Tuileries le roi et la reine de France, et Lucien, ce précurseur involontaire de l'Empire, regrettera, comme il le dit lui-même, « que la Constitution de la République consulaire ait été si facilement sacrifiée à ce qu'on pourrait appeler la personnification du pouvoir monarchique, que l'on avait si barbarement détruite dans l'infortuné Louis XVI, le mieux intentionné des souverains. » Mme Bonaparte sera forcée par son époux d'éloigner d'elle Mme Tallien et plusieurs de ses meilleures amies de la société du Directoire. On ne prononcera même plus le nom de Barras, autrefois si puissant, maintenant obscur et oublié dans sa terre de Grosbois. Bonaparte n'aimerait point à se souvenir que naguère encore il dépendait de cet homme. Déjà l'on voit s'organiser cette réunion de flatteurs qui pourrait s'appeler la cour consulaire. Les idées et les modes du passé vont reparaître. Bien des innovations républicaines ne dureront pas plus que le nouveau calendrier. Une société qui était morte ressuscite. Mme Bonaparte redevient ce qu'elle n'était plus à la surface, mais ce qu'elle était au fond, une femme d'ancien régime. Les Tuileries ne sont pas loin du faubourg Saint-Germain. Mais viennent tous les succès, toutes les richesses, toutes les grandeurs, Joséphine ne se souviendra pas sans émotion du temps de la République. Alors, elle était jeune, et nul trésor ne remplace la jeunesse. Alors elle avait l'espérance, et l'espérance n'est-elle pas toujours plus séduisante que la réalité? Alors elle était belle, et pour la femme, la beauté n'est-elle pas le véritable empire? Alors elle était adorée de son époux, et, pour lui paraître charmante, elle n'avait pas besoin de l'éclat d'un trône. Avec une simple robe de mousseline blanche et une fleur dans les cheveux, elle lui semblait plus désirable qu'avec la robe du sacre, cette robe traînante de brocart d'argent semé d'abeilles roses, et avec la couronne étincelante de pierreries. Elle n'avait ni écuyers, ni chambellans, ni dames d'honneur. Mais sa jeunesse l'embellissait bien plus qu'un diadème. Impératrice et reine, Joséphine regrettera sans doute l'époque où, au milieu d'une société républicaine, elle n'avait d'autre nom que celui de la citoyenne Bonaparte.

FIN

TABLE

SAINT-QUENTIN. — IMPRIMERIE J. MOUREAU ET FILS.